老科学家学术成长资料采集工程

中国工程院院士传记 丛书

翟光明 传

当油气遇见光明

闫建文 ◎ 著

中国科学技术出版社

图书在版编目（CIP）数据

当油气遇见光明：翟光明传 / 闫建文著 . —北京：
中国科学技术出版社，2017.5（2024.7 重印）
（老科学家学术成长资料采集工程丛书；中国工
程院院士传记丛书）
ISBN 978–7–5046–7126–4

I.①当… II.①闫… III.①翟光明—传记 IV.
① K825.89

中国版本图书馆 CIP 数据核字 (2017) 第 067637 号

责任编辑	余 君
责任校对	杨京华
责任印制	张建农
版式设计	中文天地

出　　版	中国科学技术出版社
发　　行	中国科学技术出版社有限公司
地　　址	北京市海淀区中关村南大街 16 号
邮　　编	100081
发行电话	010–62173865
传　　真	010–62173081
网　　址	http://www.cspbooks.com.cn

开　　本	787mm × 1092mm　1/16
字　　数	340 千字
印　　张	22.25
彩　　插	2
版　　次	2017 年 5 月第 1 版
印　　次	2024 年 7 月第 2 次印刷
印　　刷	德富泰（唐山）印务有限公司
书　　号	ISBN 978–7–5046–7126–4 / K · 218
定　　价	80.00 元

老科学家学术成长资料采集工程
领导小组专家委员会

主　任：杜祥琬
委　员：（以姓氏拼音为序）

　　　　巴德年　　陈佳洱　　胡启恒　　李振声
　　　　齐　让　　王礼恒　　王春法

老科学家学术成长资料采集工程
丛书组织机构

特邀顾问（以姓氏拼音为序）

　　　　樊洪业　　方　新　　谢克昌

编 委 会

主　编：王春法　　张　藜
编　委：（以姓氏拼音为序）

　　　　艾素珍　　崔宇红　　定宜庄　　董庆九　　郭　哲
　　　　韩建民　　何素兴　　胡化凯　　胡宗刚　　刘晓勘
　　　　罗　晖　　吕瑞花　　秦德继　　王　挺　　王扬宗
　　　　熊卫民　　姚　力　　张大庆　　张　剑　　周德进

编委会办公室

主　任：孟令耘　　张利洁
副主任：许　慧　　刘佩英
成　员：（以姓氏拼音为序）

　　　　董亚峥　　冯　勤　　高文静　　韩　颖　　李　梅
　　　　刘如溪　　罗兴波　　沈林苣　　田　田　　王传超
　　　　余　君　　张海新　　张佳静

老科学家学术成长资料采集工程简介

　　老科学家学术成长资料采集工程（以下简称"采集工程"）是根据国务院领导同志的指示精神，由国家科教领导小组于 2010 年正式启动，中国科协牵头，联合中组部、教育部、科技部、工信部、财政部、文化部、国资委、解放军总政治部、中国科学院、中国工程院、国家自然科学基金委员会等 11 部委共同实施的一项抢救性工程，旨在通过实物采集、口述访谈、录音录像等方法，把反映老科学家学术成长历程的关键事件、重要节点、师承关系等各方面的资料保存下来，为深入研究科技人才成长规律，宣传优秀科技人物提供第一手资料和原始素材。

　　采集工程是一项开创性工作。为确保采集工作规范科学，启动之初即成立了由中国科协主要领导任组长、12 个部委分管领导任成员的领导小组，负责采集工程的宏观指导和重要政策措施制定，同时成立领导小组专家委员会负责采集原则确定、采集名单审定和学术咨询，委托科学史学者承担学术指导与组织工作，建立专门的馆藏基地确保采集资料的永久性收藏和提供使用，并研究制定了《采集工作流程》《采集工作规范》等一系列基础文件，作为采集人员的工作指南。截至 2016 年 6 月，已启动 400 多位老科学家的学术成长资料采集工作，获得手稿、书信等实物原件资料 73968 件，数字化资料 178326 件，视频资料 4037 小时，音频资料 4963 小时，具有重要的史料价值。

采集工程的成果目前主要有三种体现形式，一是建设"中国科学家博物馆网络版"，提供学术研究和弘扬科学精神、宣传科学家之用；二是编辑制作科学家专题资料片系列，以视频形式播出；三是研究撰写客观反映老科学家学术成长经历的研究报告，以学术传记的形式，与中国科学院、中国工程院联合出版。随着采集工程的不断拓展和深入，将有更多形式的采集成果问世，为社会公众了解老科学家的感人事迹，探索科技人才成长规律，研究中国科技事业的发展历程提供客观翔实的史料支撑。

总序一

中国科学技术协会主席　韩启德

　　老科学家是共和国建设的重要参与者，也是新中国科技发展历史的亲历者和见证者，他们的学术成长历程生动反映了近现代中国科技事业与科技教育的进展，本身就是新中国科技发展历史的重要组成部分。针对近年来老科学家相继辞世、学术成长资料大量散失的突出问题，中国科协于2009 年向国务院提出抢救老科学家学术成长资料的建议，受到国务院领导同志的高度重视和充分肯定，并明确责成中国科协牵头，联合相关部门共同组织实施。根据国务院批复的《老科学家学术成长资料采集工程实施方案》，中国科协联合中组部、教育部、科技部、工业和信息化部、财政部、文化部、国资委、解放军总政治部、中国科学院、中国工程院、国家自然科学基金委员会等 11 部委共同组成领导小组，从 2010 年开始组织实施老科学家学术成长资料采集工程。

　　老科学家学术成长资料采集是一项系统工程，通过文献与口述资料的搜集和整理、录音录像、实物采集等形式，把反映老科学家求学历程、师承关系、科研活动、学术成就等学术成长中关键节点和重要事件的口述资料、实物资料和音像资料完整系统地保存下来，对于充实新中国科技发展的历史文献，理清我国科技界学术传承脉络，探索我国科技发展规律和科技人才成长规律，弘扬我国科技工作者求真务实、无私奉献的精神，在全社会营造爱科学、学科学、用科学的良好氛围，是一件很有意义的事情。采集工程把重点放在年龄在 80 岁以上、学术成长经历丰富的两院院士，以及虽然不是两院院士、但在我国科技事业发展中作出突出贡献的老科技工作者，充分体现了党和国家对老科学家的关心和爱护。

自 2010 年启动实施以来，采集工程以对历史负责、对国家负责、对科技事业负责的精神，开展了一系列工作，获得大量反映老科学家学术成长历程的文字资料、实物资料和音视频资料，其中有一些资料具有很高的史料价值和学术价值，弥足珍贵。

以传记丛书的形式把采集工程的成果展现给社会公众，是采集工程的目标之一，也是社会各界的共同期待。在我看来，这些传记丛书大都是在充分挖掘档案和书信等各种文献资料、与口述访谈相互印证校核、严密考证的基础之上形成的，内中还有许多很有价值的照片、手稿影印件等珍贵图片，基本做到了图文并茂，语言生动，既体现了历史的鲜活，又立体化地刻画了人物，较好地实现了真实性、专业性、可读性的有机统一。通过这套传记丛书，学者能够获得更加丰富扎实的文献依据，公众能够更加系统深入地了解老一辈科学家的成就、贡献、经历和品格，青少年可以更真实地了解科学家、了解科技活动，进而充分激发对科学家职业的浓厚兴趣。

借此机会，向所有接受采集的老科学家及其亲属朋友，向参与采集工程的工作人员和单位，表示衷心感谢。真诚希望这套丛书能够得到学术界的认可和读者的喜爱，希望采集工程能够得到更广泛的关注和支持。我期待并相信，随着时间的流逝，采集工程的成果将以更加丰富多样的形式呈现给社会公众，采集工程的意义也将越来越彰显于天下。

是为序。

总序二

中国科学院院长　白春礼

　　由国家科教领导小组直接启动，中国科学技术协会和中国科学院等12个部门和单位共同组织实施的老科学家学术成长资料采集工程，是国务院交办的一项重要任务，也是中国科技界的一件大事。值此采集工程传记丛书出版之际，我向采集工程的顺利实施表示热烈祝贺，向参与采集工程的老科学家和工作人员表示衷心感谢！

　　按照国务院批准实施的《老科学家学术成长资料采集工程实施方案》，开展这一工作的主要目的就是要通过录音录像、实物采集等多种方式，把反映老科学家学术成长历史的重要资料保存下来，丰富新中国科技发展的历史资料，推动形成新中国的学术传统，激发科技工作者的创新热情和创造活力，在全社会营造爱科学、学科学、用科学的良好氛围。通过实施采集工程，系统搜集、整理反映这些老科学家学术成长历程的关键事件、重要节点、学术传承关系等的各类文献、实物和音视频资料，并结合不同时期的社会发展和国际相关学科领域的发展背景加以梳理和研究，不仅有利于深入了解新中国科学发展的进程特别是老科学家所在学科的发展脉络，而且有利于发现老科学家成长成才中的关键人物、关键事件、关键因素，探索和把握高层次人才培养规律和创新人才成长规律，更有利于理清我国科技界学术传承脉络，深入了解我国科学传统的形成过程，在全社会范围内宣传弘扬老科学家的科学思想、卓越贡献和高尚品质，推动社会主义科学文化和创新文化建设。从这个意义上说，采集工程不仅是一项文化工程，更是一项严肃认真的学术建设工作。

中国科学院是科技事业的国家队，也是凝聚和团结广大院士的大家庭。早在 1955 年，中国科学院选举产生了第一批学部委员，1993 年国务院决定中国科学院学部委员改称中国科学院院士。半个多世纪以来，从学部委员到院士，经历了一个艰难的制度化进程，在我国科学事业发展史上书写了浓墨重彩的一笔。在目前已接受采集的老科学家中，有很大一部分即是上个世纪 80、90 年代当选的中国科学院学部委员、院士，其中既有学科领域的奠基人和开拓者，也有作出过重大科学成就的著名科学家，更有毕生在专门学科领域默默耕耘的一流学者。作为声誉卓著的学术带头人，他们以发展科技、服务国家、造福人民为己任，求真务实、开拓创新，为我国经济建设、社会发展、科技进步和国家安全作出了重要贡献；作为杰出的科学教育家，他们着力培养、大力提携青年人才，在弘扬科学精神、倡树科学理念方面书写了可歌可泣的光辉篇章。他们的学术成就和成长经历既是新中国科技发展的一个缩影，也是国家和社会的宝贵财富。通过采集工程为老科学家树碑立传，不仅对老科学家们的成就和贡献是一份肯定和安慰，也使我们多年的夙愿得偿！

鲁迅说过，"跨过那站着的前人"。过去的辉煌历史是老一辈科学家铸就的，新的历史篇章需要我们来谱写。衷心希望广大科技工作者能够通过"采集工程"的这套老科学家传记丛书和院士丛书等类似著作，深入具体地了解和学习老一辈科学家学术成长历程中的感人事迹和优秀品质；继承和弘扬老一辈科学家求真务实、勇于创新的科学精神，不畏艰险、勇攀高峰的探索精神，团结协作、淡泊名利的团队精神，报效祖国、服务社会的奉献精神，在推动科技发展和创新型国家建设的广阔道路上取得更辉煌的成绩。

总序三

中国工程院院长　周　济

　　由中国科协联合相关部门共同组织实施的老科学家学术成长资料采集工程，是一项经国务院批准开展的弘扬老一辈科技专家崇高精神、加强科学道德建设的重要工作，也是我国科技界的共同责任。中国工程院作为采集工程领导小组的成员单位，能够直接参与此项工作，深感责任重大、意义非凡。

　　在新的历史时期，科学技术作为第一生产力，已经日益成为经济社会发展的主要驱动力。科技工作者作为先进生产力的开拓者和先进文化的传播者，在推动科学技术进步和科技事业发展方面发挥着关键的决定的作用。

　　新中国成立以来，特别是改革开放30多年来，我们国家的工程科技取得了伟大的历史性成就，为祖国的现代化事业作出了巨大的历史性贡献。两弹一星、三峡工程、高速铁路、载人航天、杂交水稻、载人深潜、超级计算机……一项项重大工程为社会主义事业的蓬勃发展和祖国富强书写了浓墨重彩的篇章。

　　这些伟大的重大工程成就，凝聚和倾注了以钱学森、朱光亚、周光召、侯祥麟、袁隆平等为代表的一代又一代科技专家们的心血和智慧。他们克服重重困难，攻克无数技术难关，潜心开展科技研究，致力推动创新发展，为实现我国工程科技水平大幅提升和国家综合实力显著增强作出了杰出贡献。他们热爱祖国，忠于人民，自觉把个人事业融入到国家建设大局之中，为实现国家富强而不断奋斗；他们求真务实，勇于创新，用科技为中华民族的伟大复兴铸就了辉煌；他们治学严谨，鞠躬尽瘁，具有崇高的科学精神和科学道德，是我们后代学习的楷模。科学家们的一生是一本珍贵的教科书，他们坚定的理想信念和淡泊名利的崇高品格是中华民族自强不息精神的宝贵财富，永远值得后人铭记和敬仰。

通过实施采集工程，把反映老科学家学术成长经历的重要文字资料、实物资料和音像资料保存下来，把他们卓越的技术成就和可贵的精神品质记录下来，并编辑出版他们的学术传记，对于进一步宣传他们为我国科技发展和民族进步作出的不朽功勋，引导青年科技工作者学习继承他们的可贵精神和优秀品质，不断攀登世界科技高峰，推动在全社会弘扬科学精神，营造爱科学、讲科学、学科学、用科学的良好氛围，无疑有着十分重要的意义。

中国工程院是我国工程科技界的最高荣誉性、咨询性学术机构，集中了一大批成就卓著、德高望重的老科技专家。以各种形式把他们的学术成长经历留存下来，为后人提供启迪，为社会提供借鉴，为共和国的科技发展留下一份珍贵资料。这是我们的愿望和责任，也是科技界和全社会的共同期待。

翟光明（禹航摄于 2014 年）

采集小组与翟光明院士核对采集资料

（后排左起：杨宪一、李芬、汪端、闫建文、刘海龙；前排左起：翟光明、万焰。禹航摄）

采集小组与翟光明院士讨论

（左起：闫建文、翟光明、汪端。禹航摄）

序

自 2010 年国家启动老科学家学术成长采集工程以来，已经完成多位院士采集工作，这是我国科技史上一件可喜可贺的大事。通过这项工作把老科学家的奋斗史、创业史以及由他们创造的辉煌成就汇集起来，采集成果尤其是老科学家的学术思想和创新思维是一笔宝贵的精神财富，采集成果也将成为"科技梦·中国梦——中国现代科学家主题展"的重要展品，这笔财富将不断地激励后人，为中华民族伟大复兴助力加油。

2013 年，我被列入采集对象，闻此消息倍感荣幸，也十分高兴，我感到自己有责任和义务讲述我国石油勘探的发展史，为我国石油工业的发展提供一份内容丰富的可靠的翔实的历史资料，供后人研究参考。在采集过程中，中国科协、北京市科协以及中国石油天然气集团公司思想政治工作部、中国石油勘探开发研究院予以高度重视和大力支持。尤其是在中国石油勘探开发研究院院院领导的关心和支持下，成立了以院党委宣传部牵头的采集小组，他们制定了详细的资料采集和报告编写计划，分工协作，各负其责，不辞辛苦，遍访相关人员，广泛收集各类文献、档案资料。采集小组通过文献查阅、专题访谈、人物访谈、电话访谈、实物搜集、故地重访等多种形式，查找与我有关的各种资料和信息，复原大量历史事件的原貌，也勾起了我尘封多年的记忆，藉此描绘出我的人生岁月。在此基础上，课题组的同志利用有限的时间，撰写出学术传记，比较系统地记述了我的家庭背景、求学经历以及在我国油气勘探领域所做的一些工作，基本反映了我的学术成长经历，也系统总结了我所提出的勘探找油理论和勘探方法。研究小组成员的科学态度和务实精神以及不辞辛苦的劳动，令我感动。

回顾九十年的人生路程，我感慨万千。一路走来，我见证了历史的变迁，纵观石油勘探开发的发展历程，有成功的喜悦，更有失败的煎熬，这些经历成就了我找油找气的五彩人生。油气勘探是一项理论与实践结合非常紧密的工作，也是一项有科学依据地敢冒各种风险的工作，既要有周密的现场地质调查研究，又要有大胆的具有充分依据的科学判断，只有在反复实践的基础上才有可能获得较高的成功率。人们都知道世上最难的事就是"上天入地"，"上天"是人类的梦想，探索星空靠的就是先进的航天技术，今天神舟飞船已经遨游太空，嫦娥奔月、玉兔行走已经不再是遥不可及的事情。"入地"就是向地层深部进军，找油找矿，找水找气，探索地宫靠的是地震勘探、深井钻探等一系列配套技术，今天已实现各种复杂地形地貌的地震勘探和12000米深层的钻探。1950年大学毕业后，我就走上了找油找气之路，六十多年来，我见证了中国石油工业的发展历程，参加了四川、松辽、华北、陕甘宁、江汉、吐哈、塔里木、南海等石油大会战，是大庆、胜利、华北、长庆、吐哈等一大批油气田勘探发现、油气开发的见证者、参与者、亲历者、实施者，也是我国油气能源战略研究的谋划者、参与者。我见证了中国油气工业的变迁，从玉门油矿到北京石油工业部、从松辽盆地到渤海湾盆地、从四川气区到新疆沙漠腹地、从内陆盆地到蓝色海洋，可以说我的足迹遍布中国油气发现的每一片土地，石油的兴衰时刻牵动着我的心，我与石油结下了不竭的情缘。为此，我感到骄傲和自豪，也庆幸自己没有虚度此生。未来，还有更多埋在地下的油气需要去发现，去探寻，我将继续发挥余热，为找油找气和维护国家能源安全贡献自己的微薄之力。

我要感谢中国科协、北京市科协，感谢中国石油天然气集团公司、中国石油化工集团公司各级领导以及各油田分公司等职能部门，感谢我就读的天津木斋中学、北京市一中和北京大学，感谢我的同学、同事和家人，给予我的厚爱和帮助，尤其要感谢中国石油勘探开发研究院给予的人力、物力、资金的支持和帮助，感谢课题研究团队的每一位同志，没有各部门和各位的鼎力支持，不可能取得如此丰厚的采集成果。正是由于他们的无私奉献和辛勤的劳动，使我更加深刻地认识了自己，也总结了自己，提升了自己，让我再次站在了人生的新高度，为余生增色添彩，也为今后的人生增添了无穷的力量，也使我对中国梦的实现增强了信心。

最后，我还要特别感谢传记文稿的执笔人——中国石油勘探开发研究院闫建文博士，感谢他近三年废寝忘食地工作，几乎放弃了全部节假日，一心扑在文稿的撰写上，以淳朴的文笔完成书稿。

籍老科学家学术成长资料采集工程课题完成之际，特表达我发自内心的感激之情！

是为序。

二〇一六年三月

目 录

图片目录

导　言

　　翟光明，中国工程院院士，著名石油地质勘探专家。1926 年 10 月出生于湖北宜昌，祖籍安徽泾县。1950 年毕业于北京大学地质系。1995 年当选为中国工程院院士。历任玉门油矿采油厂总地质师，石油工业部地质勘探司总地质师、司长，中国石油天然气总公司石油勘探开发科学研究院院长，中国石油天然气集团公司咨询中心勘探部主任，中国石油天然气集团公司咨询中心专家委员会副主任。曾任《石油学报》主编、中国石油学会副理事长和常务理事、中国石油学会石油地质学会主任、中国地质学会名誉理事、环太平洋矿产与能源理事会理事、世界石油大会执行局成员、世界石油大会中国国家委员会委员、第十五届世界石油大会秘书长、中国地质学会第三十三届副理事长，中国石油学会第一届常务理事、第二届理事，中国科学技术协会第三届常委。曾参加编制老君庙油田注水开发方案，并组织实施。他先后组织和参加编制了大庆、胜利、长庆、华北、辽河等大油区的勘探规划，并组织实施。参与了历次石油大会战，提出含油气盆地"三史"综合分析、含油气盆地形成等油气地质理论，提出并实施了科学探索井规划，创立了 CSI 油气勘探工作法，为我国石油天然气勘探做出了不可磨灭的贡献。

　　2013 年，本课题小组承担了翟光明院士学术成长资料采集任务。课题组以学术研究为主线开展各项工作，围绕翟光明求学经历、找油勘探实践、科学方法和学术思想的产生与发展等方面开展资料搜集、访谈和学术资料的研究，查阅大量石油、地质等方面的史料，包括年鉴、大事记、人物传记、个人回忆录、书信、音像资料等，对翟光明专题采访三十多次。采集小组认真地分析和比对每一份资料，互相印证时间节点和事件过程，在认真研究有关传记主人公全部资料以后，结合我国石油工业发展脉络，勾勒出翟光明的学术生涯发展历程，并总结、归纳出其学术思想和历史贡献，以启迪后人，造福社会。

全书共分十三章，每章又细分为若干节，每个小节描述一个专题，按专题展开叙述。本书从历史背景、事件过程、翟光明的个人角色、历史贡献等多个角度，像剥洋葱一样，逐一记述。整篇传记力求准确、详细地回顾历史，描述历史原貌，沿着翟光明学术成长轨迹和中国石油工业的勘探找油气历程，描绘其丰富的人生画卷。第一章，流离的童年。记述翟光明的家庭和童年时代。第二章，艰难求学。记述翟光明学生时代的生活和学习状况，包括他在天津汇文小学、天津木斋中学、北平市立第一中学、北京大学地质系四个学校的求学经历和社会环境变迁。第三章，大西北与石油结缘。记述翟光明走上找油之路的初始阶段。大学一毕业他就奔赴大西北，参加西北地质考察和陕北四郎庙石油勘探，参加玉门油田的勘探开发建设。第四章，从玉门到北京。记述翟光明进入石油工业部，参加在中南海向时任总书记的邓小平汇报石油工业发展情况，由此增加了找油信心，为未来指明了方向。第五章，参加石油大会战，这是本书的重点章节，首先记述了会战前夜的各项准备情况，着重记述了他所参加的四川川中石油勘探会战、松辽石油勘探会战、华北石油勘探会战、陕甘宁石油勘探会战、下辽河石油勘探会战和南海石油地球物理勘探会战，总结了石油会战的重大收获。第六章，领军石油勘探开发科学研究院。记述他初到研究院的困难和面临的问题，制定院科技发展规划、参与油田勘探开发实践、深化研究院科技体制改革、建立科研生产联合体、开辟冀东试验田、研究院里搞研究，落实院里各项研究工作。第七章，力主石油科学探索井。记述翟光明提出的科学探索井规划，重点记述台参一井、陕参一井大发现过程以及科学探索井的延伸，总结了科学探索井的管理经验。第八章，主编中国石油地质鸿篇巨著。记述翟光明对《中国石油地质志》、《板块构造学的实践与应用》、《中国石油地质学》等著作的编撰过程和成就。第九章，主持全国油气资源评价。主要介绍翟光明参与的第二次全国油气资源评价和第三次全国油气资源评价的研究过程以及取得的重要成果。第十章，放眼看世界石油。主要介绍翟光明把世界石油大会引入中国的过程以及翟光明的贡献，记录了遍布世界的足迹和域外收获。第十一章，心系国家油气能源安全。记述他直面 21 世纪能源困局的思考，向温家宝总理汇报能源可持续战略，提出油气勘探十个突破口，主持国家油气供给与管道发展战略研究，首开块体油气勘探地质学研究。第十二章，大师风范，硕果累累。记述翟光明当选中国工程院院士的经历和心得，回顾丰硕成果和取得的荣誉，记录大师风范。第十三章，油气勘探中的哲学思想。简要回顾油气勘探实践，重点记述油气勘探阶段划分及其辩证关系和他创立的油气综合勘探工作法，总结了翟光明思维之光和院士心语。

采集过程中，采集小组获得了一大批重要的极具史料价值的物品，对研究我国石油勘探开发史、石油工业发展史提供了第一手物证，也充分证明翟光明在我国石油勘探开发过程中的历史地位和功绩。重要的采集资料主要有六项，一是收集到 20 世纪 60 年代翟光明的日记二十余本，这些日记中记录了共和国长子大庆油田的勘探开发过程，最重要的是记述了当时不同专家提出的三套试验开发方案的雏形，以及开发试验方案的修改、完善和最终决策过程，为我国多层砂岩油田开发确定了开采模式，手记中清晰地记录了方案的提出者、决策者、实施者以及方案的具体指标，是国内有关大庆油田发现、开发最有力的第一手证明材料，具有重要的史料价值；二是收集到 20 世纪 80 年代科学探索井项目提出、决策、实施、评估以及最终获得重大发现的台参 1 井、陕参 1 井相关文献三十余份，这其中有会议纪要、领导批件、手记、电传原件、照片、方案设计、评价报告等，还有一批当事人的回忆录、口述资料等，为明晰历史真相提供了证据；三是收集到翟光明发明的油气综合勘探工作法提出的背景、发展完善过程的证明材料，包括论文、著作、研讨照片、讨论记录等原始材料，为深化研究这套油气综合勘探工作法形成过程提供了有利证据；四是收集了翟光明参与国际交流、争取第十五届世界石油大会在中国召开的文本资料，包括申请过程、组织筹备、主持大会等活动过程中的照片、讲话、中央批件、会议文献等，展示了当时中国在国际石油界话语权提升的全过程；五是收集到石油科技体制改革中翟光明创新提出建立科研生产联合体的文献资料，对当今科研体制改革仍然具有参考价值；六是关于我国油气资源评价的文献资料，包括评价方法、评价报告，展示了我国油气资源历次评价的成果，也体现了石油工业的发展阶段和国家的资源整体状况。

翟光明学术传记，比较准确地记录了他的学术成就，也兼顾时代背景和整个石油行业的发展路径，本书通过对翟光明家庭背景、求学经历、师承关系、油气勘探专业特长、国际学术交流、油气行业发展状况、国民经济发展状况等进行梳理，综合分析这些对科学家独具个人特色的治学道路和学术成长轨迹的影响，历史地、辩证地寻找科学家的过人之处，为后人成才、识才、育才提供借鉴和指导。

第一章
流离的童年

　　翟光明祖籍安徽泾县[①]。安徽泾县水东村翟氏是皖南望族，泾县大姓之一。明嘉靖年间《水东翟氏宗谱》序云："泾之西南八十里有村曰水东，翟氏居焉，重峦邃谷，渺然如隔人世。汉以前无所闻，唐李白曾访汪伦，有'桃花潭水深千尺'之句，水东之名遂闻于天下。"水东翟氏不仅有李白游桃花源时留下的《赠汪伦》著名诗句闻名于世，而且这里文风盛行，人才辈出。序谱云："泾川水东翟氏，一方之伟族也，老成世德，培养之久，文明启运，降生之祥，一时豪杰，彬彬辈出，掇巍科，跻腅仕，簪缨联蝉，

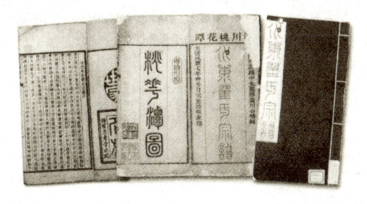

图 1-1 《水东翟氏宗谱》

---

　　① 翟光明访谈，2013 年 9 月 17 日，北京。资料存于采集工程数据库。

流芳海内。"据《水东翟氏宗谱》《宁国府志》《泾县志》记载，明清两代代有明贤，声震四海，出过六翰林、十一进士、百举人、千秀才①。

翟光明祖父是清朝的一个小官吏，父母亲都在安徽长大。父亲常年在上海的金山卫做盐务工作，很少回家与亲人团聚②。母亲翟佑卿，1894年生人③。由于父亲在外工作，不能照料家，母亲无奈，只好投靠在湖北宜昌的外祖父家，有时也游走于外地的亲戚家之间。

翟光明兄弟姊妹三人出生在不同的地方，姐姐翟庆云出生于安徽泾县，哥哥翟光昌出生于湖北武汉，1926年8月21日翟光明出生于湖北宜昌④。三个孩子跟着母亲在外祖父家生活，一直到翟光明七岁那年他都没有离开过宜昌。

翟光明外祖父有自家的产业，靠这份产业支撑着全家人的生活。翟光明有三个舅舅，大舅和二舅都在武汉工作⑤，三舅在宜昌继承外祖父的产业，主要经营与电力有关的业务，家庭在当地还是比较富裕的⑥。由于翟光明一家四口人的加入，无形中增加三舅一家的家庭负担，生活水平也下降了不少，也给外祖父、外祖母、舅舅、舅母带来生活上的一些不便，难免产生些隔阂和矛盾。

翟光明童年时代，生活很单调。父亲很少回湖北宜昌看望夫人和孩子，通信也很少。翟光明对父亲几乎没有什么深刻的印象，平时接触非常少，记忆中也就见过一两次面⑦。父亲在生活上对翟光明的照顾根本谈不上，更不用说在教育和学习上有过什么帮助，翟光明对父亲的印象是模糊的。翟光明少儿时期在家里不能得到父亲的教育，尤其是缺少父爱，是母亲含辛茹苦把翟光明拉扯大的。

---

① 陈永康：《江南名门——泾县翟氏》，《寻根》，2002年第二期，第46-49页。
② 翟光明访谈，2013年9月17日，北京。资料存于采集工程数据库。
③ 翟光明的补充材料，1955年7月21日，存于中国石油天然气集团公司办公厅档案处。
④ 翟光明自传，存于中国石油天然气集团公司办公厅档案处。1926年8月21日出生日期为阴历，新中国成立后，由于阴历生日恰逢和阳历10月1日重叠，后为便于记忆和纪念国庆就将生日改为10月1日，沿用至今。
⑤ 同②。
⑥ 同②。
⑦ 同②。

转眼翟光明到了上学的年龄，在三舅家长大的翟光明第一次有上学的念头，在哪上学和筹集学费成了大问题。母亲长期在娘家生活也有点过意不去。另外，翟光明祖母、三姑母、大伯母在天津生活，家中没有男孩，希望翟光明一家到天津来①。于是，母亲就带着翟光明和哥哥翟光昌离开宜昌，带着希望和梦想，踏上投亲求学之路。姐姐翟庆云则继续留在宜昌上学，高中毕业后曾到天津、南京小住，后来去了上海定居②。

1932 年，随母亲去天津是翟光明第一次出远门，心中充满兴奋和好奇。一家三口乘船先到武汉，在大舅、二舅家小住几日，母亲和两个亲兄弟叙叙家常，时间很短暂③。紧接着，翟光明一家人又从武汉乘船到南京，南京的落脚地是翟光明的二姑母家，在这里翟光明领略了大都市的风光，南京是六朝古都，繁华的闹市、浓厚的文化气息给他留下很好的印象，这是他第一次来南京，也是一家人乘火车北上天津的起点。

从宜昌辗转武汉、南京，奔赴天津。坐火车对于一个从没有出过远门的普通人家孩子，很是新奇，翟光明从来没有见过这样会在铁轨上跑的大家伙，犹如铁牛的火车力大无比，火车头喘着粗气，行进中不时拉响长笛，呼啸着穿越丛林、村庄、田野、桥梁。一路上火车站站停停，车一停翟光明就会跑上站台看乘客上上下下，乘客们一个个背包罗伞，长袍马褂，各色人等都奔忙着什么，为生计、为生意、为求学、为梦想，南来北往，送站的、接站的、卖杂货的比比皆是，站台上热闹非凡。火车行进过程中，翟光明在晃动的车厢里跑来跑去，兴奋地看东看西，不时地趴着窗户看外面的景色，对什么都感觉很新鲜。车厢里坐满了人，中间的过道上也有人倚着行李席地而坐。一个车厢中有了几个孩子，就充满了笑声和欢乐，叽叽喳喳，闹闹哄哄。母亲看着两个毛头小子，脸上流露出一丝笑容，心想就要看到亲人了，心情也不再那样沉重，对未来的生活充满了向往和希望。

天津，是当时全国第二大工商业城市和北方最大的金融商贸中心，也是中国最开放的城市和近代中国"洋务"运动的基地，多个国家和地区都

---

① 翟光明访谈，2013 年 9 月 17 日，北京。资料存于采集工程数据库。

② 翟光明自传，存于中国石油天然气集团公司办公厅档案处。

③ 同①。

设有租界。天津开启了我国军事近代化的大门，铁路、电报、电话、邮政、采矿、近代教育、司法等也开全国之先河。二十世纪三十年代的天津，到处是一片繁荣景象，世界各地的商贾云集，街旁商铺林立，一座座小洋楼矗立于马路两侧。马路上人流如织，小汽车、自行车、洋车穿梭在马路上，一到晚上，街边的电灯泛着黄光，店铺也都灯火通明，一派歌舞升平，很是热闹，这是在宜昌小城看不到的景象。看到这些，翟光明心生萌动，世界真大呀，这么多新奇的东西。疑问重重，带着困惑和希望，翟光明一家来到祖母家里。

天津的祖母家是一个大家庭，翟光明和哥哥两个男孩的加入，增添了祖母一家的快乐，因为祖母这个大家庭中男人们全在外地谋生，留在家里的全是女眷，有祖母、姑母、伯母和堂姐。翟光明一家到天津的第二年，姐姐翟庆云也来到天津。

翟光明姑母是一名护士，一家人就靠姑母一个人的收入过着紧巴巴的日子。姑母早年丧夫，终身未再嫁人，对祖母也非常好。姑母照顾祖母直到老人家去世，后来去了南京①。

翟光明一家四口加入这个大家庭后，母亲没有工作，就在家里承担起了全部家务，洗衣做饭，织衣补裳，照顾祖母。就这样艰难地生活，时间一长难免发生些不愉快的事情。翟光明回忆说："这段记忆并不很清晰，但给我一个很深的印象，寄养在别人家里总是有些不便和隔阂。"②

翟光明的母亲识文断字，性格温和，非常贤惠，任劳任怨，一个人撑起沉重的家庭负担③，这对翟光明姐弟三人产生了重要影响。敢于面对困境，肯吃苦，对困难的生活没有抱怨，默默地坚持和承受，敢于和命运抗衡，对生活始终充满信心和希望，正是母亲这种坚韧的性格和刚毅的品性影响了翟光明的一生。

---

① 翟光明访谈，2013 年 9 月 17 日，北京。资料存于采集工程数据库。

② 同①。

③ 同①。

第二章
艰难求学

天津汇文小学

在天津祖母家里，父亲很少和家里联系。翟光明和哥哥是家中仅有的两个小男子汉，转眼都到了上学的年龄，堂姐也要读书，一家人为三个孩子上学的事真是犯愁。衣食困难，再要筹措数目不菲的学费无异于雪上加霜。尽管家庭生活十分困难，可是一家人还是非常支持翟光明兄弟和堂姐三个孩子读书学习，想尽办法解决学费问题。靠家人的艰苦努力，翟光明就读于天津汇文小学[①]，这是一所私立小学。母亲四处托人，再加上姑

图 2-1　1938 年小学时照片
（摄于天津，翟光明提供）

---

① 翟光明访谈，2013 年 9 月 17 日，北京。资料存于采集工程数据库。

母的私人关系，学校减免了翟光明的一部分学费。即便如此，家里的负担还是很重。一家人咬紧牙关，度过这一艰难时期。当时天津的小学是六年制，初小四年，高小两年。这一时期，国内教育更加注重提高国民素质，办起了各类学校，教学内容和教学方式也逐步向近代教育转变，重点在理念上从最初的技术教育、专才培养转向国民素质教育，从单纯的精英教育转向对平民教育的重视。翟光明在汇文小学读了六年书，顺利毕业。

天津木斋中学

1939 年，小学毕业后，翟光明就读于天津木斋中学[①]。木斋中学是一所私立学校[②]，由著名教育家卢木斋[③]先生于 1932 年创办，位于现在天津市河北区建国道民权路 1 号。为纪念学校的创始人，今天的中学校园教学楼里竖立着一尊卢木斋先生的汉白玉雕像。木斋中学自创办以来，始终秉承卢木斋先生创立的"诚、朴、勤、勇"校训精神[④]，勤俭办学。

卢木斋先生对翟光明一家的帮助可以说居功至伟。当时，翟光明的姑母在北京协和医院当护士[⑤]，工资很低。为多挣些薪水，也好照顾祖母，姑母辞掉了北京协和医院的正式职位，回到天津祖母身边，在卢木斋家做专职私人护士。这样不仅收入比在北京协和医院做护士高很多，也可以改善一下家里的生活。有姑母与卢家的这层特殊关系，加之母亲四处向朋友寻求帮助，非常仁义的卢木斋在得知翟光明一家的困难情况后，就要求学校免去翟光明初中学习的全部学费，还给了翟光明的哥哥一些资助，这无疑

---

① 翟光明访谈，2013 年 9 月 17 日，北京。资料存于采集工程数据库。

② 王卫中、王彦祺主编：《卢木斋先生其人其事》，2012 年 9 月 18 日，内部资料，天津市第二十四中学。

③ 卢木斋（1856-1948），名靖，字勉之，号木斋，晚号知业老人。湖北沔阳（今仙桃市）仙桃镇人。近代藏书家、刻书家、教育家、实业家。

④ 王卫中、王彦祺主编：《我和木斋中学》，2012 年 9 月 10 日，内部资料，天津市第二十四中学。

⑤ 同①。

是雪中送炭。

　　木斋中学紧邻天津火车站，校舍坐落在天津租界区的意大利租界内，附近有英租界、法租界、日租界等。翟光明一家住在海大道，离学校很远，每天上学都会路过那些租界。从家到学校走路需要个把钟头。每天中午时间非常紧张，无法回家吃午饭，解决饭费也是一个不小的问题。为解决吃饭问题，翟光明中午就经常帮一位同学补习功课。这位同学家庭条件比较好，作为补课的回报，同学总是帮他解决午饭问题。那时天津人习惯吃嘎巴菜[1]，翟光明的午饭就是一份嘎巴菜和一个烧饼[2]。

　　初中学习期间，翟光明最喜欢的科目是英语和文学。木斋中学在天津租界区，很多小孩子都会讲几句英文，翟光明有不少机会和小朋友们交流，本身对英文也特别喜欢。翟光明还遇到一个非常好的英文老师，这位老师课讲得非常好，同学都很喜欢，每次听她的课翟光明都很认真。中学期间，翟光明还办过英文板报，试着翻译过一些简单的英文经典名句、小说、论文等，打下了很好的英文基础。这期间，他还看过一些文学书籍，既有古典名著，也有外国名篇，像巴金的《家》《春》《秋》，鲁迅的《呐喊》，罗曼·罗兰的《约翰·克里斯朵夫》等都是他爱读的文学作品[3]，期间还听过贝多芬等音乐家的作品，这些作品对他产生了重大影响，激励他如何与苦难的命运、艰难的生活作

图2-2　1940年中学时照片（摄于天津，翟光明提供）

---

①　嘎巴菜，又叫"锅巴菜"，是天津独有的风味小吃，由山东煎饼演变而来。
②　翟光明访谈，2013年9月17日，北京。资料存于采集工程数据库。
③　同②。

斗争，如何坚强地活下去①。

翟光明的哥哥翟光昌当年就读于天津美国神召会伯特利学校，这是一所私立学校，要求非常严格，初中和高中学习成绩综合排名为前三名者可获得奖学金。翟光昌学习成绩特别优秀，多次获得奖学金，因此被减免了部分学费。虽然奖学金不多，也能冲抵一小部分学费，部分缓解了沉重的家庭生活压力，解决家庭生活困难问题。本来哥哥高中毕业后可以继续上大学②，卢木斋先生也曾提出可以资助哥哥帮其上大学，怎奈家境较差，生活又十分困难，难以支付大学学费，无奈的哥哥带着遗憾，高中毕业就到河北唐山一个木材厂参加工作，最终与大学无缘，成为终生遗憾。翟光昌在木厂的工作很艰苦，工作也不太顺心，后来他调入唐山煤矿做劳动工资管理工作，虽然工资比较低，可毕竟也给家里增加了些收入，减轻了生活负担③。天有不测风云，1976 年 7 月 28 日唐山大地震，哥哥翟光昌、嫂子王菊如和两个年轻的侄子一家人全部遇难④。翟光明失去了唯一的哥哥，得

图 2-3 2014 年 6 月 19 日在天津木斋中学瞻仰卢木斋雕像（闫建文拍摄）

① 翟光明访谈，2013 年 9 月 17 日，北京。资料存于采集工程数据库。
② 翟光明访谈，2013 年 9 月 17 日，北京。存地同上。
③ 翟光明访谈，2014 年 3 月 21 日，北京。存地同上。
④ 翟光明的补充材料，1955 年 7 月 21 日，存于中国石油天然气集团公司办公厅档案处。

图 2-4　2014 年 6 月 19 日重访天津木斋中学（右起：邵元锦、史清宝、翟光明、王彦祺、杨宪一、闫建文、崔建东，天津木斋中学提供）

知这一噩耗，翟光明痛不欲生，亲人就这样永别了。

木斋中学的学习经历，给翟光明人生发展打下了很好的基础，也影响了他的一生。让他从少年时期，他就懂得了如何坚定目标不放松，如何吃苦耐劳和珍惜生活。2014 年 6 月 19 日，翟光明回到阔别七十多年的中学母校，感慨万千："能上学真的很不容易！感谢卢木斋先生，感谢学校！"①

北平市立第一中学

1942 年，姑母失去工作，全家的经济来源断了，生活更困难了。家庭成员之间的摩擦和矛盾也多起来，加上社会的动荡，每个人都开始考虑自己的命运和未来。姐姐早在前两年为生计，也为了减少家庭矛盾和负

---

① 翟光明访问天津木斋中学访谈录，2014 年 6 月 19 日，天津。资料存于采集工程数据库。

担，一个人去了南京，在那里工作，结婚生子。伯母带着堂姐移居北平[1]。常年劳累的母亲身体也日渐瘦弱，经常生病，还要负担家庭繁重的家务工作，沉重的生活压得一家人喘不过气来，这一年，翟光明初中毕业。此时的翟光明开始有了自己的考虑，思想上也有些负担，是参加工作挣钱养家还是继续上学，是在天津继续生活下去还是去别地另谋出路，矛盾重重，左右为难，这让翟光明彻夜难眠，不思茶饭。和谁商量？谁能给出一个好主意？谁能指一条明路？没有答案，也找不到答案，祖母决定不了，姑母决定不了，母亲决定不了，翟光明一家到哪里去还真成了大难题。回上海找父亲已经不可能，父亲早在日本侵华进攻上海时就失去了联系，杳无音信[2]。回宜昌、武汉、南京，似乎也不大可能，唐山的哥哥刚参加工作，收入也不高。此时，翟光明一家真是举步维艰，一时找不到方向和去处。

离开天津去北平或是一个不错的选择，皇城根下也许可以混口饭吃。主意打定，翟光明就和先去北平工作的堂姐联系，商量能否到北平去。经过多次协商，最终堂姐还是同意了[3]。堂姐真是个好人，对翟光明一家可真是帮了一个天大的忙。堂姐在北平有一份工作，在北平电话局做接线生，收入稳定，可以勉强地维持生活。

离开天津，翟光明一个人先到北平，安顿好后不久，母亲和祖母、姑母一起也来到北平投靠翟光明堂姐家。当时伯母和堂姐住着两间非常小的房子。尽管很困难，可堂姐还是伸出了援手，帮助翟光明一家安顿下来，有了一个落脚点。初到北平，翟光明两眼一抹黑，陌生的街道，陌生的小院落……总之一切都是陌生的。

母亲心疼年少的翟光明，不忍心让他参加工作，主要是年龄太小，还有就是过早地参加工作将来也不会有什么大发展，因此，还是鼓励他继续上学。到北平后，堂姐帮忙联系，翟光明参加了北平市第一中学的入学考试。考生很多，开始翟光明心里一点儿底也没有，抱着试试看的心理，考上了就继续读书，考不上就先找一份工作。考试主要科目有数学、语文、

---

① 翟光明访谈，2013 年 9 月 17 日，北京。资料存于采集工程数据库。

② 同①。

③ 同①。

英语、历史等。考试结果非常理想，总成绩是第二名①。翟光明能有这样的成绩，真的很不容易，这得益于在天津汇文小学和木斋中学的学习。他小学开始就学英文字母和简单的单词，接触了一点点英文，中学考试时起了很重要的作用。堂姐一家对翟光明的帮助很大，使得他能够继续上学。

得知考试获得总分第二名这个消息，翟光明喜出望外，终于又可以上学了。兴奋过后，又有丝丝的发愁和犹豫，因为接下来必须面对的问题还是学费和吃饭，维持生计成了必须面对的一个大问题。翟光明非常纠结，进退两难。得知孩子考上高中的消息后，母亲非常高兴，堂姐一家人也很支持，说再困难也要支持上学这件事，总不能失去这次上学的机会。就这样，1942 年，翟光明在北平又跨入了学堂。

北平市第一中学前身为八旗官学，始建于清顺治元年，是清王朝专为八旗子弟设立的学校。1894 年建成经正书院，1902 年更名为宗室觉罗八旗中学堂，1904 年改名为宗室觉罗八旗高等学堂。1912 年经蔡元培下令改为京师公立第一中学。1949 年 4 月 1 日北京市人民政府接管，改名为北京

图 2-5　2014 年 7 月 3 日重访北京一中（左一王世宏，左四翟光明，左五起：闫建文、李芬、禹航，北京一中提供）

① 翟光明访谈，2013 年 9 月 17 日，北京。资料存于采集工程数据库。

市第一中学，校名沿用至今①。学校在今天的南锣鼓巷，当时学校有两个院子，一个院子是教学区，一个院子是运动操场，两个院子中间有一座天桥连接。老师宿舍在有操场的那个院子里，操场上还有两个篮球场②。

翟光明读高中时，开始住在堂姐家狭窄的小房子里。不久，就搬到学校的宿舍去住。住宿费用很低，每间学校宿舍面积也很小，一间宿舍住八个人，宿舍的卫生条件差极了，也没有地方洗澡，虱子、臭虫经常光顾，弄得大家叫苦连天。室友们试着用三四种方法除虫，熏蒸法、水淹法、火攻法，试来试去，没有一个办法可以彻底解决问题，只好默默地忍受，天天期盼着那些可恶的小动物们从宿舍消失。这是第一次翟光明染上虱子③，也在他的心里留下了一生都抹不去的阴影。害怕这种小动物，一谈起虱子就浑身起鸡皮疙瘩，奇痒无比。大学毕业后他在西北跑野外也曾遭到虱子的侵扰，最终到了谈虎色变的地步。几次染虱子后，他逐渐养成爱整洁、讲卫生的良好习惯。

高中三年的学习，最大的问题是生活费用从哪里来，谁可以为翟光明支付这笔费用？哥哥在唐山工作收入也很低，难以接济家里。此时，在上海的姐姐得知这一情况后，每月就想办法寄一点钱，这给了翟光明上学、生活上巨大的帮助。学习上，翟光明最喜欢的课程仍然是英语和文学，尤其善于写作文，老师经常在课堂上把他的作文作为范文点评④，作文的内容隐约反映出他对旧社会的不满和对坏人的憎恨，特别是对日本侵略者的仇恨，有一种年轻人抗争的力量在里面。

翟光明 11 岁那年，日本侵略者攻占了天津，海大道地区的老百姓家家户户都大门紧闭，拉紧窗帘，人人胆战心惊，轻易不敢出门。日本侵略者为控制居民的行动，又不敢贸然对租界区采取措施，就用铁丝网将租界区围了起来，进出的每一个人都要接受严格地盘查搜身⑤。当时租界内相对非租界区更自由和安全一些，每个人、每户人家都想在租界区居住生活。

---

① 翟光明访问北京市第一中学访谈录，2014 年 7 月 3 日，北京。资料存于采集工程数据库。
② 翟光明访谈，2013 年 9 月 17 日，北京。资料存于采集工程数据库。
③ 同②。
④ 同②。
⑤ 同②。

人们想方设法搬进租界区，翟光明一家也不例外。好不容易托朋友找到一间房子，一家人最终搬进了租界区，祖母、伯母、哥哥安全地搬了进去，原来的老房子只留母亲和翟光明娘俩看守。搬进租界区居住容易，可是进出租界就很困难了。日本兵时常刁难居民，翟光明的哥哥就曾经因为证件与日本兵发生争执①，挨过日本兵的打骂，幼小的翟光明为哥哥愤恨不平，可又没有办法，只好默默地忍耐和承受。全家搬到北平后，翟光明也曾遇到过当年住天津时类似的情况，在大街上遭到日本兵的殴打②。日本人的欺辱和打骂，父亲又在日本侵略者占领上海后失去音信，翟光明幼小的心灵伤痕累累，刻骨铭心的严酷现实，国恨家仇交织在一起，翟光明的作文经常是激励味、声讨味很浓的范文，与社会抗争、与贫穷抗争、与日本侵略者抗争的意识常常在作文中流露出来，铸就了翟光明骨子里爱憎分明、坚韧不拔、自强自立、知难而进的独立品格。

艰难的中学生活，给翟光明留下了深刻的印象，也对他今后的生活产生很大的影响。学习生活是非常不容易的，寄人篱下的生活更是度日如年。但有一点，翟光明知道如何与命运和艰苦的生活作斗争，如何活下去。他在艰难中学会了坚持，在困苦中学会了求生。心中总是充满希望，不管干什么，始终抱定一个目标，坚持自己的想法；明白什么是成功和失败，怎样面对失败，如何面对成功，最终带来的结果怎么样；只有不放弃，不灰心，敢于和命运抗争，相信坚持就一定会有收获。

北京大学地质系

1945 年 8 月，中国人民打败了日本侵略者，取得抗战的全面胜利，全国人民兴奋无比。此时身在北平的翟光明，目睹了人民大众庆祝胜利的欢庆场面，亲身感受到了不再受日本侵略者欺凌的轻松和自豪，埋在心中的

---

① 翟光明访谈，2013 年 10 月 17 日，北京。资料存于采集工程数据库。
② 翟光明访谈，2013 年 9 月 17 日，北京。存地同上。

一股恶气终于得以畅快淋漓地发泄出来[1]，着实开心了好一阵子。

抗日战争取得全面胜利，人民群众热情高涨，青年学生更是心潮澎湃，实业报国、科技报国在青年人心里涌动。翟光明怀着一颗赤诚的心报考了大学，考哪一所大学令他纠结了好长时间。当年，北平的大学五花八门，国立的、私立的，还有教会开办的大学。其中，国立大学有北京大学、清华大学、北京师范大学等，私立大学有朝阳大学、中国大学、中法大学、北平大学、北平民国大学、孔教大学、北京弘达学院等，教会开办的大学有美国基督教会办的燕京大学、罗马教廷办的辅仁大学等。在这些学校中，最吸引人的是北京大学和清华大学，当然进入北大、清华的门槛也很高，竞争也就非常激烈。

大学入学考试是什么样子，怎么考，都考什么内容，考试的范围是什么，有多少人参加考试，录取比例又怎么样，学费、生活费都是多少等，对这些问题翟光明了解很少，那时考大学不是全国统一考试，考试时间和内容各大学也不一样。抱着试试看的心理，体验一下考大学的感觉，他先报考辅仁大学[2]。这所大学的考试时间比北京大学的早，时间上没有冲突，可以早知道考试成绩，以此也可以检验一下自己的水平。辅仁大学是一所教会创办的大学，对考生要求也非常严格，十分注重考生的外语基础，但学费非常高，一般家庭难以供养得起。在专业选择上，尽管他比较喜欢文学，但还是报考了辅仁大学理学院化学系，因为他觉得学点物理、化学方面的知识比较好。当年辅仁大学入学外语考试作文题目是：EMBROIDERDE PILLOW（绣花枕头）[3]。看到这个题目，翟光明眼前一亮，这不就是说外秀内糟的意思吗？绣花枕头外面看起来很好看，但里面却是乱七八糟，形容一个人外强中干，只顾外表，不注重内在。想到这儿，他心里有底了，一篇有理有据的作文在翟光明笔下出炉了[4]。正是良好的外语基础和缜密的逻辑思维，使他取得很好的外语考试成绩，总成绩

---

① 翟光明访谈，2013 年 10 月 17 日，北京。资料存于采集工程数据库。

② 同①。

③ 翟光明访谈，2013 年 9 月 17 日，北京。存地同①。

④ 同③。

也很不错。就这样，翟光明收到辅仁大学的录取通知。辅仁大学的入学考试，显现出他的知识水平，也提振了他的自信心，本来他就没有想到真的能考上大学。为实现自己最真实的愿望，要上大学就上最好的，而且北京大学最吸引人的是入学后有可能获得助学金。于是心怀报国志向的青年翟光明毅然放弃辅仁大学，又报考了北京大学地质学系[①]，那里有他向往的校园，那里有他仰慕的老师，注定北京大学是他一生从事石油勘探大业启航的地方。

翟光明高中毕业那年，报考北京大学的人相当多，考试竞争非常激烈。一旦考上北京大学，靠助学金就可以解决日常生活问题。翟光明数理化成绩一般，考虑到报考北京大学考生多、竞争激烈等情况，为确保被大学录取，降低落榜的风险，他就报考了当时并不太热门、也不太熟悉的地质学系，他对地质学一点也不了解，只知道搞地质就是跑野外找矿[②]，像煤矿、铁矿、金矿什么的，学地质毕业后好找工作，也可以为国家做点事情。最终，翟光明幸运地被录取了，因为家里从来没有出过大学生，也从来没有想过翟光明能考上大学，一家人都很惊喜，也很高兴，他如愿以偿地进入北京大学学习。1945年秋季开学，翟光明正式成为北京大学的一名大学生[③]，这也消除哥哥和姐姐的担忧，母亲知道这个消息也是高兴无比，哥哥、姐姐都说无论如何也支持他上大学。

北京大学地质系是我国高等学校最早设立的地质学系。早在北京大学前身京师大学堂1898年创办时，就有设立地质学门的计划，1909年分科大学开始设立化学门和地质学门，后由于经费紧张暂时停办，至1916年重新开设地质科并于1917年恢复招生，分设古生物学、经济地质学两个学门，1923年增设矿物岩石学门。抗战时期地质学系随北京大学南迁长沙、昆明等地，期间增设地质地理气象学系。后几经变迁，学科逐渐扩展，陆续增设地球化学、古生物学与地层学、构造地质学、地震地质学

---

① 翟光明访谈，2013年9月17日，北京。资料存于采集工程数据库。
② 翟光明访谈，2013年10月17日，北京。存地同①。
③ 同①。

等专业①。地质系创建以来至新中国成立，何杰、王烈、王绍瀛、李四光、谢家荣、孙云铸等曾任地质学系主任，丁文江、章鸿钊、翁文灏、谭锡畴、袁复礼、杨钟健、侯仁之、乐森璕、马杏垣、李春昱、王竹泉等诸多地质学家都曾在该系任教，外籍教授有葛利普②、梭尔格、亚当士、艾萨尔、巴尔博、米士等。作为我国培养高等地质人才的第一个教学单位和我国最早的地质学学术机构，北京大学地质系为国家培养了大批优秀的地质人才，可以称之为"中国地质学家的摇篮"③。翟光明就是从这里走出的杰出地质人才之一。

进入北京大学理学院地质学系学习，让翟光明大开眼界。三叶虫、矿物晶体、化石、地层、构造、岩石、矿藏……大量的新名词进入他的知识库，激发了他的大脑，不断地充实着他的知识体系。高师、名师的指点如催化剂一般，加速了他的成长，助推他走上地质找油事业。

北京大学地质学系开设以来，早期主要以普通地质和探测固体矿教学为主。查阅翟光明大学的成绩单，共有 1945 年度、1947 年度、1948 年度、1949 年度四个学年的课程成绩。第一学年设 7 门课程，平均成绩 71.5 分；第二学年设 12 门课程，平均成绩 68.9 分；第三学年设 9 门课程，平均成绩 69.92 分；第四学年设 4 门课程，平均成绩 70.5 分。从成绩单可以看到当年大学课程设置的全貌，有必修课和选修课，课程又分为基础课和专业课。从整个课程设计来看，偏重固体矿藏或者说是金属矿藏，而液体、气体矿藏的有关课程几乎没有涉及到。基础课程设置主要有"中国通史"、"国文"、"英文"、"政治学"、"德文"、"有机化学"等。翟光明先后向郑华炽先生学习普通物理学课程，向马大猷先生学习电学知识，向张龙翔先生学习普通化学课程，向孙承谔先生学习物理化学，向卫德明先生学习德语。专业课程设置主要有"定性分析及实验"、"普通地质学"、"普通矿物学及实验"、"地质学及实验"、"光性矿物学及实验"、"地形测量学及实验"、

---

① 王鸿祯:《中外地质科学交流史》。北京:石油工业出版社，1992 年。

② 葛利普（1870-1946），德裔美国地质学家、古生物学家、地层学家。

③ 潘懋，宋振清：巍巍上庠地质之光 百年奋进再创辉煌——纪念北京大学地质系成立一百周年。载:《中国地质教育》，2009 年第 3 期，第 167 页。

"普通植物学及实验"、"岩石学及实验"、"普通动物学及实验"、"古生物学及实验"、"地文学及实验"、"构造地质学及实验"、"矿床学及实验"、"物理探矿"等[1]。他先后向黄汲清先生学习构造地质学，向孙云铸和王鸿祯先生学习古生物学，向斯行健先生学习古植物学，向顾功叙先生学习地球物理学，向余瑞璜先生学习 X 光结晶学，向阮维周先生学习矿床学。

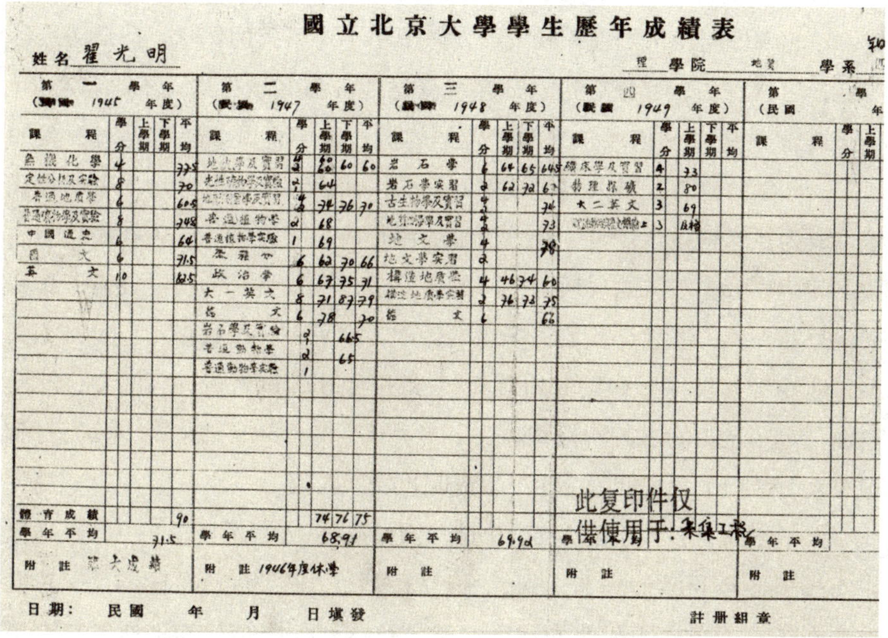

图 2-6 翟光明在北京大学历年成绩表

翟光明在大学期间，主要学习地质基础课程，各种矿业学科很少。关于石油地质的有关课程几乎没有涉及，至于石油勘探开发中的钻井地质、测井地质、开发地质也更是闻所未闻，零星的油气知识只有一点点，少得可怜，不过两三个课时[2]。

通过基础课和专业课的系统学习，翟光明对地质学有了一个新认识，也为日后从事地质研究打下了一定的基础。

大学期间专业课授课老师给翟光明留下了深刻印象，其影响是深远

[1] 翟光明在北京大学历年成绩表，存于中国石油天然气集团公司办公厅档案处。
[2] 翟光明访谈，2013 年 10 月 17 日，北京。资料存于采集工程数据库。

的。这期间，北京大学的几位活跃分子也深深地影响了翟光明，董申葆先生的求实和马杏垣先生的活跃，使他对学习、生活、为人处世、工作都有了新的认识，一生受用。阮维周 [①] 教授是对翟光明最有影响的老师之一，后来去了台湾，在台湾大学地质系当主任。多年以后翟光明曾到台湾进行学术交流，见过阮维周。

翟光明在校期间地质系主任是孙云铸 [②]。孙云铸对我国地质人才的培养，对北大地质学系的建设和发展，做出了不可磨灭的贡献。孙云铸治学严谨，恳挚笃实，奖掖后进，凡亲身受过他教诲的学生，无不永志心中。孙云铸曾经说："任何成功来源于无尽的拼搏之中，诚如黑夜是对白天的肯定。大学教育将我带入科学技术的门槛，而这多年的野外地质考察将我锻炼成为一名科技工作者。随之而来的漫长科技生涯中，无论在成功与失败之间，或者在艰苦的环境与优厚的条件下，我始终认为科学技术工作和其他行业一样，能教会我们许多生活哲理，要求每一个科技工作者必须坚强，能经受各种挫折和失败的考验。"正是像孙云铸教授一样的多位北大老师，对翟光明的培养和教育起到了至关重要的作用，他们的身体力行和谆谆教诲影响了学子们的一生，翟光明也受益匪浅。

大学期间，翟光明的主要活动都集中在北京大学地质馆里 [③]，在地质馆小楼里他和同学们一起上课，一起做实验，一起看岩石标本，一起制作岩石薄片。翟光明和他的同学们就是在这样一座神秘的地质学宫殿里度过了大学时光。在那里，听名师讲座，研究岩石标本，探究地球的奥秘，丰富自己的学识，丰满自己找矿、开矿的翅膀，积蓄探矿、采矿的力量。

地质馆是一个独立的小世界，同学之间、师生之间的感情特别深，也特别亲，他们互相关爱，互相帮助，彼此之间结下了深厚的同学情、师生

---

① 阮维周（1912-1998），地质学家。1935 年毕业于北京大学地质系，曾任中央地质调查所地质师，美国地质调查所地质师，北洋大学、北京大学教授。主要从事岩石学及地球化学研究与教学工作。

② 孙云铸（1895-1979），字铁仙，我国著名古生物学家、地质学家、教育家，是我国古生物学和地层学的开拓者和奠基人之一。曾任地质部教育司司长、中国地质科学院副院长。

③ 翟光明访谈，2013 年 10 月 17 日，北京。资料存于采集工程数据库。

情。翟光明和他的同学梁匡一①、於崇文②、胡维兴、徐旺、金奎励、张鹏飞、高书平、李则新、黄桥、王慎全等在这里度过了大学时光。不管参加什么活动，大家非常团结，大家步调一致，要去就全参加，要不去就一个也不去③。北大地质系的师生，在北京大学是出名的，特殊的环境、特殊的学习生活方式，师生在历次活动中都表现得非常团结，行动高度的一致，加之地质系同学们一般身体素质较好，组织纪律性较强，素有"召之能来，来之能战，战之能胜"的气概和口碑。因此，在历次学运组织中都是学生纠察队的主力队员，在护校斗争中更是如此。许多同学都参加了护校队，不论是在景山西斋宿舍，还是在学校西大门，都有地质系的同学站岗放哨，巡逻值夜，地质锤就是他们最传统、最实用的武器。在几次国民党军警冲击学校、逮捕学生的事件中，地质学系的同学都是护校和保护师生的主力军，有力阻止了国民党军警的行动④。

地质馆前身是北京大学地质学系陈列室。地质馆位于沙滩北街路西15号院内，是一幢三层灰色西式楼房，平面、立面均为不对称式，建筑外形随功能要求而变化。说起地质馆，从建设、形制、作用、藏品等方面讲，在中国建筑史上、地质学发展史上都写下了重重的一笔。北京大学地质馆是我国著名建筑学家梁思成、林徽因设计的作品之一，是我国最早引进西方现代主义建筑的优秀作品，在中国近、现代建筑史上具有重要地位。在楼西南角下方墙体上嵌有一奠基石，上面刻有："中华民国二十三年五月十五日北京大学校长蒋梦麟奠基"。1930年12月，蒋梦麟出任北大校长后，在胡适等人的多方努力下，争取到了中华教育文化基金会的资助，设立合作研究特款。利用其中部分款项陆续在嵩公府新建了图书馆、地质馆、灰楼宿舍等设施，改善了办学条件。北大地质馆所在的沙滩北街15号院也称嵩公府祠堂，这里原是清朝乾隆年间大学士傅恒的家庙，院内有傅恒征伐

---

① 梁匡一（1927–2014），1951年研究生毕业于北京大学地质系，中国科学院新疆分院研究员，著名水文地质学专家。

② 於崇文，地球化学动力学家、矿床地球化学家、地质教育家。1924年生于上海，1950年毕业于北京大学地质学系。中国科学院院士，中国地质大学教授。

③ 翟光明访谈，2013年11月6日，北京。资料存于采集工程数据库。

④ 胡维兴：北大地质系（馆）记事。《科学中国人》，2003年第6期，第52–53页。

金川的功绩碑——乾隆敕建碑。据记载，地质馆"自民国二十三年五月间起工，至二十四年七月竣工，计土木工程费用并暖气卫生工程、电气工程及工程师设计费共六万余元。合其他设备计五千五百余元，合共六万六千余元①。经费由本校与中基会合作特款及本校经常费拨付，并由本校地质系李四光、丁文江二教授捐薪资助。"地质馆的"建筑式样为 L 形，占地七百九十一平方公尺。南部为三层，北部除地窖外为二层。除楼板屋顶及四周大料用铁筋洋灰外，其余均用砖砌，由梁思成工程师设计，北平卫华、海京两厂承包建筑。"地质馆的"地窖层用为磨片室、储藏室、锅炉室等；第一层用为教室、古生物陈列室、地史陈列室、暗室、阅览室、学生研究室、教员室、职员工作室等；第二层为教室、大讲堂、化验室、显微照相室、矿床实习室、矿物岩石陈列室、教员室等；第三层为教室、地质陈列室、教员室等。"1935 年 8 月，北大地质系由二院北楼也就是原京师大学堂所在地移入地质馆，成为北大历史上第一个拥有独立教学实验楼的理科系。

北京大学地质陈列馆早在 1917 年就已陈列古生物、矿物、岩石、构造等方面的标本 1000 余件。1935 年新馆落成后，设立了动力地质陈列室、古生物与地层学陈列室、古植物陈列室、矿物岩石陈列室。随着国内矿产勘探和国际地质交流的不断深入和延展，馆内藏品也越来越多，三叶虫、茂名龟、水晶黄铁矿晶簇、雌黄方解石晶簇、辉锑矿晶簇、白云石晶簇、雄黄单晶晶体等名品珍品荟萃，拥有系统成套的岩石、矿物、矿物晶体和古生物化石标本，每一套岩石标本都配有相应的薄片，矿物和化石也经过准确鉴定，矿物晶体展示各晶系的晶形。地质学的教学标本精华和世界各地的典型地学标本都汇聚在这里，为地质学研究、教学和实验提供了基地，丰富的地球矿物和记录地球历史的实物为学子们打开走向自然界的大门。

野外地质实习也是大学的一项重要活动。地质实习地点主要是当时国内的重要矿区，远到吉林的夹皮沟金矿、河北唐山的开滦煤矿，近的就在

---

① 1914 年中华民国南京政府推出国币条例，确定以银圆为中华民国国币。民国二十三年即 1934 年，当时法定货币为银币，单位元。

北京门头沟、周口店、西山一带[①]。周口店地质教学实习基地建设于新中国成立前，是地质学的野外实验室。西山就成为培养地质工作者的摇篮。

据翟光明回忆，他对吉林夹皮沟金矿的实习印象最深。夹皮沟金矿位于吉林省东南部桦甸县夹皮沟镇[②]，地处长白山麓，松花江上游。那里群山环抱，风景秀丽，野生资源也十分丰富。汉族、朝鲜族杂居，距离中朝边界线很近。夹皮沟镇有中国黄金第一镇之称，是当时全国非常著名的金矿，曾被称为中国有色金属工业的摇篮，黄金开采是这一地区的重要财政收入。早年夹皮沟金矿被日本人霸占，抗战胜利后，金矿回到人民的怀抱，1946年金矿恢复生产[③]。夹皮沟矿石类型主要为合金矿物石英脉，金成矿带位于中朝古板块北缘东段与佳木斯地块南缘的接触部位附近。以夹皮沟北西构造带为界，东部为夹皮沟花岗—绿岩带，主要出露太古宙高角岩相—麻粒岩相鞍山群变质杂岩，而构造带下盘则为哑铃状的元古宙钾质花岗岩。区内花岗质岩类分布广泛，根据同位素年代学数据，主要集中于早前寒武纪和海西—印支期。脉岩主要有正长斑岩、闪长玢岩、花岗闪长岩等[④]。

当年地质实习，北京大学的学生曾到偏僻的金矿。金矿负责人相当重视，把大学生和老师都当成贵宾接待。矿工们也感到新奇和吃惊：这兵荒马乱的还有学生来实习，真是不容易。由于金矿恢复生产时间不长，生活条件、卫生条件都很差。又逢夏季，厨房里、餐桌上苍蝇乱飞，住的条件也很差，尽管如此，矿上还是尽最大努力招待大学生们。同学们被分成几个小组，翟光明小组是4个人[⑤]。几个小组分别去不同的矿区观看露头和黄金开采过程，大部分同学在夹皮沟矿区，还有一组去老牛沟矿区。各矿区之间距离都是几十千米，全是山路，走起来十分困难，真可以说是跋山涉

---

① 翟光明访谈，2013年11月6日，北京。资料存于采集工程数据库。

② 谢宏远，沈远超，焦旭东：吉林省夹皮沟金矿带几个重要地质问题的讨论。《地质科学》，2000年1月第1期，第111页。

③ 陆卫平：夹皮沟金矿地质与采金技术简史。《鞍山科技大学学报》，2004年8月第4期，第298页。

④ 同②。

⑤ 同①。

水。夹皮沟金矿曾惨遭日本人多年的掠夺性、破坏性开采，留下的全是贫矿、尾矿，给恢复开采带来极大的困难，工艺也很落后，环境污染相当严重，矿工更是辛苦[①]。开采金矿最原始的方法是用锹镐采掘，改进后采用"锥形掏心法"、"楔形掏心法"和"药壶式掏心法"采掘金矿石[②]，采下来的矿石使用火烧、水激方法，让矿石脆裂，然后再经石碾子压碎，在水里淘洗，也就是我们常说的"沙里淘金"。后来采用混汞法提金工艺，但是环境破坏得很厉害。在夹皮沟金矿的地质实习，翟光明目睹矿工的艰苦劳动，了解了采矿工艺，以及当地居民艰苦的生活困境，也感受了国家矿产物种的丰富，看到国家矿藏地质研究的薄弱和人才匮乏，坚定了找矿开矿的决心，憧憬着毕业后到金属矿上去工作。

据翟光明大学同学胡维兴回忆，有一次地质实习是在河北唐山开滦煤矿[③]。那是1948年下半年，由刚回国不久的王鸿祯先生带队，师生乘火车到唐山开平盆地野外实习。此时解放军已经入关，唐山俨然一座孤岛，周围碉堡林立，电网密布，国民党防守、盘查极严，能进入唐山地区开展野外地质考察实属不易，活动范围也受到极大的限制。在唐山交大同学自治会的帮助下，同学们第一天住在交大学生宿舍。第二天他们进入开滦煤矿，开始短暂的野外实习。实习当天就遇上了麻烦，当同学们就要靠近一座山头时，突然枪声大作，子弹从头上呼啸而过，大家紧张极了，相互招呼着趴在地上，谁也不敢抬一下头。好不容易和持枪的国民党士兵接上了头，这才知道他们误以为是解放军来了，因为学生们"装备"齐全，图囊、挂包、地质锤、望远镜、放大镜、照相机一应俱全，全副武装，好像要打仗进攻的士兵。经过耐心细致的解释，亮明学生身份，告知正在搞野外地质实习，这才解除误会，准予放行。虽然放行了，国民党士兵还是警告老师和同学们，不准走进警戒区，也不准越过封锁线，否则枪子不长眼睛。这样一来可供实习观看的范围就十分有限了。

---

① 翟光明访谈，2013年11月6日，北京。资料存于采集工程数据库。

② 陆卫平：夹皮沟金矿地质与采金技术简史。《鞍山科技大学学报》，2004年8月第4期，第300页。

③ 胡维兴：北大地质系（馆）记事。《科学中国人》，2003年第6期，第52-53页。

即使如此，同学们依然走上山头，观看各种地质露头状况和岩性，采集岩石标本，描述岩性，绘制地质剖面图。几天的实习，同学们收获很丰富。幸运的是有一位同学还采集到一块大型三叶虫化石，十分珍贵。这些标本后来都被带回了地质馆，并成为地质馆的典藏。这次实习的另外一个收获就是得到一个重要信号，解放军已经离我们很近了。国民党守军此时此刻是胆战心惊，一个个如惊弓之鸟。眼看着就要解放了，大家真是高兴，恨不得能马上遇到解放军。

　　大学期间，翟光明日子过得很艰难，学业完成得也不十分顺利。入学第二年就因病休了一年学，本来1945年入学，正常应当在1949年毕业，但最终1950年毕业。1946年暑假，大学食堂和宿舍都关闭了，学校也不再发放奖学金和生活费，无处吃饭。为混一碗饭吃，假期也有点事干，就报名参加了一期夏令营。这个夏令营提供食宿，还有集训、游园、登山、游泳、跑步、唱歌等活动安排，营地设在北京万寿山一带，当初想象的场景非常好，不愁吃、不愁住，还能玩，何乐而不为。可是一到夏令营，感觉就不一样了。这个夏令营由国民党三青团组织，一开始并不十分清楚。报到第一天，翟光明和同学梁匡一就因为迟到被分到编外，补充到已经分配完成的两个团[1]。之后大家就像在军营里一样过集体生活，条件很不好，二十几个人住一间屋子，每人一套很简单的行李，被褥各一条，大家每天挤在一起睡觉。入营不长时间，就出事了，由于吃东西没怎么在意，加上卫生条件又差，翟光明就得了痢疾[2]。那时候抗日战争刚刚胜利，国民党统治时期缺医短药，对痢疾这种病也没有什么特效药，夏令营里也没有大夫，没办法就干挺着。这个病一直持续了几个星期，造成了很大的生活困难。夏令营的营员们都出去做各种活动，翟光明病得起不了床，什么也不能做，每天就一个人在屋子里躺着，根本没人管，吃饭就靠同学梁匡一帮忙。经过一段时间的煎熬，终于挺过来了，身体日渐好转。屋漏偏遇连夜雨，由于夏令营的房子没有纱窗，蚊蝇特别的多，结果痢疾好了没多久，翟光明又染上了黑热病，这无异于雪上加霜，黑热病很厉害，高烧不退，

---

① 翟光明访谈，2013年11月6日，北京。资料存于采集工程数据库。

② 同①。

烧得人浑身无力，加之这病具有传染性，就更没人管了。夏令营人很多，都害怕被染上，教官和营员们担心大面积爆发，就要把翟光明赶出夏令营。他根本没地方可去，到哪去也不会有人管，真是叫天天不灵，叫地地不应，被逼得走投无路，独自一人叹息命苦。黑热病不像痢疾，自己能扛过来，得这种病，就很糟糕了，弄不好是要人命的。当时，也没有药品，就是有药也没有钱买，怎么办？翟光明就在夏令营里硬扛着，赖着不走，在夏令营好歹还能混一点吃的。没几天，夏令营就像炸了庙似得，教官坚决不同意翟光明继续待下去，要求他马上离开营地。最终还是没有顶住来自夏令营的压力，无奈之下，梁匡一把翟光明送到城里的堂姐家养病①。

回到堂姐家里，翟光明的病情依然没有好转，也无法继续上学，就只好在家里静养。这时，母亲、姐姐、姑母也来到北京②，堂姐家就两间小房子，女眷们挤在一间屋子里，翟光明被安置在另外一间破屋子里，可这也不是长久之计，毕竟得了传染病，还是隔离为好。幸好，在前门鲜鱼口胡同里的泾县会馆有几间空房子，暂时没有人住，真可谓天无绝人之路。母亲就到处托人联系泾县会馆，反复和会馆负责人商量，靠着老乡关系，最终会馆答应借一间房子。这样翟光明就住进了会馆，也不用交房租。得了黑热病，而且病得相当厉害，一个人挺着，家里人也没有好的解决办法，就这样一直拖着，差点就没命了。母亲看在眼里，疼在心上，不能眼睁睁看着自己的孩子就这样病着，不能再等下去，就四处求医问药，变卖家当和衣物，姐姐也跟着一起找医生。在母亲和姐姐的努力下，终于找到一名从协和医院退休的大夫，这位大夫开办一家私人诊所，大夫答应帮翟光明治病，这下他有救了，真是天无绝人之路。经过大夫的精心诊治，最终确诊病症，也找到了病因，之后马上实施穿刺手术和更进一步的检查治疗，加上非常昂贵的针剂，病情一天天好转起来。烧也退了，也有食欲了，也可以自己活动了，人逐渐有了精神。这期间，同学们也来看过翟光明几次，同学的安慰和期望给了他一定要好起来的信心③。在母亲、姐姐的精心

---

① 翟光明访谈，2013 年 11 月 6 日，北京。资料存于采集工程数据库。

② 同①。

③ 同①。

照顾下，翟光明终于脱离了危险，与死神擦肩而过，度过了一生中最艰难的时期，真是福大命大造化大，从生死线上捡回了一条命。这场大病，害得家里愈加贫困，为治病筹款，家里的东西能卖的卖，能当的当，最后过日子的家当、衣物所剩无几，更不用说细软了。但最终保住了一条命，一条鲜活的生命，一个未来的大科学家，只要命还在，一切都可以重来。家当没有了，可以再置办，学业耽误了，可以再补课，人生的路还很长。当然，这场病也让翟光明远离了国民党三青团举办的夏令营，为他之后人生的发展减少了很多麻烦，在历次运动中都没有受到大的冲击，这正应了那句话：好事可以变成坏事，坏事也可以变成好事。人生就是这样奇妙，也这样无常，只有经历了才会真正领会人生的磨难。

大病痊愈之后，翟光明换了一个人似的，精神焕发，又回到了同学中间。同学们看到他回来，也十分兴奋，尤其是梁匡一，更是高兴得手舞足蹈。好伙伴终于回来了，他们又开始了新的生活，一起学习，一起玩耍、打球、听音乐会，活动丰富多彩。这里不得不说说梁匡一同学，梁匡一有很好的语言天赋，英语、法语、俄语、德语样样精通，大学毕业又读北京大学哲学系的研究生，后分到中国科学院新疆地理研究所，一生在祖国的西部搞地质、地理研究，取得多项成果和荣誉[①]。梁匡一不仅学习优秀，还很活泼，爱好广泛，尤其喜欢打篮球，那时经常和翟光明一起到北京王府井附近的基督教堂里打篮球。两人都被选入北京大学理学院篮球队，并代表理学院参加过好多次篮球比赛[②]，成绩都不错。爱锻炼，爱体育运动，这是翟光明大病之后逐渐养成的好习惯，也为他日后从事石油地质勘探工作打下了很好的身体基础，可以说没有一个强壮的身体，一切都无从谈起。只有身强体壮，才经得起各种困难的考验。

进入北京大学，翟光明经历了艰苦的学习和野外实习，经历了疾病的折磨，更经历了贫穷饥饿的煎熬，还亲历了反饥饿、反贪污、反内战大游行，那时还到过门头沟等地做宣传活动，目睹了解放军进入北京城和开国大典活动，经历了社会的动荡和变迁。所有这些都在翟光明的头脑里留下

① 翟光明访谈，2013 年 11 月 6 日，北京。资料存于采集工程数据库。
② 同①。

很深的印记。痛苦、欢乐、悲伤、喜悦、失望、骄傲、迷茫、自豪、向往、激动、失败、成功交织在一起，成为他一生都抹不去的记忆，丰富了他的人生阅历。

据胡维兴回忆，1949 年元旦，同学们在地质馆里举行新年师生联欢会[①]。当时北平正处于围城状态，城里凄凉萧条，除零星的枪声，几乎没有什么节日的气氛，可是地质馆里却是灯火通明，热闹非凡，师生共同迎接解放的到来，大家一起动手包饺子。师生们暗暗高兴，北平就要解放了，同学们一个个充满无限期待，盼着那一天早点到来。

1949 年 1 月 31 日，北平迎来历史性的一天。这一天，中国人民解放军开进北平的消息像春雷一样在数九寒冬炸响，隆隆地翻滚在千年古都的上空，使整个华夏为之震颤，也震惊整个世界。这一声春雷，扫尽北平人民心中厚重的阴霾，古老的北平获得新生。傅作义将军深明大义，千年古都完整无损地回到人民手中。根据毛泽东主席和中央的指示，人民解放军第四野战军一部由西直门进入北平城区，开始接管北平的全部防务。岗哨由解放军战士代替了老百姓深恶痛绝的国民党士兵，此时老百姓才清醒地意识到北平和平解放了[②]。

2 月 3 日，中国人民解放军举行正式的入城仪式。初春的北平，寒风刺骨，人民解放军列队入城，场面相当宏大。入城部队兵分两路，一路从西直门入城，一路从永定门入城。从南苑出发的部队途经永定门大街、前门大街，穿过前门，进入东交民巷，再经崇文门内大街、东单、东四、北新桥、太平仓。两路部队会合后，经西四、西单、西长安街、和平门、骡马市大街，由广安门出城。进城队伍全副武装，浩浩荡荡，打头的队伍出了和平门，队尾还在永定门涌动，直到首尾相接，进城的队伍还没有走完。入城仪式从上午 10 点一直持续到下午 5 点。街边到处是欢迎解放军进城的老百姓，正阳门上也站满了人。男女老少都走上街头，奔走相告，喜上眉梢，欢呼雀跃，他们挥动着手里的旗帜，高举着欢迎的条幅，人山人海。北京城的老百姓终于看到曙光，他们热情地和解放军握手、拥抱，场

---

① 胡维兴：北大地质系（馆）记事.《科学中国人》，2003 年第 6 期，第 52–53 页。
② 暮鼓：《老北京人的陈年往事》。北京：文化艺术出版社，2012 年，第 357–360 页。

面非常热烈，也非常宏大，史无前例。翟光明和家人也在欢迎解放军的队伍里，他在正阳门西边 200 米的地方，一站就是好几个小时①。

进城的队伍威武雄壮，翟光明很是羡慕，觉得解放军真威风。进城部队浩浩荡荡，有摩托部队、装甲部队、炮兵部队，武器装备五花八门，有卡车、装甲车、坦克、战防炮、高射炮、迫击炮、榴弹炮、加农炮。战士着装也是各式各样，有缴获美军的军用皮猴，还有粗布棉衣，大部分穿着灰色的棉衣，背着行李包，走在路上，雄赳赳，气昂昂，豪气十足。群众的歌声、欢呼声、口哨声震天动地，响彻云霄。骏马碎步的得得声，装甲车、坦克车的隆隆声，组成一曲动人心弦的凯歌。听着这些交织在一起的声音，看着那些武器装备和解放军雄壮的队伍，翟光明感到无比自豪，也好奇极了，兴奋极了，犹如自己缴获了敌人的武器，放开嗓子欢呼，新生活真的来了，马上就会过上安稳的好日子，激动的心情久久不能平息②。看着各种编队形式的解放军战士，就像亲人一样，队伍从眼前走过真是恋恋不舍，竟然不自觉地跟着队伍走出好几里路。

观看完解放军进城，回到学校，同学们、老师们兴奋无比，接下来举行各种各样的庆祝活动，演唱会、报告会、演讲会、辩论会……在北大三院小礼堂，郭兰英演出话剧，翟光明把一家人都招呼来一起观看③。看了著名艺术家郭兰英的演出，一家人很受感动，激动地流出了泪水。姐姐动情地说：这是第一次看这样的演出，真好看，演得真好。同学们也受到极大地鼓舞，个个热情高涨，每个人都有一股子使不完的劲儿。整个大学，甚至全北京城都沸腾了，就连城里的小饭店都发生了很大变化，服务态度好了，饭菜质量提高了，学校的伙食也大大改观④，物价也开始稳定。

转眼到了毕业季，到哪里去工作成了每个同学面临的首要问题。毕业前夕，学校贴出一份公告，地质系只留一名助教⑤，其他同学都要服从国家分配，到最需要的地方去。一开始，同学们都希望留在北京，翟光明

---

① 翟光明访谈，2013 年 11 月 6 日，北京。资料存于采集工程数据库。

② 同①。

③ 同①。

④ 同①。

⑤ 同①。

也是一样。怎奈指标太少，留在北京工作根本就没有希望。怎么办？只有服从学校分配，首先希望就是能分到金属矿上去工作，特别是有色金属矿，因为在学校学的都是与金属矿有关的课程。然而事与愿违，翟光明被分到了刚刚成立不久的西北石油管理局，听到这个消息，翟光明脑子一下子就懵了，大西北啊，那可是最偏远、最贫困的地方。去还是不去？一方面去大西北离翟光明在北京的那个所谓的家太远，另一方面对石油一点也不了解，搞石油那不是要从头开始吗？经过几天的思想斗争，凭着一股热情和年轻人的冲劲，凭着对新中国的热爱，翟光明的答案就是：服从国家分配，到大西北去，到祖国最需要的地方去。决心已下，翟光明义无反顾地去了大西北，这一去就是七年。正是在大西北的艰苦磨练，让他爱上大西北，爱上石油事业，也就是在那里遇到指导他走上找油之路的名师、恩师，学到在大学根本没有接触的石油知识，发明了荧光录井方法，练就一手找油的真功夫，培养了他一生最大的兴趣——石油勘探。在那里，他也遇到了爱情，遇到了让他一生呵护的爱妻，有了他们爱情的结晶。

第三章
大西北与石油结缘

奔 赴 大 西 北

经历了贫困的青少年时代，艰苦地完成大学学业。从大学毕业那天起，翟光明就像高台跳水一样一个猛子扎进极其艰苦的石油行业，再也没有离开过这个让他一生为之不懈努力和追求的事业。"找油！找油！为国家找油，为民族争气。"成为他一生的豪言壮语和实践行动。

1950 年 8 月 19 日，翟光明收到中央燃料工业部石油管理总局人事处签署的中国石油有限公司新任职员赴任凭单①，这是开启翟光明一生找油大门的报幕单，也是奔赴大西北的动员令。分配到西北的大学生们来自北大、清华、复旦等国内知名大学②，他们被集中到北京协和医院附近的一栋小楼里，等待统一命令，准备出发奔赴石油生产第一线。

---

① 中国石油有限公司新任职员赴任凭单，1950 年 8 月 19 日，存于中国石油天然气集团公司办公厅档案处。

② 翟光明访谈，2013 年 11 月 20 日，北京。资料存于采集工程数据库。

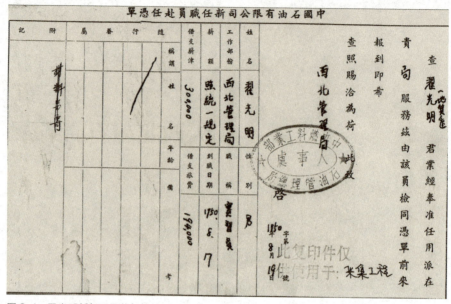

图 3-1 翟光明新任职员赴任凭单

怀揣一纸赴任凭单，翟光明在北京见到了我国现代石油工业奠基者之一的严爽①。此时严爽刚刚被任命为燃料工业部石油管理总局副局长，可以说是当时中国石油工业的第二号主管领导②。严爽 1918 年毕业于北京大学矿冶系，论起来算是翟光明的前辈。借在北京开会之机，严爽接见了新毕业的大学生，并向大学生们描述了西北石油勘探的火热场面，也描述了油矿劳动者的生活状况和矿区建设。严爽对大学生们说：油矿是祁连山下的一块宝地，已经盖起一些小楼，各种生活设施都很好，地质工作者和石油工人已经过上幸福的美好生活，那里有当时全国最大的油田，有国内最先进的设备，一年产好几万吨油呢。严爽鼓励大家到大西北去，参加国家建设，嘱咐大家中途不要掉队，不要当逃兵，路上要注意安全③。国家急需人才，油矿急需人才，找油更需要人才。严爽作为当时我国石油工业的高级管理者，对人才尤其是地质人才更是渴望至极。他表示，地质系的学生

① 严爽（1896—1962），男，字漾波，江苏泰兴人。石油工程专家，曾任延长油矿勘探室主任、矿长。

② 《百年石油》编写组：《百年石油》。北京：石油工业出版社，2009 年 8 月，第 45 页。

③ 翟光明访谈，2013 年 11 月 20 日，北京。资料存于采集工程数据库。

立志到西北的有多少要多少，盼着他们马上就到油矿去，去发现埋在地下的石油宝藏。他告诉同学们，在油矿无论遇到什么问题都可以直接向他反映，有什么困难可以直接说，他会帮助同学们全力解决，真是对大学生爱护有加。油田的美景被严爽说得如画一般，令翟光明和与他同行的大学生们心潮澎湃，心向往之，恨不得立刻飞赴大西北那块热土，投身新中国的建设，也过上神仙般的美好生活。此时的翟光明，心情十分喜悦，他终于可以不用再靠别人的接济生活了，可以自食其力了。一副生活的重担马上就可以卸下来了，迎接他的是广阔的天地和伟大的勘探找油事业。

带着梦想和希望，翟光明一行向大西北进发。他们先坐火车从北京到西安[①]。一路上，翟光明静静地坐在火车上，眼睛望着窗外的景色，思绪万千，感慨良多。想想过去的二十几年，想想大学生活，想想从宜昌辗转到天津再到北京的经历，总算熬到了一个人生的转折点。这次西北之行是去工作，是去从事找油矿的工作，自此就有了自己的事业，也可以自己挣钱养家。想到这，一改往日的苦闷和哀愁，脸上露出开心的、满足的笑容。火车走走停停，在铁轨上不停地晃着，咣当咣当地演奏着西行的序曲。就这样经过一天一夜的颠簸，一行十几个大学毕业生到了西安。西安是他们此次西行的第一站，也是中转站。在西安，他们要等待兰州的命令，实际是等从兰州来的交通工具[②]。

当时，西北石油管理局在西安设有办事处，主要为油矿上的工作人员提供住宿、交通等方便，是北京和兰州之间的重要换乘地点和联络处，是当时最重要的交通枢纽和中转站，西安办事处在西部石油勘探开发中发挥了重要的作用。那时，从西安到兰州还没有火车，道路也全是土路、砂石路，交通工具主要是载重卡车，等一辆车往往要花十几天的时间，有时会更长。翟光明一行在西安等待的时间持续二十多天，也就是这段时间，翟光明见到了大部分西北石油管理局在西安的留守人员，也结识了张维亚、张晓燕、杜博民等，并和他们成为工作的战友和永远的朋友[③]。他们一生互

---

① 翟光明访谈，2013 年 11 月 20 日，北京。资料存于采集工程数据库。

② 同①。

③ 同①。

相关照、互相帮助、相互支持，结下了深厚的友谊。

　　当年的西安办事处还设有一个小实验室，主要用于存储岩芯样品，可以进行一些小的实验。这间实验室是当时西安筹备处的地质实验人员和地质家们共同建立起来的[1]。在这里，同学们第一次见到了有关石油化验的瓶瓶罐罐，第一次见到岩芯样品和油分析、水分析、岩性分析测试仪器，了解到岩石孔隙度、渗透率这些新名词。在前往西部矿区的中转站，翟光明普及了一些基础知识，也是非常新鲜、非常重要的油田勘探基础知识。尽管是有关石油的非常粗浅的认识，可这对他后来进入勘探一线工作起到了很重要的作用，也迈出接触石油的第一步，是现场学习石油地质知识的第一课。

　　离开西安时，已是深秋了。西北的天气更是冷得让人有点承受不住，相比北京的温度低了很多。翟光明他们一行乘坐的是一辆从国民党手中缴获的道吉卡车，同行的张晓燕坐在驾驶室里，翟光明待在卡车车厢的货物上[2]，车上的货物装得很高，满载前行。卡车如蜗牛一般，在西北颠簸的土路上爬行，一路上人烟稀少，走出几十里都看不到一个人影，车上又没有一个人说话，单调得让人心里发慌。风不停地吹，卷起的细尘土和沙粒让你无法抵挡，风像贼一样地肆虐，更让你无处躲藏。眼睛经常进些沙土，让你根本就无法睁眼看看路上的风景。驾驶室里都四处漏风，就更别说车厢顶上了。卡车上装满了货物，翟光明高高地坐在货物上面，一动也不敢动，紧紧地抓着车上的缆绳，生怕从车上滚下去。这样一路坚持着，被冻得瑟瑟发抖，脸色铁青，满身都是沙土。每天下车休息时根本就看不出模样，泥人一般。就这样，晓行夜宿，总共用了三天四夜才抵达了目的地。途中每赶到一个停靠点，他们都要把行李搬下来过夜，上上下下一共折腾了四次。那时不像现在，住宿由旅馆提供被褥，行李全是自己带。为了安全和节省费用，晚上休息他们一行人都是睡在一个大炕上[3]。终于熬过这段艰苦的旅程，翟光明感受了大西北的风沙，也第一次体验露天乘车的艰辛，了解了一点西部的风土人情。当然这和后来的野外地质考察比起来还算是轻松的。

---

[1]　翟光明访谈，2013 年 11 月 20 日，北京。资料存于采集工程数据库。

[2]　同[1]。

[3]　同[1]。

一路没有欢歌，也没有笑语，伴着风沙，沐浴着大西北的阳光，翟光明来到了西北石油管理总局驻地兰州。兰州是一座古老的城市，始建于公元前 86 年，是古丝绸之路上的重镇，也是联系西域少数民族的重要都会和纽带。新中国成立后的兰州敞开怀抱迎接着来自各地的人们。西北石油管理局的驻地更是热闹非凡。新来的大学生、老君庙前线下来的地质人员、职工家属，都聚集在西北石油管理局勘探处。勘探处位于兰州民主东路的一座旧式四合院[①]，有联排的平房，大家都住在里面。一到兰州，张晓燕就热情地像家人一样，为翟光明安排住处，忙前忙后。孙健初[②]、王尚文[③]、杜博民[④]、张传淦[⑤]、张维亚[⑥]、张家环[⑦]这些后来成为大地质家的前辈们也都集聚在那里，俨然一个大家庭。他们在一起摸爬滚打，为国家的石油事业在大西北坚守着。也就是在兰州，翟光明埋下了一颗爱情的种子。

西北地质考察

　　早在 1950 年 3 月，燃料工业部勘探组筹备会议在北京召开。会议由勘探组技术负责人孙健初主持。期间召开的地质专家座谈会，邀请黄汲青、

---

　　①　翟光明访谈，2013 年 11 月 20 日，北京。资料存于采集工程数据库。

　　②　孙健初（1897-1952），字子乾，河南濮阳人，著名石油地质学家，玉门油矿的开拓者之一。1927 年毕业于山西大学工科采矿专业，曾任石油管理总局勘探处处长。国外学者称孙建初为"中国石油之父"，国内称他为"中国石油地质奠基人"。

　　③　王尚文（1915-1983），1935 年考入国立清华大学地质学系，1939 年毕业于西南联合大学。历任燃料工业部石油总局地质局、青海石油局、石油工业部地球物理勘探局总地质师，北京地质学院教授。著名石油地质学家，我国石油地质勘探事业的先驱者。

　　④　杜博民（1919-1988），祖籍贵州省大方县，1943 年毕业于国立重庆大学地质系，1944 年到玉门油矿地质室工作，曾任玉门油矿地质处处长、新疆石油管理局总地质师。石油地质学家。

　　⑤　张传淦（1919-2014），山东泰安人。1941 年毕业于南京中央大学地质系，曾在玉门油矿地质室、兰州勘探处、中国石油勘探开发研究院工作，石油地质专家，教授。

　　⑥　张维亚（1918-2013），陕西华阳人，毕业于西南联合大学。长期从事石油地质工作，教授。

　　⑦　张家环（1919-2014），山东潍县人，1945 年毕业于西南联大地质系，曾在玉门油矿地质室、兰州勘探处、石油大学（北京）工作，教授。

袁复礼、潘钟祥①、王嘉荫、李春昱等 37 位专家教授座谈。孙健初在座谈会上说："我们要发展石油事业，首先要进行石油探勘。探勘究竟向哪里走？哪里有希望？我们从事石油地质的人手少，知识有限，想要将这个计划做得很恰当，并能得到相当成功，非集思广益不可，非向诸位先生请教不可，希望诸位先生多多发表意见。"②会议根据中央"重点勘探天然石油，有步骤、有重点地恢复人造石油"的方针，讨论了石油勘探的基本原则、勘探重点和 1950—1952 年工作计划，并同苏联专家交换了意见。会议决定，集中力量，以陕、甘地区为勘探重点，在甘肃河西走廊和陕西、四川、新疆的部分地区开展地质调查、地球物理勘探和钻探工作③。紧接着，4 月份，在北京又召开了全国第一次石油工作会议，中央领导同志朱德、李立三、薄一波到会讲话，燃料工业部陈郁部长做了题为"中国石油工业方针与任务"的报告，徐今强做了题为"石油工业地质勘探现状与今后勘探部署"的报告。4 月 24 日，会议通过《第一次全国石油工业会议决议》，确定了"石油工业恢复时期，在三年内恢复已有的基础，发挥现有设备的效能，提高产量，有步骤、有重点地进行探勘与建设工作，以适应国防、交通、工业与民生需要"的基本方针。决定大力开发西北石油资源，尽快恢复东北人造石油工业；要有计划地向这两地区调送大批优秀干部，同时大力培养和训练石油工业干部；成立石油管理总局，统一管理石油工业的勘探、开发和生产建设工作，逐步把由各地工业部门管理的石油企业集中起来统一管理；建议教育部在高等院校设立石油科系；号召从事石油工业的技术人员归队④。会议结束不久，5 月份在北京成立石油管理总局，负责全国石油勘探、炼油和生产建设，由上海中国石油公司军代表徐今强任代局长，唐克、刘放、严爽等为副局长⑤。8 月 6 日，西北石油管理局在兰州

---

① 潘钟祥（1906-1983），字瑞生，石油地质学家、地质教育家。在石油地质学领域率先提出"陆相生油"的学术观点，在我国油气勘探开发中起了重要作用。

② 张江一：孙健初传. 北京：石油工业出版社，1989 年 6 月。第 160—161 页。

③ 同②。

④ 《中国石油大事记（1949-2009）》编纂委员会：《中国石油大事记（1949-2009）》，2011 年 6 月，内部资料。第 4 页。

⑤ 宋连生：工业学大庆始末. 北京：九州出版社，2011 年 7 月。第 14 页。

成立，负责玉门、延长、新疆等油矿的工作，康世恩任局长，杨拯民、邹明任副局长。西北石油管理局下辖玉门油矿、延长油矿、运销公司、陕北勘探大队、西安办事处和西北石油学校①。9月，国家成立"地质工作计划指导委员会"，以加强全国地质工作统一指导、协调②。至此，全国石油管理和地质工作组织构架基本建成，各地的勘探找油工作陆续铺开，自此也拉开了新中国石油工业发展的序幕。

伴着石油组织和管理机构的成立，各路人马也开始各就各位，整装待发。按照康世恩的设想，要在酒泉西部盆地范围内甩开勘探步子，力争发现第二个、第三个老君庙油矿，以酒泉盆地、潮水盆地、民和盆地和陕北盆地为勘探重点开展工作③。也就在此时，翟光明来到西北石油管理局所在地兰州，开始参与西北石油勘探计划的实施。在兰州，翟光明遇到孙健初④。当时孙健初任石油管理总局勘探处处长，全面调度各方面的技术人员，在西部地区更大范围内展开石油勘探。孙健初在一份工作计划中写到："西部高原，地广人稀，而资源蕴藏遍地皆有。值兹建国伊始，百业待兴，西北为新中国之国防后方重地，石油复为现代国家不可缺少之原动力资源，极应悉力开发，既可使国防力量雄厚，复可籍之发展其他工业，微特繁荣西北各省，而且兼利国计民生非浅也。"⑤为此，孙健初决定派五个队进行野外地质调查和钻探研究，分别是永昌地质调查及窖水钻探研究队、安西地质调查队、尕斯地质调查队、民和调查及钻探研究队、老君庙及青草湾钻井研究队。翟光明随队参加了地质调查工作。

见到孙健初，翟光明和同行的大学生们都特别兴奋，一路疲劳也悄然消失了，似有一种到家的感觉，更有一股子使不完的劲，恨不得马上就开展地质调查工作。孙健初看到新来的大学生，内心升腾起一种自豪感和满足感，高兴劲就别提了，这是新中国成立后第一批来西北的大学生，这就

---

① 《中国石油大事记（1949-2009）》编纂委员会：《中国石油大事记（1949-2009）》，2011年6月，内部资料。第4页。

② 张江一：《孙健初传》。北京：石油工业出版社，1989年6月，第162页。

③ 《康世恩传》编写组.《康世恩传》。北京：当代中国出版社，1998年，第35—36页。

④ 翟光明访谈，2013年11月20日，北京。资料存于采集工程数据库。

⑤ 同②。第163页。

是油田的未来和希望。孙健初立刻召集在兰州的地质家们一起欢聚，举行了一场别开生面的迎新宴会。第一顿饭还请新来的大学生们吃羊肉泡馍，此时的翟光明感到很新鲜，因为从来没有吃过羊肉，更不用说独具西北特色的羊肉泡馍，这下可解了馋，开了荤[1]。之后，孙健初向新大学生们介绍老君庙油矿的地质情况，分析了新中国石油工业面临的形势和任务，详细报告西部石油勘探的计划和总体安排，言谈中他流露出对石油事业的执着和热爱，也表现出对找油的迫切心情。他立即为大学生们分配任务，安排他们在甘肃西部走廊开展野外地质调查，收集祁连山前一些小盆地的地表露头、地形地貌等基础资料，为大规模的石油勘探开发做前期准备。

初到兰州，翟光明不仅和地质家们交上了朋友，也接受了第一项任务。开始沿着祁连山开展地质考察。这次考察由张佳环带队，考察队由 19 人组成，其中 8 名地质研究人员，11 名兰州军区派出的解放军战士，翟光明和大学同学徐旺都是新队员。考察队还有十几峰骆驼和两条狗，组成一支驼队，载着测量仪器、帐篷、行军床、行李、干粮、水等必需品[2]。从兰州出发，考察队员们一直向西，向西，像西天取经一样，跋山涉水，途经永昌、张掖，最后又返回兰州，取得了丰富的第一手资料。

地质考察，对翟光明来说并不陌生，大学实习已经积累了些许经验，但是在大西北真刀实枪地开展野外考察还是第一次。起初，翟光明的心情很是愉快，大西北苍凉辽阔的地域，广漠的山川，湛蓝的天空，他感到那么新鲜，那么雄壮。每天他不知疲倦地工作着，在天地间愉快地奔波，撒欢似的不知道什么叫累。饿了就吃点干粮、野菜、野樱桃、沙枣，沙葱是最高级的调味品，就着干粮吃很过瘾。渴了就喝凉水，那个痛快。困了就席地而卧，倒头眯上一觉，醒来继续工作。为了御寒，他们自制了羊皮袄。每天，张家环、翟光明、徐旺三个人每人负责一定的区域，分头行动，三个人三条线路，天天如此。白天看地面露头，丈量地质剖面，绘制地质构造，晚上在篝火旁记日记[3]。

---

① 翟光明访谈，2013 年 11 月 20 日，北京。资料存于采集工程数据库。

② 同①。

③ 同①。

搞地质，实践最重要，书本上的东西和实际还是有很大不同，再说课堂学的知识毕竟有限，现实的地质现象简直就是一个大课堂、天然的大地质馆。祁连山下的地质现象十分丰富，火成岩、花岗岩到处可见，各种各样的地质构造也是种类繁多，风化壳、化石更是五花八门。有时还能见到大片的松树林，那是因为有大面积的风化后形成的高岭土，非常适合松柏扎根生长。这下翟光明可是开了眼，大有收获。开展地质调查的同时，乐趣也很多，打猎、宰羊、抓虱子比赛、烤羊肉串，翟光明还学会了骑马、骑骆驼[1]。当然他也有烦恼，在野外考察期间，翟光明曾收到由北京大学辗转寄来的一封信，是同学们相互之间的一个评价，有人评论说翟光明在大学的表现平平。一开始他很难接受，这样评价自己深深地刺痛了翟光明的内心，但这种情绪很快就被每天的地质调查工作冲淡了。他暗下决心，既然已经在大西北工作了，就不要再考虑那么多，一定要干出一番事业来证明一下，做好自己最重要[2]。

随着冬天的来临，越往西走条件就越艰苦。本来冬季是休工时节，钻井队、普查队都回兰州驻地休整。天寒地冻，基本没有什么人工作了。翟光明所在的队接到野外地质调查的新任务，这是个例外，更是对新大学生们的一次考验，而且是相当严峻的考验，他们是第一次在寒冷的冬天进行野外调查。

西北的天气，说变就变，刚才还阳光明媚，转眼就狂风大作，雪花纷飞，昏天黑地。每天跑几十里的路程，天黑前还要赶回宿营地，有时迷了路，找不到营地，只能等打着火把的救援队员前来接应。有时营地会安在老乡的家里，有时是在破庙里，大部分时间是在野外就地扎营。晚上回到营地常常是冷饿交加，时常还要受到马匪帮的惊扰和袭击。当时，西部地区还没有完全解放，也没有土改，马匪经常出没，到处流窜，横行霸道，哄抢财物。有一次在山脚下扎营，刚要休息，空旷的山谷中忽然传来了马蹄声和零星的枪声，大家赶紧穿衣坐起来，随时准备转移。考察队员们一个个心惊胆战，担心骆驼、仪器被抢，更担心地质资料被毁。随队保卫的解放军战士端起枪冲着天空就是几枪，砰、砰、砰，几声枪响过后，马匪

---

[1]　翟光明访谈，2014 年 7 月 11 日，北京。资料存于采集工程数据库。

[2]　翟光明访谈，2013 年 11 月 20 日，北京。存地同上。

们逃走了[1]。

野外考察，除了经常遇到马匪帮之外，也经常遇到野生动物的侵袭和骚扰。野外有狼、豹、狐狸、野兔、野驴等，最漂亮也最可爱的是狐狸，最可怕的是狼，野外经常有狼群出没。遇到狼群，考察队养的狗就起了大作用。狗特别灵敏，遇到狼群不仅是第一个发现，而且会第一个冲过去，毫不惧怕，地质队员们远远地站着，呼喊着给狗加油。有一次遇到六只狼，三大三小，估计是一窝，地质队的狗奋着冲上前与狼对峙，直到把狼群逼走才罢休，这时地质队员才安全了。冬季施工，让人感到了大西北的寒冷及各种复杂情况给勘探找油人带来的风险和艰辛。

转眼到了第二年的春天，翟光明一行满载着收获回到兰州。此时的他，胡子和头发长得又硬又长，脸蛋红红的，衣服上沾满了沙土，已经看不出刚来兰州时阳刚小伙的模样，像顺口溜说的那样："远看像个逃难的，近看像个要饭的，过去一打听，原来是个搞勘探的。"这次野外考察结束后，由翟光明执笔编写完成了《河西走廊地区地质调查报告》[2]，并提交石油管理总局勘探处。报告系统地总结了此次地质调查的成果，提出了很好的建议，显示了很高的水平，受到孙健初等地质家的表扬和肯定，这份报告对后来的规模勘探起到了重要的指导作用[3]。此次地质考察为翟光明从事石油勘探打下一个很好的地质工作基础，开阔了他的视野，也了解了地质勘探的基本手段和资料构成。这次地质考察，也让翟光明小露锋芒。一个年轻的地质师正在成长，康世恩像发现一件宝贝一样，看在眼里，喜在心上，抓得牢牢的，一刻也不放手。那里缺人呀，那里缺少像翟光明一样的地质师，翟光明也没有让康世恩失望，沿着找油这条路不断前行。

康世恩慧眼识珠，发现了翟光明，很快就决定将他调入陕北四郎庙钻探大队[4]，因为那里正在钻探，更需要他。到大西北7个月后，翟光明接到

---

[1] 翟光明访谈，2013年11月20日，北京。资料存于采集工程数据库。

[2] 同[1]。

[3] 《科技兴油，再创辉煌》编写组：《科技兴油，再创辉煌——石油勘探开发科学研究院建院四十周年回忆文集（下册）》。石油勘探开发科学研究院，1998，内部资料。第46—54页，翟光明：石油勘探的成功之路。

[4] 翟光明的补充材料，1955年7月21日，存于中国石油天然气集团公司办公厅档案处。

了调转通知，当时他还真有点舍不得离开那里，一方面是在兰州刚刚开始熟悉工作，另一方面有了牵挂，萌生了爱情，害怕因为工作地点的转换而失去和心上人的联系。

这还得从大学毕业赴兰州的路上说起。在从西安去兰州的路上，翟光明与张晓燕同行。可以说张晓燕是翟光明的知心姐姐，初入西北就给他很多帮助。正是张晓燕为翟光明牵线搭桥，到兰州不久就结识了还是青年学生的祁冰。张晓燕是一名音乐老师，在兰州女中教音乐，辅导学生学习钢琴、唱歌，祁冰和几个女同学经常到她家里请教。祁冰文静大方，知书达理，天资聪明，很招人喜欢。翟光明也经常去张晓燕家里做客。一来二往，翟光明和祁冰就交上了朋友，也都喜欢上音乐，张晓燕的家也就成了她们约会聊天的地点，经常在一起吃饭聊天，感情也一天一天地深厚。后来，祁冰上了军干校，不久就入伍成为一名中国人民志愿军战士，赴朝鲜参战，也成了当时共和国最可爱的人。祁冰参军翟光明开始一点也不知道，因为在当时参军入伍是保密的。直到抗美援朝前线开战以后，可以和国内通讯了，翟光明才辗转知道祁冰的一些情况[①]。之后的一段时间，在大西北的石油探区和大东北的朝鲜战场之间架起了一条爱情通道，鸿雁传书，两个年轻人互诉衷肠，翟光明和祁冰两个人的恋爱关系也就这样慢慢地确定下来。后来，祁冰也就追随翟光明在石油勘探的道路上并肩前行，相互关爱，终生相伴，缔结了一场天造地设的美满姻缘。

陕北四郎庙石油勘探

在西北石油管理局成立之初，康世恩就组织召开勘探会议，决定在陕北四郎庙、枣园、马坡塘沟及马栏四个构造上打探井，并进行一次大规模的野外地质考察。会后，康世恩亲自率队考察了河西走廊、贺兰山、阿尔

---

① 翟光明访谈，2013 年 11 月 20 日，北京。资料存于采集工程数据库。

金山等地，对这些地区的地质情况有了初步了解。1951 年 1 月 20 日，康世恩在兰州主持召开了西北石油管理局局务会，会议决定选派高级技术人员赴陕北，以加强陕北勘探工作。会议之后，康世恩还亲自赴陕北督办钻井、地质等工作，全力协调钻井与地质的工作关系，把钻探一线的矛盾消灭在萌芽之中①。几乎就是同时，1 月 22 日，徐今强在西安也组织召开陕北勘探会议，苏联专家莫谢耶夫等也参加了会议，部署安排下步勘探工作。兵分两路，双管齐下，共同部署陕北勘探找油工作，同时也开始调兵遣将，准备打一场攻坚战。

翟光明是第一批调入陕北四郎庙的地质队员，在那里一待就是两年的时间。这两年，翟光明和钻井工人摸爬滚打，积累了丰富的现场经验，还结识了地质家陈贲②，有机会向老地质家虚心求教，学习了很多由陈贲从美国带回的石油地质和工程书籍，夯实了地质实践基础，在那里完成了从大学生到地质师的转变。

1951 年 3 月份，翟光明坐着拉货的大卡车从兰州回到西安，再从西安坐一段火车到铜川。之后从铜川出发，沿着崎岖的黄土山路到四郎庙，路途一连走了 8 天③。陕北四郎庙在陕西宜君县，地处陕北高原南部，是个非常贫穷的地方，放眼望去尽是黄土，山坡上长着稀稀拉拉的高粱和糜子，秋天过后，就什么都没有了，光秃秃的山上只剩下裸露的黄土。这就是地质上所说的四郎庙探区。这个地区虽然叫四郎庙，其实根本就没有人见到过什么庙，或许过去有，损毁了，不得而知。翟光明新的工作地点就在四郎庙一带，主要在钻探队做井口地质工作，也就是地质录井。

地质录井工作，对现在的石油地质工作者来说，那是最基础但又最重要的工作，尽管录井工是很普通的一个工种。把时空拉回到 1951 年，对没有一所石油地质院校的新中国来说，石油地质是十分陌生的，陌生得让你无从下手。对北大地质系毕业的翟光明来说，同样也是一项全新的工作。

---

① 《康世恩传》编写组：《康世恩传》。北京：当代中国出版社，1998 年，第 36—37 页。

② 陈贲（1914—1966），字伟志，又名国泽，别名世人。1939 年毕业于清华大学地质系，曾任石油工业部总地质师，中国地质学会理事。石油地质专家。

③ 翟光明访谈，2013 年 11 月 20 日，北京。资料存于采集工程数据库。

之前他从来没有到过井场，也不知道什么是钻井，什么是录井，当时真有点赶鸭子上架，翟光明更是丈二和尚摸不着头脑。在四郎庙他唯一能做的就是干中学、学中干，白天在井场工作，晚上看书学习，翻译资料，最后还真摸索出一套切实可行的方法。

翟光明来到四郎庙探区，首先在山顶上的一个破旧的木板房里安顿下来。从此，就在这个木板房一起跟随陕北四郎庙钻探大队，在寂寞的陕北山沟里工作和学习，木板房成了他的第二个大学课堂。这里没有固定的老师上课，这里有的就是几本专业书，几本远渡重洋被带到中国的外文专业书籍。说起这些书，还真有故事。一个是陈贲送书的故事，一个是从北京、西安新华书店远程邮寄图书的故事。

陈贲在美国学习，接受了大量西方的先进理念，也带回了一批外文专业书籍。这些书对翟光明的成长起到了至关重要的作用，翟光明也和陈贲结下了深厚的友谊。在陈贲去世多年以后，翟光明还到青海柴达木盆地的冷湖公墓祭奠过陈贲先生。

图3-2　1951年在陕北四郎庙木板房前地质队员合影
（第二排右一为翟光明，翟光明提供）

当陈贲在陕北四郎庙遇到翟光明时，心想这些书可派上用场了，每次上山他都给翟光明带上两三本，一共带了十几本。两人还经常交流，切磋勘探找油经验。陈贲不停地向翟光明传授着新知识，指出书中的重点，讨论书中的一些做法。翟光明得到这些外文书，如获至宝，恨不得一夜就全读完。钻井队的工人们经常看到这位年轻的大学生，整夜整夜地啃着一本本厚重的外文书，翟光明翻译了《地下地质学》、《钻井工程的生产实践》、《电测井的基本原理和解释》、《原油生产的物理原理》等论文或专著，这些书都成了后来的专业教材，被井队技术人员广泛传阅，成为一线技术人员的技术法宝。当时，翟光明的英文翻译水平并不高，好多专业词汇搞不懂，也没有听说过，但还是硬着头皮翻译了出来，日积月累，翟光明的外语水平也就大大提高。钻井队、测井队的技术员们看到翟光明翻译的资料，一个个兴奋不已，争相传阅，技术员们从中受益匪浅，这些资料可以说是当时最好的、最实用的教材①。对翟光明帮助最大的一本书就是由美国地质学家 Leroy 编写的《Subsurface Geology》，这本书系统地介绍了如何从地质入手，把收集到的资料系统整理，综合研究后制成各种图件，以判断油层地质情况；如何在钻井过程中描述记录岩屑情况，如何完成钻井地质总结，采用什么工具和仪器，十分详细地介绍了工作流程②，非常实用。翟光明学以致用，在工作中，按照书上的介绍并结合实际情况进行分析和研究，解决了生产实际中遇到的诸多问题，效果非常好。

　　翟光明在四郎庙学习的书籍，一部分由陈贲提供，另外一部分都是他自己购买的。当时，地处野外工作，没有电话，只能靠写信联络，他就和北京、西安的新华书店联系，把自己的一部分工资放在书店里，告诉店员一旦有与石油相关的书籍，就立刻邮寄过来，钱款从放在书店的钱中扣除，这样的邮寄活动持续了好几年③。当年，书店的店员也非常有责任心，看到有这样爱学习的人需要技术书籍，也是非常热心，特别留意石油、地质方面的书籍，一旦有这方面的书籍，就给翟光明邮寄过来。有时书店货源紧张，就影印整本书再邮寄过来，过一段时间后新华书店的店员还会给翟光明寄送购书账单，将书籍的花费、影印的花费一并列出来，一清二楚，真负责任啊，那时的人们很讲信用，值得我们学习借鉴。现在看，那时的翟光明就采用了所谓的邮购方式，很是超前。就这样，翟光明获得了让他受用一生的书籍，也让他的羽翼越来越丰满，知识越来越丰富，也养成了终身学习的好习惯。学习，为翟光明开启了发现创新的大门。

　　四郎庙钻探初期，地质人员十分缺少，全部地质录井工作由翟光明一人负责。他整天蹲在井上，郎 1 井、郎 2 井、郎 3 井、郎 4 井、郎 7 井、

---

①　翟光明访谈，2013 年 11 月 20 日，北京。资料存于采集工程数据库。

②　同①。

③　同①。

郎9井，一口井一口井地盯着，口口井都不放过①。翟光明在井场和钻井工人建立了很好的关系，当时钻井和地质是分开的，各有分工，各干各的。刚开始钻井工人都不知道翟光明是干什么的，感觉他的工作很稀奇，经常跑到他的小木屋里头去，看他到底在干什么，慢慢地，一点点地也了解了，混熟了，就一起开玩笑，一起吃饭。翟光明和钻井工人交上了朋友，无话不谈。当时，翟光明的工具就是一台显微镜和一个放大镜，一瓶四氯化碳。将岩屑浸泡在四氯化碳溶液中，观察是否有油溶解。把盐酸滴在岩屑上看是不是有气泡，以了解砂岩的交接程度。每天就做这些非常普通的地质录井基础工作，一米一米的，每一包岩芯都不放过，认认真真地描述钻遇地层岩石的含油气性②。

四郎庙构造上打的第一口井是郎1井，翟光明从开始盯到钻井结束，全过程检测钻井的每一道工序和岩屑情况。期间，他参照《地下地质学》创造性地应用了"荧光录井法"、"染色分析法"和"百分比录井法"。"百分比录井法"就是把井下返上来的连续岩屑，按不同岩性和组成成分的多少，用百分比分类，准确地划分出不同深度的岩性层段，用这种方法连续观察，连续取样，把郎1井地质剖面描述得非常详细③，结果也十分准确，使地层剖面符合率近似真实，为后期油田开发打下了很好的地质基础，开创了地质录井工作的先河。

当年，还发生过一件惊动西北石油管理局的事件。在郎1井完钻电测后，测井剖面解释结果和录井剖面不相符，这可是一个大问题，一下子翟光明就懵了，真害怕是自己搞错了。郎1井是录取地质资料的第一口探井，翟光明使用的是自己新创造的百分比录井方法，无法证明这个方法是完全可用的，自然引起人们的怀疑。若真是录井出了问题，那就是重大事故，翟光明要负第一责任，还要接受处罚。这下事情闹大了，引起石油管理局高层领导的高度重视，派来许多专家到井场重新检查录井工作。谁的失误，难道是翟光明采用的新方法出了问题吗？井队的人们议论纷纷，开

---

① 翟光明访谈，2013年11月20日，北京。资料存于采集工程数据库。

② 同①。

③ 同①。

始怀疑这位年轻的地质员，四郎庙探区负责人狠狠地批评了翟光明，并声称要严肃处理。当时，负责测井的是新中国成立前就非常有名的测井专家刘永年，用的是当时很先进的仪器，难道这位测井工程师出了错？刘永年早在1947年就在玉门油矿建立了我国第一个专门从事地球物理测井的工作站，有丰富的现场实践经验。面对两种结果，一边是测井专家，一边是年轻的地质员，谁对谁错，一时间疑云重重。大大的疑团像一道套在翟光明脑袋上的紧箍咒，牢牢地捆绑着他的创造欲望，揪着他的心不放。他连续几天彻夜难眠，恨不得地上有条缝钻进去再也不出来。难道他的心血白费了吗？翟光明压力太大了，不知道到底问题出在哪儿了，苦苦地望着世界上最厚的黄土塬，沉默不语。最后，还是经验丰富的工程师刘永年，为搞清事情的真相，彻底复查郎1井的全部测井资料，重新翻砂样，重新检查录井资料，翟光明顶着巨大的压力参加了复查，经过仔细核查，检查每一条记录。经过反复对比，检查结果像一道彩虹划破了团团疑云，原来是测井工程师测井时，电缆丈量数据未计算从井口到补心这个高度，结果整整差了3米多[1]。事实证明，翟光明采用的测试方法和录井结果没有错，最终水落石出，也彻底释放了翟光明的压力，沉重的包袱终于卸下来了，长长地出了一口气。在郎1井创造的录井方法自此传播开来，在以后的钻井过程中被广泛采用。每遇到来自四川、西北大学实习的学生，翟光明都耐心地给他们讲解，说明其原理和操作要领，为以后全国石油钻井地质录取第一手资料创造了条件，提供了一种行之有效、简单易操作的方法[2]。经过这件事，彻底改变了人们对翟光明的看法，上上下下对他更加重视，他对工作也更加严格更加细致了。

在郎2井钻井取芯时，计划在庙沟油层和炭火沟油层取芯，但反复对比研究，翟光明认为还应该有一个油层，坚持停钻取芯。可勘探大队的一位老工程师坚决不同意，他不相信，也不同意翟光明提出的取芯要求。翟光明极力陈述也未果，无奈之下，直接将问题反映到四郎庙钻探大队大队长杨文彬那里，最终在探区领导的命令下钻井队终于同意取芯，最终证实

---

① 翟光明访谈，2013年11月26日，北京。资料存于采集工程数据库。

② 同①。

了翟光明的想法，发现了延长统39号油层①。这次取芯，又一次证明翟光明的科学判断和做事严谨。就这样，建立了四郎庙地区完整的地层剖面，识别了 40 个砂层，完善了四郎庙地层剖面。从这时起，翟光明逐渐培养成对石油地质事业敢于负责、勇于承担风险、敢于向权威挑战的精神，也铸就了一位地质家开拓进取的鲜明个性和顽强拼搏的昂扬斗志。

翟光明在四郎庙那间木板房里，生活十分艰苦，是一般年轻人无法承受的。艰苦的条件、荒凉的山丘、孤独的生活、寒冷的气候都没有压垮他，反而磨炼了他的意志，使他取得了许多成绩，也赢得了领导和现场技术人员的认可。正如《地质学与民国社会：1916—1950》一书中所述："地质学研究不但需要有敏锐的观察力和严密的分析推理能力，还需要具有很强的创造能力，同时地质科学研究中总会有一些领域，或因条件艰苦，或因工作枯燥，或因成果无法在短期内得到学术同行的承认，或因成果回报周期长甚至很难预料是否会有成果回报而致使常人不愿涉足这些领域。但正是这些领域为具有坚韧意志、肯于奉献和冒风险的学者提供了一个展示才华的天地。"② 翟光明正是这样一个学者，他经历了现场的艰苦，同时也迎来提升自己、展示自己的一个新机会。

1952 年 10 月，翟光明被派往北京参加石油管理总局举办的石油地质工作总结研习班，这个班由石油管理总局勘探处孙健初处长亲自主持③。翟光明很重视这件事，也格外珍惜这次去北京学习交流的机会，因为之前由于种种原因曾经失去过去苏联学习的机会。出发之前，为全面反映自己的工作，展示取得的成果，翟光明还是下了一番功夫，并做了认真的准备，手工绘制了各种图件，包括综合地质图、地层对比图、油区构造图、等厚图、孔隙度分布图、渗透率分布图等④，还根据刘永年介绍的一种饱和度计算方法，采用手摇计算器计算出油层饱和度。这在当时是很先进的，也表现出翟光明过人的思维方式和工作能力。

---

① 翟光明访谈，2013 年 11 月 26 日，北京。资料存于采集工程数据库。

② 张九辰：《地质学与民国社会：1916-1950》。山东济南：山东教育出版社，2005 年，第 176-177 页。

③ 张江一：《孙健初传》。北京：石油工业出版社，1989 年，第 167 页。

④ 同①。

图 3-3　1952 年在北京留影
（翟光明提供）

来自全国各油田和探区的地质负责人参加了石油地质工作总结研习班，陈贲、王尚文、李德生[1]、田在艺[2]、陈靖梅等一百多人都是研习班的学员，这是当年全国石油地质界的一件大事，是一次石油地质家们的大聚会，可谓高手云集。这次研习班的目的在于从总结地质工作入手，检阅前一时期地质勘探成果，探讨研究石油地质理论新进展和未来发展方向，同时提升这批地质人员的业务水平，为进一步培养技术骨干奠定基础，解决现场地质人员知识匮乏的实际问题。研习班上，每天组织学习、研讨和交流，由孙健初主讲，期间也请李四光等地质家为学员们讲课。除去集中讲课学习，就是各地区的地质负责人汇报交流自己的勘探成果。在各探区成果汇报会上，翟光明汇报了四郎庙探区的勘探成果，介绍了油砂识别方法以及如何利用测井资料计算油层厚度的方法，也展示了自己亲手绘制的各种图件。汇报时，屋子后墙上挂满了地质图件[3]，学员们一看，惊奇不已，纷纷翘起大拇指称赞这工作做得细致，做得超前，做得与众不同。在这个研习班上，只有翟光明一人拿出了这样的

---

　　[1]　李德生（1922-），生于上海，江苏苏州人。我国著名石油地质学家。1945年毕业于中央大学地质系。1991年当选为中国科学院学部委员（院士）。2001年当选为第三世界科学院院士。曾任中国石油勘探开发科学研究院总地质师。长期从事石油勘探开发和地质研究工作，是大庆油田发现过程中的地球科学工作者之一；参与创立了渤海湾地区复式油气聚集（区）带的理论并指导实践；对我国陆相生油理论、含油气盆地构造类型、陆相湖盆储层研究、古潜山油气藏以及裂隙型储层特征研究等方面都做出了重要贡献。

　　[2]　田在艺（1919-2015），陕西渭南人。石油地质学家。1945年毕业于中央大学理学院地质系。1997年当选为中国科学院院士。曾任石油勘探开发科学研究院副院长。20世纪50年代指出沉积盆地是油气形成与赋存的基本构造单元，指明盆地长期下沉、沉积巨厚、封闭深水盆地、还原介质水域、湿润气候、湖泊相暗色泥岩是陆相生油的沉积条件、构造环境和沉积物质，完善和发展了陆相生油理论，科学预测陆相盆地找油领域；20世纪60年代指出生、储、盖、运、圈、保有机匹配成油气地质条件是寻找油气田的基本地质因素；20世纪80年代组织领导全国第一次油气资源评价，运用地质理论、方法和技术，系统定量评价，为国家制定油气勘探规划提供依据；20世纪90年代论述含油气盆地分析原理和方法，首次将成油气系统理论引入盆地分析。

　　[3]　翟光明访谈，2013年11月26日，北京。资料存于采集工程数据库。

成果。这次汇报引起了石油部领导和专家们的极大兴趣，启示大家，原来石油勘探开发过程中存在一系列的科学研究问题。汇报交流结束后，研习班对每一个汇报人进行了评比，结果陈贲、王尚文、翟光明都榜上有名，翟光明获得了乙等优秀工作者，陈贲、王尚文获得了丙等优秀工作者，甲等优秀工作者空缺[①]。翟光明的汇报引起强烈反响，获奖的消息不胫而走，传到石油管理总局，引起总局领导的重视。康世恩一直关注翟光明，关注他的成果，关注他的能力，康世恩把翟光明看做一颗好苗子，抓住，紧紧地抓住！千万别让他跑了。康世恩觉得将这位年轻的地质师调往玉门油矿，千锤百炼后必有大发展。研习班一结束，也就是在1953年3月份，翟光明就得到了去玉门老君庙油矿的消息，也亲自聆听了康世恩的指教[②]，回到四郎庙不久就收到正式通知，通知上清楚地写到：派翟光明地质师到老君庙工作[③]。看到这，翟光明深知肩上的重任，也清楚地领会了石油管理总局领导的重托，国家急需更多的石油地质人员找油啊，需要快速地提高原油产量，玉门正是国家原油上产的希望之地。没有犹豫，没有耽搁，翟光明立刻动身前往玉门老君庙油矿，离开刚刚打开找油之门的四郎庙探区。他虽然有点舍不得，但国家的需要是第一位的，那里有更广阔的天地施展才华。

玉门油田开发建设

玉门，位于甘肃省境内，南依巍巍祁连山，北临赤金峡山、宽台山、黑山、东望嘉峪关、文殊山，西通安西、敦煌，是连接西域、拓疆运兵的交通要冲，古丝绸之路的必经之路，历来有"塞垣之襟带，车马之通衢"。这里地处高原，大部分地区为丘陵、戈壁，地表砂土干裂、砾石裸露，干

---

① 翟光明访谈，2013年11月26日，北京。资料存于采集工程数据库。
② 中国石油报社编. 回忆康世恩[M]. 北京：石油工业出版社，1995。第136页。
③ 《翟光明的补充材料》，1955年7月21日，存于中国石油天然气集团公司办公厅档案处。

旱少雨，植被稀少，祁连山脊北坡终年积雪，四季不分明。就是在这样一片神奇的土地上，地下蕴藏着丰富的宝藏，尤以石油为最丰富。

关于石油，历史多有记载。早在公元290年，西晋张华著《博物志》写到："酒泉延寿县南山，名火泉，火出如炬。"文中延寿县古为酒泉郡所属，即今天的玉门地区，南山，即祁连山。火泉，乃天然气气苗露头，火出如炬，即天然气燃烧。再有《后汉书·郡国志》延寿注："县南有山，石出泉水，大如筥簹，注地为沟，其水有肥，如煮肉泊，羕羕永永，如不凝膏，燃之极明，不可食，县人谓之石漆。"[①]

玉门，是一个神奇的地方，这里吸引着世界各地的地质家前来探险考察。这里留下了一批批实业家、大学者、创业者的足迹，这里也走出了一批批石油英才，这里是试验田，这里是大学校，这里是大研究所。1953年3月，翟光明只身来到玉门，来到了一个可以大显身手的革命大熔炉，来到一个增长才干的演练场。

早在19世纪末，俄国地质学家、地理学家奥勃鲁契夫就曾考察了祁连山，调查酒泉玉门的地质情况，对酒泉和祁连山一带的地质情况进行了简单描述，将祁连山主要变质岩系定为"南山系"。此后，地质调查考察接二连三，德国人福特、俄国人科什洛夫、比利时人林辅臣等对西北地区开展地质调查活动，考察路线主要是马鬃山至新疆一带，并采集油样进行化验。1921年翁文灏[②]、谢家荣[③]调查玉门石油，谢家荣写出了《甘肃玉门油矿报告》，对玉门表现出极大的兴趣[④]。至20世纪30年代，地质考察

---

① 孙守忠主编:《玉门史话》。甘肃：甘肃文化出版社，2006年，第6—8页。

② 翁文灏（1889-1971），字咏霓，浙江鄞县（今属宁波）人，地质学家。1912年，比利时法语鲁汶大学获地质学博士，是中国第一位地质学博士，国民政府中央研究院首届院士，中国地质事业创始人之一；曾任国民政府地质调查所所长、经济部部长，行政院院长；创立中国石油有限公司，并担任第一届董事长兼总经理；新中国成立后曾任全国政协委员、中国国民党革命委员会中央常委等职。对中国地质学教育、矿产勘探、地震研究等方面做出重要贡献。

③ 谢家荣（1898-1966），字季骅，上海人，1916年毕业于农商部地质研究所，1920年美国威斯康星大学地质系硕士。曾任地质调查所沁园燃料室主任、北平分所所长，北京大学地质系教授、主任、地质部总工程师、地质科学研究院副院长。著名地质学家、矿床学家、地质教育家，中国经济地质事业的主要开拓者。1955年当选为中国科学院院士。

④ 玉门油田志编纂委员会:《玉门油田志》。西安：西北大学出版社，1993年，第35页。

更加密集，尤以孙健初考察为重。1937年10月，一支神秘的驼队又踏上了玉门这块神奇的土地，中国煤油探矿公司筹备处一行人组成的西北地质矿产试探队，成员有中央地质调查所孙健初、金城银行史悠明、美国伊利诺伊州地质调查所地层学及古生物室主任约翰·马文·韦勒博士 [1]（John Marvin Weller）和工程师威廉·萨顿（William Sutton），对柴达木盆地、玉门石油河、干油泉、石油沟等地进行地质考察，他们共同完成《中国西北甘肃、青海两省地质考察报告》 [2]。孙健初认为，玉门一带是"煤油将来之希望"，他们把考察结果详细向有关部门做了汇报并建议及早开发玉门油田。1938年6月12日，国民政府经济部资源委员会在汉口设立甘肃油矿筹备处。12月，孙健初就到玉门老君庙进行地质详查，先后在石油河、干油泉、三撅湾、石油沟、夹皮沟等地进行勘察，并和靳锡庚 [3]、严爽等在玉门老君庙安营扎寨，招募工人，勘测钻井，并于1939年8月完钻玉门油矿第一口深井，发现了K油层，日产原油10吨，发现了老君庙油田，至此也拉开了玉门石油开发的序幕 [4]。1939年10月，孙健初完成《甘肃玉门油田地质报告》，并进行了区内的地层划分，提出钻探计划和钻探井位，为玉门油田的勘探奠定了基础。至1949年，玉门油矿共钻探48口油井，生产原油49.9万吨，有力地支援了中国人民的抗日战争。玉门油矿的开发，初步形成了石油生产部门齐全的综合性企业，也为中国培养出一批掌握近代石油技术的工人和技术干部，为新中国成立后大规模勘探开发石油打下了坚实的基础 [5]。

玉门油矿，是我国石油工业的摇篮。1949年10月1日，康世恩作为甘

① 约翰·马文·韦勒（1900-1976），美国地质学家。1927年在芝加哥大学攻读地质学，获哲学博士。1937-1938年间参加地质考察队在中国甘、青、陕、川等省考察。1945年回母校任教，1952-1954年在菲律宾工作曾任《古生物学杂志》和《地质杂志》编辑。

② 《百年石油》编写组编：《百年石油》。北京：石油工业出版社，2009年，第16页。

③ 靳锡庚（1900-1998），字寿山，河南杞县人。1933年毕业于焦作工学院采冶系。首次绘制出老君庙和石油沟地质地形图和地质构造图，是玉门油田的主要发现人和创建人之一。历任石油工业部石油化工研究院副院长、北京石油勘探开发科学研究院总工程师，石油钻井工程专家。

④ 张江一：《孙健初传》。北京：石油工业出版社，1989年，第98页。

⑤ 玉门油田志编纂委员会：《玉门油田志》。西安：西北大学出版社，1993年，第9—30页。

青公司军事总代表接管玉门油矿。之后，人民解放军第一野战军司令员彭德怀、副政委甘泗淇、第二兵团司令员许光达到玉门油矿视察，彭德怀在油矿召开的 800 人大会上发表讲话，鼓励工人加强团结，努力学习，艰苦奋斗，发展生产，支援前线，把玉门油矿建设成为祖国石油工业的摇篮[①]。

1953 年，我国国民经济经历了三年恢复后，进入有计划建设阶段，开始执行新中国成立以来的第一个五年计划，这个计划的基本任务就是：集中全国主要力量，建设 156 个重点大型项目，以此奠定我国社会主义工业化基础。玉门油矿的建设位列其中，要求玉门油矿在第一个五年计划期间，加强区域地质调查和综合研究工作，对有利地区进行钻探，尽快发现新的石油储量；钻井工程要采用新的先进工艺技术，提高油井利用率，"一五"末期原油产量达到 100 万吨，把玉门建设成第一个包括地质勘探、钻井、采油、原油加工、机械制造和科研教育等门类齐全的天然石油工业基地，摸索出一套油田开发建设和管理的经验[②]。祖国的经济建设迫切需要玉门油矿生产更多的石油，围绕老君庙油田迅速向外围扩展，加快勘探，中央对燃料工业部的指示中明确指出："必须把地质勘探工作提到首位，必须采取一切有效办法，迅速加强地质勘探力量，并做好基本建设工作。""河西走廊甩开勘探"就是这时提出来的。

河西走廊东起甘肃兰州附近的乌鞘岭，西至敦煌，南依祁连山，北有马鬃山、照壁山环绕，形成东西长、南北窄的狭长地带，延绵千余里，戈壁盆地遍布其间。地质学家黄汲青[③]、谢家荣早期野外地质考察的结论对西部勘探开发提供了有力证据。苏联专家组历时 156 天的野外地质大调查对中国主要盆地和油气远景作出了评价，认为酒泉盆地属于"应该进一步发

---

① 《玉门油田大事记》编委会：《玉门油田大事记》。甘肃：甘肃人民出版社，1999 年，第 49 页。

② 《百年石油》编写组编．《百年石油》。北京：石油工业出版社，2009 年，第 28 页。

③ 黄汲清（1904–1995），字德淦，四川仁寿人。1928 年毕业于北京大学地质系，曾任中国地质学会理事长、中央地质调查所所长、中央研究院院士、北京大学教授。新中国成立后任西南地质调查所所长、西南地质局局长、重庆地质学校校长、地质部普委会常委、石油地质局总工程师、地质部地质研究所副所长、地质科学研究院副院长等职。大地构造学家、地层古生物学家、石油地质学家，创造多旋回构造运动说，提出"陆相生油论"，部署指导中国石油天然气地质普查勘探。

展"的一类。这些结论为玉门的大开发树立了足够的信心，也推动各项工作向前发展。

在那个火红的年代，玉门沸腾了。千军万马从祖国各地快速地汇集到祁连山下的石油河畔，玉门成为青年人从事地质工作的圣地，学地质、干地质成为一种时尚。也就是在这种大背景下，翟光明带着嘱托、带着希望到了玉门油田，开始了石油勘探的进一步拓展，由野外地质、钻井地质转到开发地质。一到玉门，翟光明立刻投入到工作中，深入了解老君庙的生产和地质情况，很快就掌握了第一手资料。

1953年10月，以地质家特拉菲穆克①博士为代表的苏联专家组来到中国，全面考察中国石油地质，帮助我国编制石油工业第一个五年规划。苏联专家有地层古生物学家索科洛夫、石油勘探专家萨依多夫、石油地质专家库卡平、油田开发专家西马科夫和采油专家拉费鲁什克②。康世恩陪同苏联专家首先考察了玉门老君庙油田，在玉门期间，特拉菲穆克博士首先研究油田驱动类型，与石油地质家和工程师们共同探讨，从各方面调查。特拉菲穆克研究了矿区的地形地貌和油井生产情况，发现地下油藏周边有边水存在后，对照资料判断过去的油井能够自喷，一方面靠水驱动，一方面靠溶解在原油里的天然气驱动，驳斥了当时"非水即气"或者"非气即水"的模糊论调。综合分析后，专家们认为"老君庙油田是边水弹性驱动类型的油层"，第一次确定了油田的驱动类型，为进一步开发油田潜力提供了理论依据。专家们建议，老君庙油田应采取边外注水开发的新技术，并介绍了巴什基里亚自治共和国杜依玛兹油田成功的边外注水经验③。根据特拉菲穆克的建议，着手编制玉门老君庙油田注水方案。对于玉门的地

---

① 特拉菲穆克，苏联科学院通讯院士，博士，建立苏联第二巴库大油区的功勋地质家。1953、1957、1959、1991年四次来我国进行访问考察，对我国石油工业的发展做出重要贡献，帮助中国开展了油气资源远景评价、油田开发方案设计等多项工作，先后到甘肃、陕西、四川、贵州、广西考察油苗，指导了延长、玉门、大庆等油田的勘探开发。他曾撰写30多万字的有关中国主要盆地和含油气远景报告，给出令人信心倍增的结论：中国的石油工业是一个处女地，中国石油地质条件优越，不管海相陆相出油就是好相。中国石油资源极其丰富，由于勘探时间短，工作量少，目前勘探程度不够，相信在增加投资，多做工作之后，中国的石油工业可以做到自给自足。

② 《康世恩传》编写组：《康世恩传》。北京：当代中国出版社，1998年，第44—45页。

③ 《石油摇篮》编委会：《石油摇篮》。北京：石油工业出版社，2009年，第88页。

质师们，这无疑是一项新的课题。历史上，玉门油田的开发始终处于原始自然状态，从来没有进行过储量估算，油田开发是什么驱动类型也无从谈起，更不用说研究完整的油田开发方案和科学的开采方法。油田一度出现乱打井、乱采油的现象。盲目开采导致油田遭到破坏，地层压力降低，多数油井停止自喷，产量大幅度下降。

　　苏联专家对玉门油田的帮助发挥了重要作用。地质师们首先研究确定了玉门油田三个层次的原油储量，根据储量和油田地下情况编制了油田开发方案。期间，翟光明专门向特拉菲穆克介绍老君庙油田的地质情况，唐克同志也参加了汇报会。翟光明一口井一口井地介绍，从测井曲线到生产情况，从油井地层层序分布到连通情况逐一分析，与会同志反复交换意见，确定了注水井的井位排列方式，初步确定了地下油水之间的交界线[1]。根据油层对比情况，翟光明发现油层有重复情况，提出北部边界有一个逆掩断层，很多人根本不相信，都说不可能。翟光明有些犹豫，但还是坚持自己的看法，最终钻井结果证实了翟光明的判断。实践表明，地质上的问题，谁也不敢十分肯定某一种地质现象的存在与否，只有通过综合研究和实践证实才可以确定。

　　改变油田开发方式说起来容易，做起来难。当时一无技术，二无经验，更谈不上什么开发方案和注水工艺。地质开发人员只好摸着石头过河，从制定开发方案的基础做起，分工协作。这项工作由石油管理总局陈贲总负责，在苏联专家特拉菲穆克和西马科夫指导下进行开发方案的总体设计。来自石油管理总局、玉门油田和北京石油学院的专家黄剑谦、陈寿先、杨通佑、秦同洛、韩大匡[2]、陈钟祥、翟光明等组成联合设计组。翟光明主抓地质工作，负责储量估算和注水方案的注水井井位确定[3]。特拉菲穆

---

① 翟光明访谈，2013 年 11 月 26 日，北京。资料存于采集工程数据库。

② 韩大匡（1932-），浙江杭州人。油田开发工程专家。1952 年毕业于清华大学采矿系石油工程专业。2001 年当选为中国工程院院士。曾任中国石油勘探开发研究院副院长。20 世纪 50 年代初参与了我国第一个油田注水开发方案——玉门老君庙油田注水开发方案的设计工作；60 年代初开始油藏数值模拟方法研究和聚合物驱油实验研究，其后一直坚持不懈地进行了油藏数值模拟和提高采收率技术的研究工作，是我国这两项技术的开拓者之一。20 世纪 80 年代末开始致力于高含水油藏剩余油分布新格局的变化，系统地提出了二次开发的理念、对策和技术路线。

③ 翟光明访谈，2013 年 11 月 26 日，北京。资料存于采集工程数据库。

克当时提出老君庙油田是水驱油田，主要依据有四条：第一，老君庙油田油层与附近的水源连通，油层露头在距离老君庙油田十几千米的石油沟地区，有地表水可以直接渗入油层，并连续通至老君庙油区地层。第二，老君庙 L 油层翼部油井在采油过程中，保持了相当低的油气比，而且油气比上升缓慢。第三，L 层在采油过程中，保持了相当稳定的油层压力，油层压力下降缓慢。第四，L 层有边缘水存在，并且快速地向构造顶部推动，K15 井水浸前是含油的，有力地证明了这一点。在特拉菲穆克的组织下，苏联专家组很快拿出了一个老君庙油田注水开发方案提要，提出了开展先导式布井的井网设计和分层注水的具体方法。

经过几个月的工作，在矿务局设计室编制的《玉门老君庙油田储量和溶气驱开发方案》基础上，联合设计组于 1954 年 3 月编制完成了我国第一个油田注水开发方案《老君庙油田注水开发方案》。方案设计完成不久，玉门矿务局专门召开了采油工作会议。会议决定，要采取一系列措施提高原油产量，主要包括改进采油工作、开展油井修理、开展油田注水试验和改善采油工艺试验等。这次会议也加快了各项试验的进程，注水工程更是紧锣密鼓地准备。在苏联水文专家季亚阔夫和柯思金的帮助下，积极进行水源勘测和地面注水工程的设计和施工，同时进行注水井的钻井施工。

在注水开发方案实施过程中，首先要打注水井，按照方案设计完善开发井网。根据翟光明确定的注水井井位开始钻井，几口注水井钻下来，出现了一些问题，油田南部的注水井都打在水层，而西部的注水井都打在油层上。原方案设计的注水井钻进过程中钻遇油层，与地质方案和预测结果出现了偏差，设计的注水井怎么没有钻遇油层，是井位坐标搞错了还是地质判断上出了问题？带着问题和疑惑，翟光明蹲在井上，反复琢磨。油区南部的注水井没有钻到含油边界以外，这说明方案预测的油区面积比实际的小了，油区不同的方位油水分布不统一，部分地区存在低渗透带，初始方案中油水界面定得有问题或是构造图不准确，造成判断失误。翟光明及时通知调整布井方案，西部地区的注水井井位继续外推，这样无形之中扩大了含油面积，增加了油区内的油井数，搞清了油水边界。当然，这是个意外的收获，改正了最初由苏联专家确定的边外注水方案，纠正了由经验主义带来的后果，也为后来实施的内部切割注水打下了基础，可以说是切割注水的雏形[①]。

注水工程的作用是巨大的。注水是最经济、最科学的油田开发新方法，它可以保持油藏压力进行开发，大大地减少生产井的建设，不仅节约大量的国家投资，而且多注一滴水就能多采一滴油，大量注水就能大量采油。1954 年 8 月，采油处根据玉门矿务局的指示，成立了中国第一个注水区队，任命王林甲为区队长兼工程师，并调来了中国第一个注水工人范守胤。1954 年 11 月 11 日，老君庙油田 M–27 井完井后，27 日开始注水试验，并获得成功。这是中国油田开发历史上的一个重要里程碑，也标志着玉门油田的采油技术进入了一个崭新的发展时期[②]。这口井的试验成功，开创了油田注水的新阶段。经过一年多油田从边缘向内部注水，既提高油层压力和原油产量，又降低气油比，还提高了油井的自喷能力，延长了自喷期，共有 36 口井自喷能力增加，部分低产井实现了连续自喷，最高提高产量 6 倍之多，为国家多产了大量原油，有力地支援了国家经济建设。这项试验的成功，凝聚着各级领导、油田地质和工程技术人员的心血，当然也少不了苏联专家的辛勤劳动和聪明才智。这期间，燃料工业部部长陈郁在 M–27 井投产前，顶风冒雪亲自上井检查准备情况，足以显示这项试验的重要性。之后，注水开发技术在玉门不断扩大应用，鸭儿峡油田、白杨河油田均采用"边外注水"方式采油，并不断改进，努力探索，先后形成了"边内边外综合注水"、"点状面积注水"、"沿裂缝注水"以及"分层注水"、"分层测试"、"分层增注"等多种注水采油工艺技术，逐步形成了玉门地区油田注水开发"百花齐放"的繁荣局面，促进油井多向受效和水线均匀推进，使油田获得持续稳产的良好效果。老君庙油田为注水开发提供了试验场所，开创了中国油田注水开发的历史，特别是为大庆油田早期注水保持压力的开发决策提供了宝贵的经验，也

---

① 翟光明访谈，2013 年 11 月 26 日，北京。资料存于采集工程数据库。

② 《石油摇篮》编委会：《石油摇篮》。北京：石油工业出版社，2009 年，第 88 页。

为我国注水开发油田储备了技术和人才[1]。

1951 年 7 月，玉门矿务局设地质处，杜博民任处长。1953 年 4 月，地质处撤销，设立地质室，翟光明任主任，何涛任副主任[2]。1954 年 12 月，玉门矿务局加强采油管理，将采油厂改为采油处，陈贲担任处长，提拔任用了一批年轻干部，翟光明、朱兆明[3]、王治同、王季明都在其中。为了加强采油处地质室和相关部门的技术力量，翟光明被提拔为采油处地质室主任兼采油厂总地质师[4]。1955 年 4 月 17 日，全国第一届采油会议在玉门油矿举行。1956 年，全国第一个地质采油科学研究所在玉门油矿成立，所内设置地质勘探、钻井、采油、炼油、物理化学等五个研究室和辅助机构，主要任务是帮助地质勘探部门、油田开采部门研究并解决生产中的关键问题，同时培养科技人才。一系列的人员调动和机构建立大大推进了玉门油田采油技术的发展。也就是在这年的 4 月，翟光明光荣地加入中国共产党，成为一名正式的中共党员，当时宋振明是玉门石油管理局采油厂党委书记。6 月，翟光明开始为期 8 个月的赴苏联考察学习，先后参观了研究机构、油田现场。他向技术研究人员虚心请教，系统了解了苏联在石油勘探开发方面的经验，学习先进的技术和装备情况。期间，翟光明和苏联专家结下了深厚的友谊。

根据苏联专家的建议，在翟光明的努力下，在玉门油矿建立了油田地质工作制度和油井定额管理，重视钻井过程中泥浆对油层的损害问题，提出保护油层的具体要求，以提高单井产量。翟光明将在苏联学到的先进经验付诸实践，值得一提的就是挤原油增产法。挤原油法就是把一定数量的原油重新注入到气油比高的油井里，使油井的油气比降低，保持地层压力和连续出油。这项试验在 J-20 井进行，经过挤注原油，气油比

---

[1]《石油摇篮》编委会：《石油摇篮》。北京：石油工业出版社，2009 年，第 99 页。

[2]《玉门油田志》编纂委员会：《玉门油田志》。西安：西北大学出版社，1993 年，第 101 页。

[3] 朱兆明（1920-），山西省太原人。1946 年毕业于西北工学院矿冶工程系。曾任玉门油矿采油厂厂长，玉门设计院院长，石油部地质勘探司油田处处长、采油总工程师，大庆会战采油指挥部副指挥，大港油田采油总工程师，石油勘探开发科学研究院采油总工程师。兼职曾任联合国援助"完善压裂酸化中心"项目主任。教授，压裂工程专家。

[4]《石油摇篮》编委会：《石油摇篮》。北京：石油工业出版社，2009 年，第 100 页。

图 3-4　1956 年 11 月与苏联专家在一起（右一为翟光明，翟光明提供）

图 3-5　1956 年 11 月于苏联格罗兹内城（左一为翟光明，翟光明提供）

降低百分之五十多，产量大幅度提高，见到很好的试验效果[①]。玉门油田开发新工艺的探索应用，带来了原油产量的迅速增加。1953 年，玉门油田原油产量 23.4 万吨，到 1957 年达到 75.54 万吨，五年累计生产原油223.46 万吨。

　　玉门油田的开发形势如此之好，技术发展如此之快，无不得益于当时有一批和翟光明一样集聚在油田的石油地质和油田开发专家，他们一心扑在工作上，学习外国的先进经验，钻研油田开发难题，学术意识强，科研氛围浓，每年都取得一批新成果。在玉门工作的王树芝、王季明、王贞益、王治同、王林甲、熊启钊、李清泉、黄嘉瑗、刘文章等一批技术人员，后来都转战在全国各油田和研究院所，成为知名的石油专家[②]。正如当年在《石油工人报》发表的叶剑英元帅视察玉门油矿期间题赠的诗作，西游杂咏玉门（二）：引得春风度玉关，并非杨柳是青年，英雄一代千秋业，敢说前贤愧

图3-6　1988年在玉门油田瞻仰孙健初墓碑（翟光明提供）

① 《石油摇篮》编委会. 石油摇篮. 北京：石油工业出版社，2009 年 9 月。第 102 页。
② 同①。第 103 页。

图 3-7　1988 年翟光明和夫人祁冰参观玉门油田老君庙（翟光明提供）

后生[1]。这首诗正是翟光明一样的青年地质家和石油专家的最好写照，也是对青年人的鞭策和鼓励。

　　时隔 30 年，1988 年翟光明和夫人祁冰重返玉门老君庙油田，真是感慨万千，今日玉门已经发生了翻天覆地的变化，一座现代油城展现在二老面前。他们参观了玉门油田公园，瞻仰了孙健初墓，参观了老君庙。

---

①　《石油师人》玉门油田编写组：《石油师人——在玉门油田纪实》。北京：石油工业出版社，1999 年，第 404 页。

第四章
从玉门到北京

进入石油工业部

1955 年 7 月 30 日，第一届全国人民代表大会第二次会议决定成立石油工业部，全面加强石油工业的生产建设工作。任命李聚奎为石油工业部部长，李范一、李人俊、周文龙为副部长，康世恩、徐今强、刘放、黄凯为部长助理。石油工业部成立之后，国务院对全国范围内开展石油普查勘探工作进行了统一部署和重新分工，地质部负责搞区域普查和部分详查，准备构造；石油工业部进行详查、细测及钻探工作；中国科学院承担综合科学理论研究工作。从此，在中国广阔的大地上，开始大规模的石油工业建设，也演绎出石油工业"余康"①的传奇故事。

1957 年 2 月，一纸调令，翟光明进入石油工业部。也就是在这一年，玉门油矿先后发现了石油沟、鸭儿峡、白杨河油田，原油产量达到 75.54

---

① 余康，指石油工业部余秋里部长和康世恩副部长，这是我国石油工业界对两位领导精诚合作、相互信任和支持的美称。

万吨，占当年全国天然原油产量的 87.78%。为此，1957 年 10 月 8 日，新华社从兰州发出电讯，向全世界宣布：中国第一个天然石油基地在玉门油矿基本建成。玉门油田的开发为新中国的经济建设提供了宝贵的"血液"，成为拥有地质勘探、钻井、采油、炼油、机械修配、油田建设和石油科研等部门的大型石油联合企业[①]。

翟光明调入石油部，离开玉门油矿，离开曾度过难忘青春岁月的石油摇篮。他舍不得走，舍不得他的战友，舍不得油田火热的场面，舍不得那所大学校、大试验田，更舍不得他挚爱的妻子和宝贝女儿，那里是他的家，温暖的家，那里有他一生的牵挂[②]。

把时间再拉回到 1955 年 5 月，那是一个幸福的五月，那是一个火红的五月，翟光明和最可爱的人祁冰女士在玉门油矿登记结婚。时任石油管理总局办公室主任的杨达为他们操办了简单的婚礼。那时翟光明的工资大部

图 4-1　1957 年翟光明母亲与翟光明妻子、女儿在家中合影（翟光明提供）

---

① 《玉门油田大事记》编委会. 玉门油田大事记（1938-1998）[M]. 甘肃：甘肃人民出版社，1999，第 62 页。

② 翟光明访谈，2013 年 12 月 27 日，北京。资料存于采集工程数据库。

分都寄给了家人，过着
非常拮据的生活，手中
没有钱办婚礼，他就从
同事杨通佑那里借了60
元钱，买了些糖果请大
家吃，李德生、杨通佑
等一批老同事都出席了
婚礼，忙前忙后地帮着
操办。婚礼上，大家吃
着糖果，在一起谈心交
流。在大家的要求下，

图 4-2　1958 年翟光明与母亲、妻子、女儿于北京合影
（翟光明提供）

两个人激动地回忆了过去，讲述了两人的认识过程和成为恋人的感想，还
让祁冰讲述了在朝鲜战场的故事和经历。在杨达的倡导下，办了一个小型
舞会，大家一起跳舞，热热闹闹、简简单单地就把婚礼办完了。接下来，
在哪里住成了小两口面临的最重要问题。新婚总得有一间房子住吧，在大
家的帮助下，好不容易在招待所找到一间屋子，也就算新房了。艰苦的岁
月，简单的婚礼，幸福的人终于在一起了。第二年，他们就有了爱情的结
晶，大女儿翟虹出生了，工作、爱情双丰收，两个人高兴得嘴都合不拢。
在玉门老君庙，翟光明收获了知识，收获了爱情，也收获了家的温暖。

　　调翟光明到石油工业部工作，这是康世恩和陈贲的主意。他们了解翟
光明，他们信任翟光明，他们更需要翟光明。抽调翟光明，主要目的是为
了充实勘探司地质专业人员。当时全国石油勘探处于起步阶段，急需基础
扎实、有实践经验的人员参与管理和指挥，并组织制定石油工业第二个五
年规划。康世恩觉得翟光明可担此重任。1957 年 5 月，石油工业部组织召
开了全国石油地质勘探会议预备会议，康世恩副部长做了题为"按照区域
勘探方针展开工作"的报告，深刻总结 1956 年以前石油勘探工作的经验教
训。陈贲副总地质师分析了新中国成立以来石油勘探失利的主要原因：一
是限于勘探力量的薄弱，没有在全国范围内开展全面勘探和综合评价；二
是对石油分布规律缺乏整体的了解，盲目集中力量在局部地区工作；三是

构造准备质量差，地面构造与地下不符。这次会议，还讨论了酒泉、鄂尔多斯、四川等地区的石油勘探报告，提出第二个五年计划期间石油勘探的建议。这年年底，中共中央批转石油工业部第一个五年基建计划的初步总结和第二个五年计划的建议。

1957 年，在中国历史上是极不平凡的一年。为贯彻"百花齐放，百家争鸣"的方针，好多人都"放"了，"鸣"了，大鸣大放之后，整风运动、"反右"运动接踵而来，一大批人受到牵连。这场运动席卷全国，石油工业部许多人也卷入其中，第一个被揪出来的是陈贲，被下放到冷湖。接着是黄先训，翟光明也受到牵连。因为人们都知道翟光明和陈贲关系好，石油部领导曾派翟光明去做陈贲的工作，让他承认错误，可陈贲生性耿直，谁劝说也没有用，始终也未低头认错，"文化大革命"中含冤而死，死后葬在柴达木冷湖。

初到北京，翟光明将家安顿好后就全面投入工作，一方面熟悉石油工业部的工作模式，一方面深入油田了解情况。他经常到基层出差，先后在玉门、青海、四川、陕北等地实地考察，掌握了大量的第一手资料。期间，勘探司曾指派翟光明参加克拉玛依油田开发设计工作，接到通知他就很快将行李和书籍都发往克拉玛依，但最终阴差阳错没有去成，行李和书籍也没了下落。最后，勘探司指派翟光明去川中，参加川中会战。

到石油部后，经过多年的历练，翟光明成了石油勘探的专家。他了解全国的石油勘探形势和前景，提出石油勘探方向，和"余康"结下了深厚的友谊，成了他们的左膀右臂，并肩战斗几十年，为他们出谋划策，为石油工业规划未来，随他们转战各地，足迹遍布祖国的大江南北，历次石油大会战都有他们的身影。他们的合作历久弥坚，一直延续。1982年翟光明被任命为石油工业部勘探司司长后，主持全国的石油勘探和规划布局。翟光明后任中国石油勘探开发研究院院长、中国石油咨询中心勘探部主任。

在中南海向邓小平汇报

对于新中国的石油工业来说，20 世纪 50 年代末至 60 年代初是一个具有深远意义的重要转折时期。石油工业在经历了起步发展时期后，形势依然十分严峻，国内石油产品自给率不足 40%。在新中国第一个五年计划，石油工业部是唯一一个没有完成国家计划的工业部门。1957 年全国石油产量仅为 145 万吨，天然油和人造油产量持平，各占半壁江山，石油工业到底往哪个方向发展，天然油？人造油？人们议论纷纷，专家们各持已见。当时，对中国来说，生产人造油成本太高，天然油生产前途渺茫。

1958 年 2 月 13 日至 23 日，中共中央在四川成都召开中央政治局扩大会议，制定了社会主义建设的总路线，总书记邓小平开始主管石油工业。会议期间，为深入了解石油勘探形势，邓小平从成都打电话到北京，要石油工业部和地质部派专人到成都向他汇报四川石油勘探进展。石油工业部副部长康世恩和地质部副部长何长工接到通知立刻飞赴成都，康世恩向邓小平和陈云同志汇报了四川隆昌气矿天然气生产情况、川北石油钻探情况以及川中构造找油情况，何长工汇报了川中岳池钻探情况。由于四川的勘探进展不理想，中央领导对此很不满意，要求回北京后再做一次更加深入细致的汇报。此前，中央已经决定将中国人民解放军总后勤部政委余秋里与李聚奎对调，任命余秋里担任石油工业部部长。

成都汇报结束，康世恩副部长立刻发出通知，准备向总书记汇报。接到通知，石油工业部勘探司的唐克司长马上组织商讨，要求翟光明和他一起准备向中央汇报的材料，主要是全国石油勘探开发情况，特别是石油勘探的战略方向和部署意见。唐克详细谈了汇报要点，应准备的各项资料数据以及各种勘探开发图件，这次汇报要向中央领导汇报清楚我们国家油气的家底。时间紧任务重，以勘探司为主整理汇报材料，由翟光明、王纲道等承担了汇报材料的准备工作。凭着在西北打下的地质基础，以及对当时全国勘探情况的了解，翟光明立刻列出了汇报提纲和主要内容，和同志们连续奋战几个通宵，统计数据，汇总资料，制作图件。简洁、清楚、形象是图件绘制的基本要求，地质图、构造图、剖面图、生产曲线、重点井勘探进展图一一绘出，一切准备停当。1958 年 2 月 26 日国务院办公厅正式通知，27 日到中南海向邓小平同志汇报。得到这个消息，翟光明一夜都没有睡好觉。

27 日早晨，石油工业部部长李聚奎、勘探司司长唐克以及翟光明、王纲道两位年轻的工程师早早乘车来到中南海居仁堂，这里是国务院的会议室。宽敞的会议室里，中间摆着一排会议桌，两边各有十多把木质软椅。翟光明和王纲道一起将地质图件用绳子挂起来，把汇报材料摆好，等待着中央领导同志的到来①。时间一分钟一分钟地过去，等待，等待，此时的翟光明激动不已。紧张、兴奋、胆怯，多重思绪交织在一起，心跳比往常要快上一倍还多，直到邓小平走进会议室，翟光明的心还没有平静下来，毕竟这是第一次进入中南海，第一次见如此级别的中央领导，第一次参加这样级别的汇报，而且事关石油工业的未来。

邓小平来了。一起来的还有新任石油工业部部长余秋里、国务院办公厅副主任贾步彬和国家经委副主任孙志远。此时的翟光明和王纲道还真不知道他们的部长已经易人，对余秋里这位独臂将军的出现颇感惊奇，当然就更不可能知道这是邓小平的精心安排了。大家落座，没有客套，汇报开始，直接进入主题。当时，翟光明负责会议记录。

李聚奎首先介绍石油工业的总形势和基本情况。李聚奎的胸音很重，使他的语气染上了沉重的氛围，像在作检讨似的，有些底气不足。客观地说，李聚奎主持石油部工作两年多来，还是成绩斐然的。克拉玛依油田的开发，抚顺几个炼油厂的投产，都凝聚了他的心血。他远足天山，深入冷湖，荒原戈壁，历尽艰辛。

真是没法子啊！谁让我们国家石油工业的底子那么薄！回顾一下中国石油史，可以看出我国是世界上发现和利用石油最早的国家之一。早在公元前一二世纪，我国古代的先民就在陕北一带发现了石油。《汉书·地理

---

① 赵文津:《李四光与中国石油大发现》。北京：地震出版社，2006 年，第 32 页。

志》中说："高奴，有洧水可然。"高奴，即今陕西延长一带；洧水是延河的支流；"然"即古"燃"字。《水经注》中也记载用石油"膏车及水碓缸甚佳"。在钻井方面，我国在明代就有了一整套完整的钻井、打捞、完井的工艺方法和程序。近代史上有志于石油工业的先驱者开创了艰难的探索之路。从 1907 年到 1948 年，大陆总共钻井 169 口，进尺仅 6.7 万米。新中国成立前大陆的原油产量只有 8.9 万吨（1948 年）。石油职工只有 1.1 万人，其中技术干部 700 人。中国没有一所石油专科学校。然而，眼下正是一个翻天覆地的年代，正是急需石油的大发展时代。尽管石油工业取得了可喜的成绩，但远远没有跟上国民经济发展的形势。

李聚奎讲完后，由唐克做更加详细的汇报，主要是玉门、克拉玛依、独山子、冷湖、延长以及其他地区的勘探开发情况。邓小平一支接一支地抽着香烟，不时作些插话。他的头发剪得很短，显得特别精神。他的两肘支在椅子的扶手上，双手抱在胸前，只在插话打手势或吸烟时才分开。

当唐克讲到人造油的生产情况时，邓小平说："听说你们石油工业部有搞人造油和搞天然油的争论？石油工业怎样发展，我看人造油是要搞的，并且要下决心搞。可是中国这样大的国家，当然要靠天然油。第二个五年计划期间，你们打钻子加一番行不行？……现在你们的地质队和地球物理队，可不可以加一番？……石油钻机要自己造，可以和机械部商量一下，你们也要促进一下。要做一千二百米的钻机，也要做三千二百米的钻机。套管、钻杆应当努力设法在国内解决。总之，一个是勘探队的问题，一个是钻机问题，应该促进一下……现在的情况是：哪里有油就要把它搞出来，只要打出油来都可以搞出来。江苏要是有一吨油，就可以说江苏有石油工业了。……我在四川的石油探区，就看到很多人是从延长去的。四川黄瓜山油田，一口井每天出三吨油，就可以把它搞起来。像青海民和盆地虎头崖那样的油田，有一百个就搞一百个，有一万个就搞一万个。你们回去搞个规划，可以用延长油矿的经验……新疆克拉玛依可以搞个一年三百万吨的项目。克拉玛依这个地方，缺点是在国家西北边疆的最边上，离用油的地方远，怕运不出来，现在要和兰州炼油厂、玉门炼油厂共同来考虑，兰州炼油厂搞一百万吨划不来，将来可以扩大到二百万吨，或者三百万吨。"

当唐克讲到石油勘探工作的规划部署时，邓小平高瞻远瞩，侃侃而谈，他说："石油勘探工作，应当从战略方面来考虑问题，战略、战役、战术总是要三者结合起来的。例如四川龙女寺构造，可以三年搞清楚，也可以一年搞清楚，那为什么不一年就了解它呢？有些地方那么多的构造，为什么不先解剖它一个呢？苏北要增加工作量，这个地方如果搞出油来，那对沿海一带很有好处。苏北交通很方便，多么美的地方，应该加速。由此类推，东北如何促进？四川如何促进？都应该考虑。把真正有希望的地方，如东北、苏北和四川这三块搞出来，就很好。对这些地方应该积极创造条件，在地质上创造一个打井的基础，可以三年搞成，也可以五年搞成，应该提出一个方案来。如果龙女寺钻出油来，四川石油工业就会跳到前面。东北搞出来了，也会跳到前面。就是苏北、四川等地的储量不大，也要先搞。对于松辽、苏北等地的勘探，都可以热心一些，搞出一个初步结果。"小平讲着讲着，就接近中午了，可他还意犹未尽，站起来把手一挥，说到：好了，今天先谈到这里，明天上午继续汇报。

第二天的会议如期进行。唐克继续汇报，邓小平的插话基本是继续阐述他头一天的见解：在松辽、华北、华东、四川、鄂尔多斯这五个地区多花一些精力，选择突击方向，分出轻重缓急。当汇报结束时，邓小平又讲到："在第二个五年计划期间，东北地区能够找出油来，就很好。把钱花在什么地方，是一个很重要的问题。总的来说，第一个问题是选择突击方向，不要十个指头一般平。全国是如此之大，二十、三十个地方总是有的，应该选择重要的地方先突击。选择突击方向是石油勘探的第一个问题，不然的话，可能会浪费一些时间。华北地区还需要研究一下，钱究竟是如何花法。苏北如果找到油，年产一百万吨，就值得大搞。不要尽抓大鱼，小鱼也可以抓，抓一个泥鳅不也好吗？……就经济价值来说，华北和松辽都是一样的，主要看哪个地方先搞出来。……石油勘探的战略方针，不能这里那里都搞一下，总要有个轻重缓急。哪个地方先找出油来，哪个地方后找出油来，排出个先后次序。对松辽、华北、华东、四川、鄂尔多斯五个地区，要好好花一些精力，研究考虑一番……第二个五年计划末期，新疆至少搞二百万吨油，也可能要搞三百万吨。苏北就是搞一个玉门油田，一年三十万吨油，那也很好嘛。吐鲁番就在铁路线上，搞出油来就很好。柴达木地区第二个五年计划期间还用不上。塔里木可以不必忙。找油就和打仗一样，过分分散就不利……至于四川石油勘探，也有个布局问题。……从现在的力量来看，是可以集中在那里钻探的……关于天然气利用方面，过去都不知道，石油部和化工部要搞一个大、中、小用途的说明……如利用四川的天然气，搞一个年产五千吨到一万吨的氮肥厂，或者搞一个年产一千吨的塑料试验厂。不这样，天天叫也搞不起来，事情要做，才做得出来……现在，有些事情应该走在前面：一个是打钻子，还有一个是科学研究。钻了一口井，资料就不能浪费掉，要好好地研究。反对浪费，不经过群众，不发动群众，是不行的……最后，问题还是昨天提的那些，请你们回去研究。"[1]

唐克汇报结束后，邓小平扭过头来看着余秋里，说道："秋里同志，你说说你的想法吧！该讲的我都讲了，这会子轮到你了！就看你的啰！"一直埋头做记录的翟光明这会儿才猛然感到，这位不声不响的独臂将军，原来已是石油系统的最高领导。余秋里讲话了，却只讲了一句："人造石油与天然石油两条腿走路，立足于天然石油；开发西部石油与开发东部石油并举，立足于开发东部油田。"余秋里讲完，邓小平还指示要加强科学研究工作[2]。

汇报结束后，邓小平同志和大家一一握手告别。带着嘱托，带着对石油工业的希望，翟光明和石油部领导一同离开居仁堂，离开了中南海，继续他的找油之旅。"请你们回去研究"这句话深深地印在了翟光明的心里。他明白，这研究可不是一天两天的事，这研究是一辈子的事，这研究是几代石油人的事。邓小平的战略思维、战略决策整整影响了翟光明的一生，让他在勘探找油大业中披荆斩棘、勇于坚守、永不放弃，始终心存梦想和希望，中国不是贫油国，中国有丰富的石油资源蕴藏在地下，需要不断地去发现、去探寻、去追逐大国石油梦。

---

① 余秋里:《余秋里回忆录》。北京：解放军出版社，1996年，第510-511页。

② 同①，第511页。

第五章
参加石油大会战

会 战 前 夜

1958 年 3 月 16 日，石油工业部召开党组会议，研究确定第二个五年计划的战略重点。为落实邓小平同志关于战略东移的指示，会议确定了发展石油工业的路线、方针、布局和办法。

邓小平指示很明确，处于中国这样一个经济大发展的时期，石油工业应当走天然油为重、人造油为辅的发展道路。在路线方针上，核心是把石油勘探的战略、战役、战术很好地结合起来，不打无准备之仗。在战略布局上，不单纯地考虑地质条件的难易，而是综合考虑地质条件和经济地理条件等各种状况，合理优化布局。在勘探方法上，采用科学的态度和革命精神相结合，坚持实事求是。

在新中国成立之后的几年时间里，石油、地质部门先期开展了大量石油普查工作，初步掌握了部分地区的区域构造、地质构造情况，加强新区石油勘探、实现战略东移的条件正在一步步成熟。石油工业部不失时机地提出，在全国建立十个石油战略选区。在准噶尔、柴达木、河西走廊、四川、鄂尔多斯这五个老地区继续开展钻探工作，重点地区是川中和克拉玛依。开辟松辽、苏北、山东、滇黔桂、吐鲁番五个新探区，把松辽和苏北列为重中之重，摆在战略侦察的第一位[①]。

石油大会战呼之欲出。大会战的前夜，如果不是亲身经历根本不会有什么体会，也感觉不到那种煎熬。这注定不是一个寂静的前夜，也不是一个孤军作战的前夜，在全国比较危弱的情况下，如何集中力量，汇集各路人马是非常困难的，因此，这是一个调兵遣将的前夜，这是一个千军万马齐上阵的前夜。

余秋里和康世恩主导中国石油工业几十年，在工作上几十年如一日地默契配合和相互支持，使他们共同承担的事业变得完美。余秋里和康世恩两人可称得上中国政界双雄和中国经济战线的两面鲜艳旗帜，中国石油工业因"余康"而光芒四射，共和国五十年的经济历史，也因"余康"而光彩夺目。

伴随全国各行各业大发展的热潮，石油工业也不甘落后，千方百计加大石油勘探开发的工作量，1958年在新疆的塔里木、青海的冷湖、四川南部、陕甘宁青等地区发现了多个油气田，大大鼓舞了石油职工的士气，并开始加大东部松辽、华北、苏北等地区的勘探工作。

大战在即，余秋里、康世恩做出了一个英明的决策，从西安地调处选派干部到勘探机构，从西北老油田抽调干部，从石油工业部机关选派干部，选兵，派将，排局布阵。1958年，先期成立的几个勘探处，很快就升格为勘探局。松辽石油勘探局设在长春，负责东北地区石油勘探工作。贵州石油勘探局设在贵阳，负责贵州、云南、广西等地区石油地质勘探工作。陕甘宁石油勘探局设在银川，负责陕西、甘肃、宁夏地区的石油地质勘探工作。华东石油勘探局设在上海，负责江苏、安徽、浙江等地区的石油地质勘探工作。华北石油勘探处设在济南，负责华北地区的石油地质勘探工作[②]。十大选区的勘探大幕依次拉开，每一个战场任你驰骋。

---

① 余秋里：《余秋里回忆录》。北京：解放军出版社，1996年，第518页。
② 赵文津：《李四光与中国石油大发现》。北京：地震出版社，2006年。

　　宏大的目标，火热的场面，激动的人们，石油工业部的大楼沸腾了。石油工业部勘探司首先提出要在第二个五年计划期间，把石油地质储量由"一五"末期的两亿多吨提高到二十亿吨，把原油产量搞到八百到一千万吨。人人都急切地盼望着大干一场，打破中国石油工业沉闷的局面，在共和国建设的历史长河中乘风破浪，勇往向前。翟光明更是找油心切，日思夜想。面对幅员辽阔的中国版图，茫茫大地，油在哪里？何处是希望所在？随着一场场石油大会战的开始，石油在哪里的难题也一个个被破解，翟光明心中的谜团也逐一被解开，中国石油工业的勘探布局全面铺开，遍地开花结果。这期间，有兴奋，也有低落，有成功，也有失败，但有一个信念，就是永不放弃，坚持，坚持，再坚持，翟光明执着地坚守着他的勘探事业，一生都没有放弃过，也没有灰心过，新的突破口不断地被他提出来，一个个得到证实。

四川川中石油勘探会战

　　四川川中丘陵地带，梯田层层，景色美丽，苏联专家特拉菲穆克曾感叹地说："要不到四川来，真不知道中国找油找气领域这么广阔。这个盆地是个多好的盆地，面积 20 万平方千米，沉积岩厚度 8000 米，从第四系到震旦系都有，是多么有利找油找气的地方，你们为什么不开展工作？"果不其然，1958 年 3 月，四川喜讯频传。川中龙女寺女 2 井、南充构造充 3 井、蓬莱镇构造蓬 1 井分别在侏罗系凉高山组和大安寨组喷出高产油流，女 2 井喷油 60 多吨，充 3 井喷油 300 多吨，蓬 1 井喷油 100 多吨，三口井相距一二百千米。一个月后，广安构造凉高山组相继喷油，形成了蓬莱、南充、岳池、武胜、广安两万平方千米范围普遍见油的局面。消息传出，上至石油部，下至钻井队，人人为之振奋，人人为之鼓舞，石油部长兴奋了，石油勘探司规划计划人员兴奋了，苏联专家兴奋了，一时间造成川中是疏松砂岩大面积高产大油田的乐观表象，时称"第二个克拉玛依"。此时的翟光明也兴奋不已，心想，这下可抓住了一个"大家伙"，俨然一锄头刨出了一个"金娃娃"，邓小平提出的"四川也有石油工业"的愿望就要实现了。

发现了"金娃娃"，自然要挖出来，一股打歼灭战的空气开始弥漫开来，勘探会战的涌流势不可挡。然而，自古有"好女子不进班，好男子不进川"的说法，"余康"这次可要打破这条古训了，"进川，进川，马上进川"。"余康"打的第一个战役就是进川。1958 年的 4 月，石油工业部在四川南充召开了石油勘探现场会，"余康"开始布局川中会战，成立会战领导小组，康世恩任组长，副组长张忠良、黄凯，唐克任参谋长。康世恩在会上作了关于 1958 年石油勘探部署和大战川中的报告，传达了中央成都会议精神和邓小平的指示；余秋里总结时重点阐述了石油勘探方向和队伍建设问题，核心是石油勘探要照顾全局，点面兼顾，集中力量，解决主要方向问题。会议研究决定：加大川中和川南的勘探，南充、龙女寺、蓬莱镇地区的勘探要当作一个战役来打，秋天基本拿下这三个点，为开发准备好可靠的资料。各地要大力支持四川，支援人才，支援技术，支援器材装备。石油工业部自成立以来，就一直保持着军队的作风，命令一下，立即执行。很快，全国各地的队伍和装备迅速集结，仅玉门就派出 3000 多人的队伍，四川的钻井队由 71 个增加到 115 个，职工人数达到 36000 多人，四川石油勘探局升格为四川石油管理局，下设川中、川南两个矿务局。钻井队摆开龙门阵，部署在南充、龙女寺、营山、蓬莱镇、合川、文昌寨、官渡溪、一立场、大成、广安、八角场等十多个构造上，架起 68 台钻机开工了。其中，20 口井为关键井，要快速攻克。真可谓大干快上，大有举全国之力一起来挖川中这个"金娃娃"之势，并且要快速拿下这个大油田。

川中、川南钻井已经全面铺开。而南充、龙女寺、蓬莱镇三个构造的喷油却如昙花一现，给人们带来那么突然的惊喜，又给人们带来那么突然的失望，川中遇到了战术上狡猾的敌人，让人们摸不清，搞不懂，看似很大，可怎么也抓不住。

此时，席卷全国的"大跃进"势如破竹，铺天盖地，大场面，大会战容不得你退缩。1958 年 7 月 9 日至 23 日，石油工业部在玉门矿务局召开现场会议，会议主题是进一步贯彻总路线，放手发动群众，大搞技术革命，让石油工业更快地发展。会上讨论了第二个五年计划的生产指标，总结了"大跃进"的有关情况，进一步提出："由小到大，由浅到深，土洋并举，挖尽每一滴石油"和"综合利用，多种经营，依靠群众，自力更生"的工作方针。翟光明全程参加了这次会议。会议之后，康世恩立刻找到翟光明，要他去四川前线，对他说："翟光明，你就不要回北京了，请你直接到川中前线，去驻井，去了解前线的情况，收集好第一手资料，去督阵，去督办。"翟光明二话没说就答应下来，这让康世恩心里稍稍有了点底。翟光明就是康世恩的先行官，翟光明就是他的数据源。他必须为川中会战蓄势，做到真正的心中有数，不管遇到什么情况都要坚持住，有油要油，有气要气，有水要水，遇到淡水就灌溉农田，遇到盐水就熬制食盐，一个情报都不能轻视，一个也不要漏掉。有油要找到答案，没有油也要找到答案。

这次去川中，翟光明深知身上这副担子的重量。任重道远，搞清一个大油田地下情况谈何容易。他感觉四川的情况并不像他想象的那么好，此行要无功而返。实际上，原定的 20 口关键井情况都不理想，喷油情况不容乐观。在南充，翟光明盯的第一口井就是充 3 井，朱兆明在蓬 1 井驻井，秦同洛在女 2 井驻井，三口井都放了卫星，相继喷油。川中沸腾，巴蜀喜庆，真是一个火红的岁月，1958 年 3 月 15 日《人民日报》以"第二个克拉玛依"为题，报道了川中出油的消息[1]。

女 2 井连续生产两个多月，压力、产量变化小得几乎观察不到，关井测试压力，相隔不到一天的时间再开井一滴油也不出了，在这口井周围梅花状布四口井，完钻后也是滴油未出。翟光明驻井的充 3 井，情况有所不同，初期日产量 300 多吨，随后压力一天天降低，产量也随之降低，后来就从连续喷油变成了间歇喷油，最后停喷了。蓬 1 井也出现了类似的情形，这下，翟光明、朱兆明、秦同洛都懵了——怎么回事？大专家也遇到大难题了，这是一道世界级的难题，怎么破解呀？凭着在陕北四郎庙和玉门老

---

[1]《石油师人》四川油气田油田编写组：《石油师人——在四川油气田纪实》。北京：石油工业出版社，1998 年. 第 44 页。

君庙的经验，翟光明开始仔细地研究四川的情况。他从充 4 井开始，充 5 井、充 6 井、充 7 井、充 8 井，充 9 井……口口井盯住不放，仔细研究每一道工序，观察每一包岩屑，审查每一个施工方案，可以说是"精雕细刻，严防死守"，掌握了非常宝贵的第一手资料。期间遇到了各种复杂的情况，出现了一些意想不到的变故。先是充 5 井的火灾事故，这口井东邻充 1 井，据井口地质录井人员报告，钻开油层一滴油都没有，初步认定为一口干井，地面防喷管线也就没有按规定采用钢管硬连接，只是用了一段软管，地面也没有固定好，这下可惹上麻烦了。不料想，井筒中逐渐发生了变化，压力迅速升高，钻井液携带着油气一下喷出了井口，地面软管随着液体的喷出迅速摆动，"嗖"地一下就甩出去了，并且甩到了井场附近老乡家的灶台旁边，老乡家正在做饭，喷出的油气遇到明火立刻就着了，引发大火。老乡一家人葬身火海，酿成悲剧。这是血的教训。事后，翟光明和钻井队一起总结，提出一系列安全措施，如钻井过程中必须控制好泥浆比重，诱喷时必须做好井口地面的防护措施，安装好防喷器，不然事故不可避免。充 5 井的短暂喷油，充分说明地下条件异常复杂，梅花形布井结果并不理想。

紧接着，充 7 井又遇到了麻烦。这口井，开钻后翟光明就一刻也没有离开过。他每天住在简易的值班房里，和井队工人、技术人员打得火热，耐心地给他们讲如何录井、如何试油，还帮助井队建立了小图书室，贡献出了自己的一些专业技术书。充 7 井钻遇的地层非常致密，地下情况十分复杂，找不出任何规律。完钻后根本没有油气显示，技术人员决定对这口井进行酸化处理。不知是老观念的影响还是惰性使然，人们都认为这口井根本不会出什么油气，酸化后也就没有采取任何防护措施，井下没有下封井器，井口也没有安装防喷器。施工完成后，所有人员就都去睡觉了。谁知半夜时分，意外发生了，充 7 井喷油了，夜色中，油流犹如一条恶龙，在井口上空狂舞。油气在井口喷涌时发出了刺耳的响声，呼呼地召唤着井队的人们。井队上的人们被井喷的声音惊醒了，互相招呼着起来。熟睡中听到响声的翟光明也一跃而起，第一个冲到井场，看着井口喷出的油柱子，兴奋、惊奇、担忧交织在一起。井喷啦！容不得井场上的人多想，必须马上控制井喷，准备下方钻杆，下封井器。可是巨大的井口压力很难控制，下方钻杆谈何容易，"一、二、三，一、二、三……"钻工们一起喊着号子，冒着喷落的油雨，好不容易把井算是关住了，井喷制服了，井场又恢复了平静。再一瞧，整个井场黑乎乎一片，黑夜里根本分不出人的模样，翟光明和钻井工人们一样，个个满身是油，和黑夜融为一体。大家说笑着，议论着，这下可好了，终于见到油了。天亮后，井场上人们的喜悦之情还在延续，准备试油，放颗大卫星。开井前，井口套管压力显示很正常，谁知一开井，"嘭"的一声，就像泄了气的气球一样，很快就恢复了平静，井口什么也没有出来。奇怪了，难道这地下的油气在藏猫猫，和人们玩起捉迷藏。翟光明的兴奋劲也像井口泄的那口气一样，一下子消失得无影无踪，余下的只有失望和叹息。这到底是怎么了，一会没有油，一会又有油。翟光明经过仔细分析，凭着以往的经验，综合判断后，他感觉是遇到了新问题。这里不同于四郎庙，也不同于老君庙，应该是遇到了一种新地层，一种他还没有见过的地层，很可能是裂缝性地层，这需要深入研究。但有一点翟光明坚信，这个地区肯定有大量的油气。

川中地区总面积约四万平方千米，东起合川，沿华蓥山西麓，经渠县到平昌，北边到仪陇、阆中、盐亭，西边沿龙泉山，经简阳到资阳，南至大足。偌大的川中地区，历经地质学者石油踏勘，是最有可能找到新油田的区域之一。然而，几个月下来，川中的复杂局面陆续显现了出来，实际情况并没有设想得那样好，一时间争议不断，四川侏罗系的油层特性到底什么样子，岩石裂缝出油还是砂岩孔隙出油？谁也拿不出足够的证据。在当时大跃进的背景下，管它什么情况出油，只要出油就是好家伙，搞不清就先不搞。"余康"带领大家研究了大战川中的阶段成绩和遇到的问题，要求进一步加强川中会战，设想依靠加大工作量来实现突破。1958年10月，在新疆克拉玛依召开的现场会上，分析川中取得的成绩和遇到的问题，研究下一步工作部署，石油工业部决定，在前一阶段工作的基础上，进行一次会战，余秋里提出"我们要集中力量，在今年最后两个月，必须拿下川中油田，这项任务，只准成功，不准失败。"[①] 这是石油工业的第一次会

---

① 余秋里. 余秋里回忆录［M］. 北京：解放军出版社，1996，第530页。

战。会上宣布成立川中会战总指挥部，康世恩任总指挥。很快，玉门、新疆、青海三个石油管理局各派出一个野战营，由局长亲自带队，迅速铺开钻井。石油工业部机关、四川石油管理局、石油院校都派出精兵强将，研究人员、设计人员、师生员工共同参战。翟光明没有参加这次会议，因为他一直在川中前线督战，但克拉玛依会议的火药气息已经传到了川中，不拿下川中誓不罢休，一场更大的钻井场面即将铺开。

川中的地层，复杂多变，地下是一条一条的，一窝一窝的，即便是大规模战役，也是久攻不下，一口口井按设计要求完钻，上报信息显示，不是干井，就是空井，再不就是水井，一直没有找到连片、高产、稳定的含油区域。到 1959 年 3 月，蓬莱镇、龙女寺、南充、合川、营山、广安、罗渡溪七个构造共钻探 123 口井，采取梅花井与剖面井相结合的布井方式钻井，获工业油流 37 口井，稳产油井 9 口。综合钻井、试油、试采结果和岩芯、电测资料综合显示：大多新钻井为低产井，难以形成规模开发的局面，会战未取得预期效果。打不出油来，工人们也没有了干劲，钻井进尺也一天天减少。此时的"余康"心急如焚，翟光明更是火急火燎。大油田没有拿到，吃了败仗，碰了钉子，交了学费。石油工业部果断决策：撤！收拢力量，继续侦察，做打持久战的长期打算，此次会战权作后来松辽石油勘探会战的预演，是一场热身赛。试想，如果川中会战采用持久战术，没完没了地拖下去，不仅浪费时间也会拖垮队伍，川中果断的撤退本身就是一次决策性的胜利。

随着川中会战的结束，翟光明也回到了北京。但他始终没有搞明白，川中那么大的含油气面积，怎么就抓不住呢？这个谜团一直困扰着他，他没有放弃，认为四川依然是希望所在，只不过前期钻探研究得不够，资料分析得不深入，没有找准选好突破口，石油地质理论还没有突破这个结，这是石油科学研究的一个重大课题。经过这次会战的考验，翟光明也清楚地知道，第一手资料太重要了，歼灭战要依靠科学的理论作指导，对于具备成油条件的地区要坚持勘探，要有一股咬住青山不放松的气概，一时的失败不等于永远失败，大不了从头再来。六年后，在北京进行了四川大气区的讨论，当时争执很激烈。应如何认识天然气的资源量，有人提出两万亿方的概念，有人则认为是天方夜谭。1965 年，作为勘探司总地质师，翟光明提出在四川川南古隆起找气会战，经多次研究后部党组最终同意，石油工业部再次组织了"开气找油"大会战，开展了"大上威远，大上泸州古隆起，大上华莹西和大上厚坝油砂岩"的勘探工作。1966 年开展的泸州古隆起会战，因"文化大革命"的冲击，会战中途结束，半途而废，翟光明也因此受到批判，回忆起来，令人惋惜，但会战工作部署的方向一直延续到 1975 年[①]。翟光明一直认为，川南是一个大气区，不应该是被遗忘的地区，他在十个古隆起和十个勘探突破口中都曾提起四川。

一口井喷油，不等于口口井喷油，也不等于整个构造能出油，一口井高产，不等于全区都高产，一时出油不等于能长期出油。这是铁的教训，这是实践的经验。正如余秋里对四川石油管理局的同志们说："感谢你们，感谢四川，川中是'教师爷'，教训了我们，使我们学乖了。"[②] 川中石油会战的实践教育了一代石油工作者，面对复杂的石油地质条件，勘探者的头脑一定要"冷热结合"，一方面要以巨大的热情不断地探索，一方面又要以严谨的科学态精神，集思广益地去做好每一项工作。

四川会战结束后，康世恩对地质人员说：四川盆地的油气勘探是块硬骨头，要啃下这块硬骨头，要有"磨子井"的精神[③]。按照康世恩的指示，翟光明系统总结了会战失败的教训和经验。期间和地质家们研究讨论解决四川地区"有井无田"的地质问题。四川的天然气是裂缝和溶洞控制还是构造圈闭控制，还是有一定的范围？针对这一问题，地质家们展开一口井一口井地研究，一个构造一个构造分析。对于一个地区，必须要详细了解它的地质基础。从基础理论，实际情况了解入手。通过这次会战，总结出在一个地区勘探会战，必须要了解地质方面六项基础内容：一是全面了解目标勘探地区，了解盆地的基底、区域构造条件等，要从全区入手，如果仅从局部入手，就会陷入另一个境地，可能会和设想的恰好相反。如果要集中勘探这个地方，就要了解这个地区的地质情况。这一点给了我们很多

①　张明功：《普光九章》。北京：石油工业出版社，2008 年，第 7-8 页。

②　余秋里：《余秋里回忆录》。北京：解放军出版社，1996 年，第 535 页。

③　中国石油报社编：《回忆康世恩》。北京：石油工业出版社，1995 年，第 165 页。

提示，比如说，一上来就要做区域的大剖面，打一些区域的参数井，要做一些基础的重磁力和电法测试解释工作。研究整个地质的情况，要从全区入手，这一点一上来就要很清楚，不要一下子就扑到某个局部地区，全区部署大剖面的做法是四川会战之后总结出来的。二是要把这个区域的构造情况基本落实清楚。一个盆地有坳陷、隆起、构造带、断层等等，这些到底是怎么样在盆地中分布的。从区域构造到局部构造，当时提出来的二级构造带和三级局部构造，要把这些弄清楚。三是要把这地区沉积条件搞清楚。是海相沉积还是陆相沉积，沉积分布情况如何，不同时代的沉积情况如何。四是要打一些参数井，要了解该地区有没有生储盖层，主要的目的层、油层的物性如何，要弄清楚。五是把盆地当中油气水可能存在的有利地区找出来，同时要把水文地质情况搞清楚。六是要搞清楚基底的情况，到底是什么基底，沉积岩下面的基底如何。以上六个情况都是四川川中会战总结出来的，对后期的勘探起到了重要的指导和借鉴作用。一个地区不能盲目地部署井位，要依靠基础理论来指导勘探，循序渐进。川中会战，翟光明受益匪浅，会战经验、勘探方法和理论总结开始在他的脑海中萌发，随着后来大庆、华北等一系列石油会战的开展和石油勘探的不断探索，地质勘探理论也逐渐成熟起来，直至最终形成一整套完善的综合勘探方法。

1988年5月，翟光明再次陪同康世恩到四川调研，此时的四川可不是过去的四川，情况发生了翻天覆地的变化。时隔川中会战将近20年，翟光明感慨良多，康世恩连续听取了四川各地区的情况汇报，一个油田、一个气田地听汇报，关键井—口井—口井地看地质资料，与各矿的矿长、钻井地质总工程师、地质技术人员逐一座谈。调研座谈会持续了十几天，重点讨论了开发速度、开发方式、合作开发模式，并取得几点共识：

第一，四川的天然气能不能搞得快一些，用什么办法才能加快开发？四川经过三十多年的勘探开发，证实四川的天然气主要储藏在石炭系上古生界和中生界底部地层的裂缝和溶洞里，其中大裂缝和溶洞累计采气已达几十亿立方米。过去由于技术手段的限制，对深埋几千米的缝洞难以预测，打井盲目性很大，基本处于"靠天吃饭"的境地。随着技术的发展，国内引进了数字地震技术、三维地震技术和地震地层学等理论和配套技术，可以解释地下缝洞的位置、断层分布，取得突破性进展。四川必须转变观念，从过去找构造转变为找构造＋地层岩性＋裂缝圈闭，并改进传统的钻井、开采工艺和方法，同时配套相应的安全井口装置，防止井喷着火，酿成事故，要求新工具既耐压又可作采气之用，安全可靠。

第二，如何开发四川中部的低渗透油层？川中侏罗系油层分布十分广泛，有几套含油层系。这里的油层十分致密，油层物性差，有"磨刀石"之称。建议采取聚能压裂、气井大型压裂的方法，打开地层，压出更多的裂缝，为油流提供通道。

第三，如何开发四川浅层天然气？四川浅层天然气分布广泛，合理开发利用很有意义，可以有效缓解当地燃料紧缺的问题。建议地方自主开发，四川局从地质上、工艺上进行指导，从设备、仪器上进行支持。

经过十几天的研究讨论，康世恩感到从指导思想、勘探开发方针到工艺技术，都有了新的认识。翟光明也有同感，几十年的困惑终于找到了答案：四川的天然气由大范围的分散勘探，靠钻井去碰裂缝，转到先做精细地震，搞清裂缝的有利部位，然后再有目的地打井；从单井开发，"有气无田"的开发阶段，逐步转到对油气田的整体规划、科学规划开发的阶段。与此同时，工艺技术也实施个性化设计，地震技术要学会跟踪裂缝，特殊处理；钻井技术要针对多层裂缝单元，保护气层，解放油气层，确保安全钻进；开发、采气工艺要立体开发[①]。之后的四川油气发展，确实是日新月异，一个个大场面不断地呈现出来，形成了独具四川特色的天然气勘探开发方法和理论，真正实现了川气出川。

进入 20 世纪 80 年代以来，四川气田在川东和川中—川南过渡区发现了高产的、大面积的孔隙型含气储层。康世恩非常关心这一发现，翟光明也是兴奋不已，死死盯住这个"气老虎"不放，认真和地质人员研究如何开采低渗透油气藏。

康世恩曾说：不征服四川复杂油气藏，不把四川油气搞上去，我决不

---

① 《康世恩传》编写组：《康世恩传》。北京：当代中国出版社，1998 年，第 505–509 页。

死心。川中这块油区敲不开，我是不瞑目的①。四川天然气勘探开发，无论是理论和工艺技术系列，都已取得长足进步和决定性的突破。2004年，中国石油集团在四川的天然气突破100亿立方米，成为国内首个百亿气区。2008年，中国石油西南油气田公司天然气产量达到148.33亿立方米，生产原油13.7万吨，中国石化西南分公司生产天然气27.05亿立方米，生产原油3.01万吨，几代川渝石油职工和石油老领导"川气出川"的夙愿终于变成现实②。

松辽石油勘探会战

松辽石油勘探石油会战，是中国石油工业历史上最重要的，也是规模最大的一次会战。邓小平在1958年听取石油工业部汇报时，就曾讲到："对松辽、华北、华东、四川、鄂尔多斯五个地区，要好好花一番精力，研究考虑。"翟光明也就是从那次向邓小平汇报时起就盯上了松辽盆地，开始关注松辽盆地，开始研究松辽盆地。石油工业部也真下功夫，投入大量精力，重点研究松辽盆地。1959年3月，石油工业部党组把研究确定松辽盆地当年部署和具体措施正式提上议事议程，要求地质勘探司要全力跟踪和指导松辽勘探局的工作。松辽的突破，从第一口基准井开钻，到发现大油田，仅用了一年零两个月，这在我国石油勘探史上是一个最成功的范例，也是我国石油战略东移的重大突破。

松辽盆地是我国东北地区由大兴安岭、长白山脉环绕的一个大型沉积盆地，松花江、辽河从盆地中绕过，地跨黑龙江、吉林、辽宁三省，面积26万平方千米。20世纪上半叶，国内外一大批地质工作者曾在盆地

---

① 邱中建，龚再升：《中国油气勘探（第一卷）：总论》。北京：石油工业出版社，地质出版社，1999年，第56页。

② 《中国石油工业经济若干问题的回顾与思考》编辑委员会：《中国石油工业经济若干问题的回顾与思考》。北京：石油工业出版社，2010年，第424页。

进行过石油踏勘和钻探，最终都无功而返。中国贫油论到处弥漫，能否打破这一谬论，关键就在松辽勘探之战。李四光、谢家荣、黄汲青、翁文波[1]、陈贲等一大批地质学家都曾指出，松辽盆地是大有希望的含油地区[2]。苏联专家特拉菲穆克在考察中国地质情况后，也提出：松辽平原这个地区无疑值得以极大的重视，并开展区域普查，对最有远景的构造进行详查。随着新中国的成立和石油地质普查的全面铺开，世人目光也开始聚焦松辽盆地[3]。

1958 年 3 月初，松辽盆地作为勘探的主战场正式拉开了中国石油工业战略东移的序幕。4 月中旬，石油工业部成立松辽勘探大队。5 月 16 日，将大队改为松辽勘探处。6 月 26 日，《人民日报》第三版发表消息，向世人宣告："松辽盆地有石油，松辽平原不久将成为我国重要的油区之一。"这无异于一颗惊雷，在中国大地炸响。6 月 27 日，松辽勘探处升格为松辽勘探局。短短几个月，连升三级，石油工业部分别从新疆、玉门、青海抽调大批精兵强将参加松辽会战，打响了松辽盆地勘探歼灭战[4]。

1958 年 7 月 9 日，松辽石油勘探局首先在盆地东北斜坡地区，即黑龙江安达县任民镇以东 14 千米处，开始钻探第一口基准井——松基 1 井。11 月 11 日，松基 1 井完钻，井深 1879 米，钻穿白垩系地层，到达盆地基底的古老岩层上。这是一口区域探井，未见任何油气显示。第二口基准井——松基 2 井，井位在盆地南部的隆起区，即吉林省前郭尔罗斯蒙古自治县松花江南岸的登楼库构造，1958 年 8 月 6 日开钻，9 月 15 日完钻，井

---

① 翁文波（1912-1994），1912 年 2 月生于浙江鄞县。地球物理学、石油地质学家。1934 年毕业于清华大学物理系。1939 年获英国伦敦帝国大学哲学博士学位。1980 年当选为中国科学院学部委员（院士）。曾任石油科学研究院副院长。主要从事石油地球物理勘探和天然地震、洪涝、干旱自然灾害预报研究。20 世纪 40 年代提出东北、华北等低变质区可望找到油气田的理论，是发现大庆油田的主要贡献者之一，是中国石油测井、石油地球物理勘探技术、石油地球化学的创始人。20 世纪 60 年代致力于天然地震灾害的预测预报研究，创立＂预测论＂理论应用于地震、洪涝、干旱等自然灾害预测。

② 付延顺、李兆庆：《中国矿藏大发现》。济南：山东画报出版社有限公司，2011 年，34-37 页。付延顺、李兆庆：谁发现了大庆油田——大庆油田发现档案。

③ 张立生：《中国石油的丰碑——纪念谢家荣教授诞辰 110 周年》。广州：中山大学出版社，2011 年，第 116-117 页。

④ 李懂章：《大庆油田大事记》。哈尔滨：黑龙江人民出版社，2006 年，第 1 页。

深 2887.63 米，钻遇一套致密的下白垩系地层，见到油气显示，未获工业油流[1]。通过松基 1 井、松基 2 井建立了盆地地层层序，查明具有多套生油层、储油层、盖层组合，加上区域地质研究，进而明确了有利勘探方向，使勘探逐步向中央凹陷转移。

由于前两口基准井均未获得工业油流，第三口基准井的井位确定就成了一个关键问题。第三口基准井井位打在哪里就讨论多次，从石油工业部到地质矿产部，从松辽勘探局到石油部地质勘探司，从地质综合研究队到石油科学研究院，上至部长，下至地质研究人员，集思广益，研究讨论持续了半年之久。此时的翟光明已升任地质勘探司地质室主任，他密切关注松基三井这口基准井，参与了这口井井位的确定和松辽勘探部署。这口井，关系全局，牵动全国，成败在此一举，因此井位确定也就十分慎重。

1958 年 7 月，松辽普查大队提出了松基三井井位的初步建议，1958年 8 月 4 日，吉林省地质局松辽普查大队以（58）松油地字第 10 号文件发给松辽石油勘探局的《关于松辽平原第三号基准井井位位置函》，井位初定在吉林开通县乔家围子附近。松辽石油勘探局研究后，不同意井位意见，建议将第三号基准井定在大同镇电法隆起上，并向石油工业部地质勘探司电话汇报。翟光明带领勘探司工作人员认真研究后认为：南部已有深井控制，探明南部深部地层不是迫切需要解决的问题，况且井位没有定在构造或隆起上，不完全符合基准井探油的原则。9 月 4 日，张文昭、钟其权共同起草了《松基 3 井及松参井井位意见书》。9 月 15 日，《松基 3 井及松参井井位意见书》以松辽石油勘探局 0127 号文件呈送石油工业部，抄送地质矿产部。自此，松辽勘探局正式提出了松基三井的设计方案和依据，主要依据有五点：其一，井位位于松辽平原西部中段，在目前松辽盆地西部没有一口探井资料的情况下，迫切需要钻一口基准井，以了解西部含油气情况及地层岩性，并提供地区物理参数；其二，该井与松基 1井、松基 2 井相距 90 千米以上，略呈一等边三角形，符合基准井均匀分布原则；其三，井位定于高台子电法隆起上，根据电法资料，沉积厚度约

---

① 宋连生：《工业学大庆始末》。北京：九州出版社，2011 年，第 33 页。

2650 米，可钻达基岩，又可起探油作用；其四，在同一电法剖面上有三个隆起，高台子隆起仅是其中一个，通过松基 3 井的钻探，对另外两个电法隆起的含油情况可作进一步的估价，并能指出今后的工作方向；其五，交通方便，靠近哈尔滨至齐齐哈尔铁路。方案报送石油工业部地质勘探司审查后，经审查初步认为，大的方向是对的，但要真正的敲定井位还显得证据不足，资料不够。之后，根据 5.1 型地震仪的最新地质剖面，结合电法资料，证明高台子构造是盆地中央地带上的一个局部圈闭，并依据新的地震资料微调原设计井位，由基准井研究队钟其权进行现场勘查，打桩定下了井位。9 月 24 日，松辽石油勘探局以 0152 号文件再次呈送石油工业部关于松基三井的井位设计。10 月上旬，基准井研究队确定了松基三井的井位，位于松辽盆地中央坳陷高台子隆起上，具体位置是黑龙江省肇州县大同镇西北，小西屯以东 200 公尺，高台子以西 100 公尺处。松基三井的井位与松基 1 井、松基 2 井相距约九十千米，平面上呈等边三角形分布，处于不同的构造上，又是"坳中之隆"，位置十分理想，符合基准井井位布井原则，且大同镇交通相对方便，靠近哈尔滨至齐齐哈尔的铁路线，地理条件比较优越，经济条件也相对较好。11 月 14 日，松辽石油勘探局向石油工业部呈报了松基三井的井位图和相关资料，呈送文件号为松辽局油勘地字 0345 号。11 月 20 号，地质勘探司批复了"拟同意此井位"的意见并报送石油工业部高层领导批准。11 月 29 日，石油工业部正式批准了松基三井的井位，文件号为油地第 333 号。

1959 年 1 月，石油工业部对松基三井的有关资料再次进行审查和综合研究。春节前夕，康世恩对地质勘探司翟光明说："春节期间咱们就不要休息了，抓紧时间把松基 3 井的事情定下来，把松辽盆地的勘探部署好好讨论一次。还有，马上准备一份材料和勘探形势的图件，部党组要向中央刘少奇同志汇报，报告石油工业的发展情况，重点报告全国石油勘探的进展情况和勘探形势。"[①]

1959 年的春节，全国人民都处在节日的欢乐之中。这个春节非同一

---

① 张文昭：《石油工业的历史性突破——纪念大庆油田发现 36 周年》。中国石油天然气总公司，1996 年，内部资料，第 31 页。

般，这个春节是石油界的春天。这一年，全国各行各业都在突飞猛进，这一年，石油工业急需大的突破，冲破国际上的打压之势，缓解国内对石油的渴求。这年的春节，翟光明是在忙碌中度过的，是在焦灼的期盼中度过的。他和石油部的领导一起，白天晚上连轴转，白天开会讨论松辽的部署，晚上准备向中央汇报的材料。翟光明组织地质勘探司搞地质的同志和绘图组的同志，把全国各盆地十多张勘探形势图全部搞了出来[①]。康世恩多次到编制组过问情况，时不时地和大家说说松辽的情况。很快，翟光明就综合大家的意见，把松辽、华北、华东、四川、鄂尔多斯等认为含油最有利的地区，按照排列顺序，用不同的标识和醒目的颜色标注出来，把主攻方向也标了出来。可以说这就是未来石油工业的出路，这就是中央决策的依据，一个个盆地的资料都装在了翟光明的脑子里，这些盆地都将是他参加会战出征的前沿阵地。

1959 年 2 月 8 日，时值农历猪年（乙亥）春节，石油工业部召开局厂领导干部会议期间，余秋里、康世恩等听取了松辽石油勘探局张文昭的工作汇报，重点研究确定松基三井的井位[②]。会议在石油部大楼一间小会议室召开，由康世恩主持，白天开会讨论，晚上休会整理材料。会议连续开了三天，主要议题就是松基三井和松辽勘探部署方案。会议讨论十分热烈，参加会议的有石油工业部李人俊副部长、地质勘探司翟光明，研究院余伯良，松辽石油勘探局李荆和、宋世宽和张文昭，翁文波也参加了讨论[③]。会议反复论证松辽盆地石油勘探成果，同意了松辽的勘探部署意见，认为松辽盆地区域的基本地质条件认识较清楚，构造比较落实，近期找到大油田完全可能，并决定 1959 年要集中一定的力量大力开展石油勘探工作。会议总结出松辽盆地十大有利条件：①经过区域勘探证明松辽平原是一个巨大的沉积岩盆地；②经过区域勘探证明松辽盆地沉积岩并不薄，并有生油条件；③从地层岩性看，有很好的储油层和盖层；④有比较高渗透性和孔

①　大庆石油管理局党委宣传部编：《康世恩与大庆油田》。黑龙江：黑龙江人民出版社，1995 年，第 49—50 页。翟光明：《战略东移宏图》。

②　大庆市政协文史和学习委员会编：《创业年代》。哈尔滨：哈尔滨出版社，1998 年，第 57 页。

③　何建明：《部长与国家》。北京：新世界出版社，2005 年。

隙度的砂岩层；⑤已经发现和查明了面积较大的构造，有些构造准备得比较细致；⑥有广泛的油气显示，公主岭构造发现了24层含油砂岩，厚60米，平原中总共发现6个构造30口井见到油气显示；⑦地层可钻性和钻井条件较为有利，适于快速钻进；⑧地层岩性和电测曲线各具有特点，有利于分层对比；⑨地质、地球物理各种方法工作成果符合较好，有利于加速准备构造；⑩经济交通条件非常有利，发现的构造距铁路一般在10—16千米。

据1958年石油工业部局厂领导干部会议精神以及对松辽盆地勘探总结的十大有利条件，1959年勘探部署要在公主岭—洮南、德惠—泰来、拉林—景星、哈尔滨—甘南打出4条区域性综合大剖面，在大同镇、钓鱼台、华字井、长春岭、任民镇、隆盛合、团山子、扶余、八面城、乾安等10个构造上利用地震和地质浅钻进行构造详查，在公主岭、登楼库2个构造上进行工业钻探，在大同镇、扶余、长春岭钻探3口基准井。

康世恩指出，重力、磁力、地震资料都是第二性的，要找出油来还是要靠打井，真正看看地下是什么东西。当着翟光明的面，康世恩对松辽的同志们说："我和勘探司的同志几次审查你们的方案，觉得从大的方面，方向是对的，但要定下井位，论据还不够充分，资料也不够齐全。现在，你们拿来了新的资料，同重力和电法资料相比较，对原井位做了小的改动，比较有说服力。"通过讨论，大家一致认为松辽盆地中央坳陷是有利的含油远景区，而处于中心部位的大同镇隆起是一个大型构造带。这个构造带上的高台子构造，显示明确可靠，松基三井井位定在大同镇高台子隆起上，这是大家一致的意见。接下来对设计井深、取芯井段、有利的储油地层等进行了具体讨论。翟光明在讨论会上，把他自己对松基三井井位的具体思考讲得很透彻，分析了松基三井所在位置的地层水情况以及各种影响因素，搞清了隆起、坳陷之间的关系，把井位定在重磁力的高带上，从凸起到深洼陷，再从深洼陷到隆起带，可以说是"坳中之隆"。翟光明发言时，康世恩一直认真地听着。对这位年轻而优秀的地质师，康世恩一向是很器重的，他的意见和判断往往与康世恩不谋而合。早在20世纪50年代初期，翟光明主持玉门油田地质工作时，康世恩就开始喜欢上这位有独特见解、又敢于坚持自己意见、事业心和上进心强、敢于向权威挑战的地质师了。康世恩听完了翟光明的最后综合分析意见，说到："松基 3 井经过反复核实论证可以批准开钻了，请勘探司尽快签署意见，也请松辽勘探局做好开钻准备。"部长拍板确定后，外面迎春的鞭炮声也噼里啪啦响起来，初春的喜气开始洋溢在每个人的心中。松基三井是那一年迎春的第一朵红蕾，占尽春风第一枝[①]。

松基 3 井的钻井任务由松辽石油勘探局 32118 钻井队承担。1958 年，这个队由玉门矿务局调入松辽石油勘探局，是该盆地的第一支深井钻井队，在大庆的发现过程中做出了重要贡献。1959 年 4 月 11 日，全部钻井设备运抵松基三井井位设计地点安装就绪，正式开钻。队长包世忠，副队长乔汝平，地质技术员朱自成。设计井深 3200 米，设计完井后由下而上逐层试油。为加快钻进速度，康世恩决定，千米以内井段不取芯，这样，可为钻进赢取大量时间，以最快的速度揭开松辽的面纱，得以看到她的真面目。

1959 年 7 月，松基三井钻至 1050 米时开始连续取芯。钻井设计中要求取芯长度为 411.76 米。由于当时取芯技术水平有限，工具简陋，经验不足，取芯过程没有严格按钻井取芯设计完成。实际取芯长度 202.51 米，见到含油显示砂层 3.15 米，油砂呈棕黄色，含油饱满，油气味十分浓烈，并两次从泥浆中返出原油和气泡。张志松等技术人员对中途电测资料进行了解释，表明钻遇较好油层。

1959 年 7 月 22 日，康世恩同志与苏联专家米尔钦柯、安德鲁也柯在哈尔滨听取松基三井钻井取芯情况后，为争取时间，决定在 1461.76 米提前完井试油[②]。余秋里同意了康世恩的意见。为保证固井质量，石油工业部

---

① 李国昌：《老会战》。北京：石油工业出版社，2009 年，第 4–6 页。
② 冀年勇：《讲那创业年代的故事》。北京：石油工业出版社，2011 年。

专门派彭佐猷（玉门石油管理局总工程师）、赵声振、邱中建[①]、蒋学明、陈樊营等试油、固井专家组成试油工作组，亲临松基三井现场，指挥、组织射孔试油工作[②]。

石油部要求，试油期间每天以电报汇报工作情况，每个星期书面汇报一次。石油部勘探司资料的收集和汇总工作就落在了翟光明的身上，当时通信还不发达，电报也十分麻烦。为此，在松辽前线和北京石油部之间架起了一条石油专线。当时，电话的语音质量很差，好多时候就要扯开嗓子大喊，即使这样，有时也听不清楚，互通信息非常地艰难，就在这样的条件下传递部领导的指示。每次收集完资料就立刻向康世恩汇报，所有的情况翟光明是第一个知道的，都要从他的脑子过一遍，当然也就留下了很深的记忆。而每确定一项下步的措施，他都会向康世恩提出自己独到的建议，康世恩首肯后，再通过他通知钻井现场安排下步施工。也就是从那时起，翟光明练就了好记性，每一项数据都能牢记在心，他对油井数据特别敏感，每一个层位、每一种岩性都会在他的脑子里形成了一幅立体图画，这样才能快速地反应，快速地决策，他知道遇到问题时决不能拖延，油田施工从来是不等人的。

1959 年 8 月 29 日，完成固井作业后，经测试，各项指标合格。1959 年 9 月 6 日，松基三井第一次射孔，射开层位高台子油层，开始试油。射开 1357 米至 1382 米井段的三个薄油层后，井口无任何显示，液面下降，形势不容乐观。为了避免泥浆对油层的长时间浸泡，造成伤害油层，康世

---

① 邱中建（1933-），1933 年 6 月出生于江苏南京，籍贯四川广安。石油地质专家。1953 年毕业于重庆大学地质系石油地质专业。1999 年当选为中国工程院院士。曾任中国石油天然气总公司副总经理、石油勘探开发科学研究院院长。20 世纪 50 年代，作为石油系统最早进入松辽盆地进行综合研究的人，对松辽盆地的油气远景进行系统的综合研究，加速了发展大庆油田的过程，是大庆油田发现者之一；60 年代在胜利油田工作，对发现及评价胜坨大型油气田做出了贡献；70 年代与他人合作，提出复式油气聚集区（带）的概念，对勘探进程产生重大影响；80 年代组织并参加海洋石油对外合作，首次运用国外油气资源评价方法及流程，对珠江口盆地、辽东湾进行评价，相继发现流花、惠州、绥中、锦州等一批大型和中型油气田；90 年代领导并组织了塔里木石油勘探开发，探明了塔中、牙哈等大型油气田并发现了克拉 2 等大型气田，奠定了 "西气东输" 项目的资源基础。

② 《艰苦创业》编委会：《中国石油工业艰难创业（第一集）》。北京：石油工业出版社，1990 年。赵声振：记松基 3 井试油。

恩提出，要尽快把井筒内的泥浆和水捞出来，井筒内的泥浆液面越低越好，尽可能全部捞出。按康世恩的要求，井队完成了固井、射孔、提捞作业，工人们日夜奋战，不辞辛苦，经过20多天的艰苦努力，一桶桶地提液，清除井筒中的泥浆，一步步向地下沉睡的油龙靠近，这一招非常见效。现场的人们渐渐感觉到了油龙的呼吸，感觉到油龙蠕动爬行的动作，不久这条巨龙就要喷涌而出。

1959年9月26日，液面恢复到井口并开始外溢。康世恩立即下令：抢下油管，准备放喷。油管下井完毕，已是下午4点钟，采用8毫米油嘴开井后，压力十足。经测试，日产原油13.02吨。沉睡的油龙惊醒了，这是一个石破天惊的日子，这是一个值得牢记的日子，这是一个令世人震惊的日子，松基三井喷出了工业油流，棕褐色的油龙喷涌而出。井场上顿时沸腾了，工人、技术人员欢呼雀跃，对天长笑。喜讯迅速传遍松辽大地，传到哈尔滨，传到长春，传到北京，传到中南海。时值新中国成立十周年之际，时任黑龙江省委第一书记欧阳钦提议将大同改名为大庆，这个大油田就叫"大庆油田"[①]，"大庆"从这一天起叫响全国，享誉世界[②]。

图 5-1 大庆油田发现井——松基 3 井（闫建文 2011 年 12 月摄）

---

① 王仰之:《中国石油编年史》。北京:石油工业出版社，1996年，第97页。

② 旷晨、潘良编著:《我们的1950年代》。北京:中国友谊出版公司，2006年，第136页。

松基三井的喷油，大庆油田的发现，不是偶然的碰运气，而是在正确的思想理论指导下，贯彻了正确的方针，采取了正确的方法，进行了大量艰苦工作的结果。自此，邓小平提出的石油工业战略重点东移的构想，终于在实践中显示出了无比的睿智，"东北搞出来了，也会跳出来。"就在邓小平指示后的一年零八个月，东北真的"跳"出来了。

松基三井的喷油，以势不可挡的气势急速奔涌，它唤醒了东北大地的油海，标志着大庆油田的诞生。大庆的出油，彻底打破了中国贫油的谬论，也证实了陆相生油理论的正确，也催生了华北、江苏、江汉一个个油田的诞生。大庆油田的发现，随之开展的大庆石油会战的胜利，促成了思想大解放和石油地质理论的大发展。

松基三井的喷油，孕育出一场声势浩大的石油大会战。1959 年 10 月，石油部批准了 56 口探井的钻探规划，明确了下步石油勘探的主要任务，重点是在大同镇长垣的葡萄花、太平屯、杏树岗、宝山、萨尔图构造开展预探工作，探明各构造的含油性。11 月，余秋里提出"大战松辽"，1960 年的主要任务是要拿下大油田。年底前，余秋里赶到松辽前线，亲自视察前线情况，翟光明也一同前往，在石油地质研究和部署上给他出谋划策。这期间，为加速钻探，提出了"三点合一"的钻探部署：第一类井不取岩芯，加速钻进，加强综合录井，搞好电测工作，取得完整资料，迅速控制含油面积；第二类井在油层部位取芯，掌握油层特征，为计算储量取得参数；第三类井是在构造边部的探井，通过分组试油，确定油水边界。这样，把三类井中取得的录井岩芯、电测和试油三方面的资料综合在一起，相互验证，就能够大体了解和圈出含油范围和油层情况。1960 年 2 月，石油工业部党组在北京召开扩大会议，准备开展石油大会战，"集中石油系统一切可以集中的力量，用打歼灭战的办法，来一个声势浩大的大会战"，要求部机关以一半的力量指挥和参加会战。2 月 13 日，石油工业部党组向中央提交了《关于东北松辽地区石油勘探情况和今后工作部署问题的报告》。20 日，中央批转这份报告，以（60）129 号中国共产党中央委员会批示的形式，向上海市委、黑龙江、吉林、辽宁、甘肃、青海、四川省委，新疆维吾尔自治区党委，国家计委、经委、建委党组，地质、冶金、一机、农机、铁道、交通、建工、劳动、外贸、水电、邮电、石油部党组批转了大庆会战的《报告》。中央指示："石油部为了加快松辽地区的石油勘探和开发工作，准备抽调各方面的部分力量，进行一次'大会战'，这一办法是好的，请各地在不太妨碍本地勘探任务的条件下，予以支援。这是一场特别的战役，这是一场艰苦的战役，这是人类挑战自然的极限运动，这是人类挑战自我的极限运动。

我国的石油工业特别是石油地质勘探工作，在两年中有了较快的发展，但目前仍然是一个薄弱方面。积极地、快速地进行松辽地区的石油勘探和开发工作，对于迅速改变我国石油工业的落后状况，有着重大的作用。"1960 年 2 月 21 日至 3 月 4 日，石油部在哈尔滨召开了松辽石油会战第一次筹备会议，传达中央指示，成立会战领导小组，康世恩任组长，副组长由唐克、吴星峰担任，成员由部机关各司局、研究院、新疆、玉门、松辽、川中、青海等各部门主要领导干部组成。会议确定了石油大会战的三项任务：第一，在 2000 平方千米的面积上甩开勘探，争取打 200 口左右的探井，迅速探明含油面积，找到 10 亿吨左右的储量；第二，选择已经探明的有利地区，打出 200 口左右的生产试验井，进行油田开采试验，实行早期注水，当年生产原油 50 万吨，年底日产达到 4000 吨的水平；第三，在大庆长垣以外的附近地区进一步开展地震勘探，完成地震测线 4 万千米，选择有利构造进行钻探，争取再找到一些新的油田。

会议之后，全国各地的人马立刻挥师北上，从祖国的四面八方陆续汇聚萨尔图，参战队伍来自 37 个单位，而且是自带设备。不到两个月，汇聚了 70 多个钻井队，3 万多人，从南到北摆开了战场。为加快勘探的速度，扩大成果，会战领导小组根据专家的意见，决定在萨尔图、杏树岗、喇嘛甸三个构造的顶部各钻一口探井，分别为萨 1 井（后改为萨 66 井）、杏 1 井（后改为杏 66 井）、喇 1 井（后改为喇 72 井）。翟光明全程参与了这三口井的井位确定。1960 年 3 月 11 日，萨尔图第一口探井萨 1 井喷出高产油流。紧接着，杏 1 井 4 月 8 日喷油，喇 1 井 4 月 25 日喷油，越往北，油层越厚，产量越高。后来人们都称这三口井是"三点定乾坤"，传为佳话。

1960 年 3 月 25 日，在哈尔滨召开第二次松辽会战筹备会议，决定部机关党委组成会战期间党的临时办事机构，各司、局干部和原松辽局机关组成行政及生产职能部门，全部到黑龙江安达前线办公。翟光明陪同余秋里来到前线，听取一线工人和技术人员的意见，感受他们的疾苦和诉求，发现生产中的问题。翟光明对余秋里掌握地质勘探理论知识及解决会战工作中的难题给予了很大的帮助，成为他离不了的一个智囊。余秋里的地质知识大多是从翟光明那里学来的，像地质年代表的定义、每个地层的特性、烃源岩、构造、圈闭、生油层、储油层、盖层、黏度、渗透率、孔隙度等等。一开始余秋里听不懂，翟光明就不厌其烦地给他打比方，反复讲解。有时石油部党组开会也让翟光明破例参加，目的就是遇到地质问题，由翟光明负责解释和说明，并参与队伍到哪里去的战略决策，翟光明为余秋里脑海里石油地质知识体系的建立起了重要作用，也使得余秋里在指挥历次石油会战中得心应手。1960 年 4 月 9 日，石油部党组在安达县召开大庆油田第一次技术座谈会，余秋里和康世恩分别主持会议，翟光明全程参加了这次非常重要的会议。余秋里在会上明确指示：油田勘探同战争中对敌情的侦查一样，必须了解"敌情"，重视地下，狠抓第一性资料。我们搞的，侦查和进攻的对象是地下油层，必须把地下油层的面积、深度、各层厚度及各种参数等方面的情况侦查得清清楚楚，有半点马虎都不行。这不是一般的工作方法问题，而是对人民的事业负责，是坚持不坚持唯物论和辩证法的原则问题[①]。部党组坚决地提出一定要把取全取准资料放在首位，作为认识油层、制定科学勘探开发油田的依据。这一点翟光明经历川中会战深有体会，不失时机地提醒余秋里，要重视第一性资料，要强化资料综合管理，不能被表面的、偶然的、局部的现象所迷惑，也不能仅凭热情、主观意识就下结论、定方案、作部署。经过大家讨论，地质家们普遍认为：搞好油田勘探开发，首要的是要搞清油田地下情况。认识和搞清油田地下情况的唯一途径，必须从地下入手，掌握充分的、全面的、准确的地质资料。之后，地质技术人员就提出了油田勘探要立足于第一性资料的齐全准确，制定了一口探井必须取全取准 20 项资料、72 项数据和"四全"、

---

① 李惠新，李国昌：《大庆创业之光》。哈尔滨：北方文艺出版社，1999 年，第 104 页。

"四准"的要求。"四全"是指录井资料齐全、测井资料齐全、取芯资料齐全和分析化验资料齐全。"四准"是指测量压力要准、油气水计量要准、各种仪表要准和各种资料样样准①。这些要求，终于找到了打开、了解、认识和掌握油田地下情况的钥匙，找到了认识油田客观规律的途径，不仅成为大庆油田勘探开发的基本要求，也成为日后石油工业勘探工作的一项基本法规。在后来的胜利油田会战中，翟光明作为副指挥，将大庆油田资料管理的法规进行了完善和推广，胜利油田的情况更加复杂，需要更细致准确的数据，为此，确定了35项资料125项数据的更为具体的、更细致的开发资料要求，同时确定了7个关键技术问题，开发资料要求之后逐渐演变成为油田勘探开发必须执行的一项地质技术规范。

1960年4月29日，以萨尔图大草原"大庆石油大会战誓师大会"为标志，一场举世闻名的松辽石油勘探会战全面铺开。5月份，在萨尔图油田圈定了480平方千米的含油面积后，开辟了30平方千米的生产试验区，历经三年生产实践，在实践、认识、再实践、再认识的反复过程中，召开几十次油田开发技术座谈会，采取领导干部、技术干部和工人"三结合"的方法，先后提出过一百三十多种开发方案，经过认真分析对比、技术论证和生产试验，到1962年底，正式编制完成萨尔图油田第一阶段146平方千米的开发方案②。这期间，翟光明参与了北一区方案的研究和指导工作，

图5-2　松辽盆地萨尔图油田北一区开发方案指标汇总表（1962年6月13日，翟光明日记手稿）

①　《大庆简史》编纂委员会：《大庆简史》。北京：当代中国出版社，1994年，第47页。
②　同①，第55页。

并代表石油部勘探司提出了与童宪章、李道品并行的方案[①]。

松辽石油勘探会战实现了油田勘探的高速度、高水平、高效益，是在极其困难的条件下，依靠自己的技术力量完成的，实践证明油田勘探开发达到了国内外先进水平。松辽石油勘探会战自觉地运用毛泽东的哲学思想指导石油勘探开发的全部工作，在石油地质理论、科学技术、企业管理和思想工作等各个方面实行了一系列的变革和创新，开辟了独立自主、自力更生发展中国石油工业的道路。松辽石油勘探会战的胜利，是中国石油工业发展史上的一个重要里程碑，促进了石油工业的全面发展，使石油工业从国民经济的一个薄弱环节，转变为一个重要的能源生产部门，从根本上改变了中国石油工业的面貌，开创了中国石油工业的新纪元，结束了我国东部无油的历史。到 1976 年，大庆油田实现年产原油 5000 万吨，并实现连续高产稳产 27 年。1982 年，地质界专家向国家自然科学奖评审委员会提出建议，授予"大庆油田发现过程中的地球科学工作"自然科学奖。

石油勘探具有"长周期"的特点。从开始工作到油田发现，少则几年，多则需要几十年。在这漫长的岁月中，许多看起来十分偶然的事情，最终影响了油田的发现，"必然即寓于偶然之中"。客观评价某个人在油田发现中的功过是非，是一件十分困难的事情。《石油工业的历史性突破——纪念大庆油田发现 36 周年》一书中张文昭著《"大庆油田发现过程中的地球科学工作"自然科学奖提出与评定》详细记录了大庆油田发现的有功人员认定过程和最终结果。大庆油田发现的全过程分为 4 各阶段：（1）科学理论遇见阶段（1928—1956 年）、（2）松辽盆地普查阶段（1953—1959 年）、（3）松基三井钻探阶段（1958—1959 年 9 月）、（4）拿下大庆油田阶段（1959 年 9 月—1960 年底）。翟光明参加了第二和第四阶段的工作，是石油工业部发现大庆油田 31 名有功候选科技人员之一，在松辽盆地普查阶段和拿下大油田阶段做出了重要贡献[②]。

---

① 翟光明访谈，2014 年 6 月 27 日，北京。资料存于采集工程数据库。

② 张文昭：《石油工业的历史性突破——纪念大庆油田发现 36 周年》。中国石油天然气总公司，1996 年，内部资料。

华北石油勘探会战

在松辽盆地全面铺开石油大会战的同时，东部渤海湾地区也开展了一定规模的石油勘探工作。大庆油田的发现，大大提振了石油地质家们的士气，深深启发和鼓舞了石油工业的领导者和组织者们，中国的地质条件也能产生大油田的观点普遍得到了接受和认可。像中国这样的一个大国，幅员辽阔，只有一个大油田是远远不够的。能发现大庆那样的大油田，也一样能发现其他大油田。必须找到更多更大的油田，探明更多的油气资源，满足国内经济飞速发展的需要。

大庆会战之后到哪里去？哪里是下一个战场？石油部领导苦思冥想，翟光明也一样。"余康"都来问他："下一步到哪里去？下一仗怎么打？怎样排兵布阵？"这既是一个新课题，也是一个老课题，翟光明早有研究和关注。大庆会战一开始，翟光明就开始思考下一步去哪里的问题，并做了深入的研究，跟踪调查，亲自到现场，查看重点探井的情况。基于对整个华北地区的勘探情况了解较多，翟光明的答案就是："进关，大战渤海湾！挺进华北平原！"循着地质家翟光明的思路，"余康"也下定决心，转战渤海湾，再抓一条大鱼，从渤海湾里再抱出一个"金娃娃"。

渤海湾盆地覆盖辽宁、河北、山东、河南、天津、北京六个省市，面积达 20 万平方千米，地表平坦，有三分之二的面积为平原，并向渤海海域延伸，这是发生在大约 2.1 亿到 6500 万年前"燕山运动"的杰作，这是沧海桑田巨变的结果，这里地下蕴藏着丰富的油气资源，期待着被开发。中国早期的地质学家们给予这片神奇的土地极大的关注，似有预感，更有召唤。

渤海湾盆地地下地质结构与地面的平坦形成巨大的反差，地面广阔无垠，地下复杂多变。在地质构造上有沧县、埕宁、内黄、海中四个基岩隆起，再细分割成济阳、黄骅、辽河、冀中、临清、渤中六个坳陷区，其间断层、凸起密布，大大小小断陷几十个。

石油工业部成立之前，渤海湾地区的地质普查就已经陆陆续续地展开了。1955 年，地质部成立华北石油普查大队，在华北大平原开展石油综合勘探。1956 年，石油部成立华北平原综合研究组，在山东地区开展工作，当时只有简单的重磁力资料。当时地震勘探技术水平较差，获得的资料数据品质也很差，处于较低的水平。因此，两部队伍合二为一开展工作，联手作战，进行过重力、磁力的区域普查，部分区域还开展过电法、地震大剖面和地震面积详查，重点区域构造钻探基准井。受苏联地质勘探经验和川中会战失利的影响，华北平原勘探初期基本是打大剖面，钻参数井。"打凸起，占凹陷"是当时的主要做法，华 1 井、华 2 井、华 3 井、华 5 井连起来就是一条南北大剖面。从河北到河南，再从河南到山东，转圈似的在华北地区钻探。勘探进行得很不顺利，空井一口接着一口[①]。华北平原第一口基准井华 1 井，在明化镇隆起构造带上，从第三系一直打到奥陶系，未见到油气，是一口空井。接下来，在河南开封坳陷钻探华 2 井和华 5 井，在山东临清坳陷钻探华 3 井、华 4 井和华 6 井，在山东济阳坳陷沙河街构造钻探华 7 井。其中，华 4 井、华 6 井钻遇局部隆起，见到零星油斑；华 7 井打到沙河街组，见到良好的生油层和储油层，开启一个新阶段，进入以往回避的东部重磁力高、地表又有火山的地区，这与地质部在这一地区地震发现多个局部构造有关，包括沙河街、林樊家、临邑等。这七口井的钻探，初步划清了华北地区的坳陷和隆起带，表明这一地区是一个统一的沉积盆地，但被分割成十几个小凹陷，且都具有良好的成油条件和沉积环境，是石油地质条件比较优越的地区。这一地区是希望所在，是最有利的找油找气地区，只要顺藤摸瓜，跟踪追击，就一定会找到大油田。

1960 年 10 月，石油部、地质部在天津联合召开华北石油普查勘探会议，研究华北地区的勘探突破口，决定继续扩大钻探，将找油找气重点转移到沿海地带，并选出马头营、北塘、羊三木、盐山、义和庄、东营六个局部构造作为下步的钻探重点，迅速开钻。就这样，地处东营构造的华 8

① 翟光明参加胜利油田地质科学研究院建院 50 周年座谈会发言，2014 年 7 月 22 日，山东东营。资料存于采集工程数据库。

当油气遇见光明　翟光明传

图 5-3 胜利油田发现井——华 8 井（胜利油田提供）

井于 1961 年 2 月 26 日开钻了，32120 钻井队承钻[1]。这口井是石油工业部部署的 8 口探井中最后一口井，这是一口希望之井，更是一口突破之井，在馆陶组、东营组发现油层 30 层，总厚度 59.3 米。4 月 16 日，根据余秋里部长指示，华 8 井提前完钻试油，用 9 毫米油嘴求产，获日产 8.1 吨的工业油流。消息传出，令人欣喜万分，这是华北地区第一口喷出工业油流的井，也是渤海湾盆地第一个油田——东营辛镇油田的发现井，后被定为胜利油区发现井。华 8 井的喷油，实现了华北地区找油零的突破，是战略东移的又一个重要成果，标志着山东东营地区乃至整个华北地区石油勘探进入了一个新的阶段，推动了山东境内和整个华北地区石油勘探形势的发展。

1962 年，对东营坳陷进行战役侦查，一批预探井迅速开钻，很快就捷报频传。9 月 16 日，营 2 井钻遇沙三段油层，深度为 2738 米到 2758 米，厚度达 20.57 米，发生强烈井喷。23 日，原钻机直接试油，油嘴 15 毫米，

---

① 《艰难创业》编委会：《中国石油工业艰难创业（第三集）》。北京：石油工业出版社，1994 年，第 102 页。

喜获日产555吨的高产油流，这是华北地区也是当时全国第一口高产井，震惊了整个石油界，打破了华北地区找油的僵局，实现了大突破。为纪念这个日子，胜利油田勘探初期对外被称为"923厂"。翟光明作为勘探司的总地质师，第一时间向康世恩汇报了山东营2井的出油情况。康世恩听后兴奋无比，激动地对翟光明说："看来，华北大有来头，我们国家继发现大庆之后，又发现了一个新的油气区。你连夜动身，赶到现场看一下情况，搞清楚究竟有多大规模！"。翟光明不敢有半点耽搁，直奔山东东营，当时天下着大雨，土路根本就没有办法走，只好在车轮上加防滑链，到达井场时已经是饥饿交加。翟光明顾不得休息，马上核实油井喷油情况，记录钻井、层位、压力、流量等各种数据，准备向部党组汇报。

营2井出油后，根据翟光明现场调查结果，"余康"果断决策，在营2井周围再布4口详探井，并从克拉玛依调来四个钻井队，立刻开钻。4口井打下来，拿到了一定的含油面积和储量，形势很有利，证明东营坳陷不仅有油层，而且有可能找到全国少有的高产油田。东营坳陷成为华北地区石油勘探的突破口。

图5-4 华北地区当时全国第一口高产井——营2井（胜利油田提供）

在结束了大庆会战之后，1964 年 1 月 25 日，中共中央批准石油工业部党组《关于组织华北石油勘探会战的报告》。2 月 22 日，石油部党组着手研究华北会战的具体问题，包括作战区域划分、任务分解、会战队伍组织、领导班子配备等。报告会上，翟光明详细汇报了东营地区的勘探形势、主要成果和油田特点。他在汇报中讲到，1961 年华 8 井出油至 1964 年初，共钻探 18 口探井，见油 16 口。从钻探分析可以看出，这地区含油面积广，见油层位多；已试油的 8 口井，口口都有高产层，但产量差距很大；油层分散，油层厚薄不一，互相对比不起来；构造形态还不清楚。根据翟光明的汇报和建议，部党组决定采用"篦梳战术"，在复杂中找简单，在多断块中找有利断块，并重点研究断层、断块与油层、水层的分布规律。从会战开始就注重科学，面对极其复杂的地质条件，摸索出一套有效的勘探方法。

1964 年 3 月 6 日，石油工业部决定成立华北石油勘探会战总指挥部，下设河北勘探指挥部（代号 641 厂）和东营勘探指挥部（代号 923 厂），总部机关设在山东东营，并直接领导东营勘探指挥部的工作。6 月 18 日，华北石油勘探会战总指挥部正式成立，石油工业部副部长康世恩兼任会战工委书记和总指挥，唐克、张文彬、杨文彬、范元绶、刘南、马骥祥、张振海、张载褒、翟光明、赵声振、李云、职若愚等任副指挥[1]。华北石油勘探会战有南北两个主战场。北边的主战场主攻黄骅坳陷，南边的主战场主攻济阳坳陷。在两个地区各部署五条横穿构造的钻井大剖面，用钻井剖面横切构造，开展区域性综合勘探。石油部领导、专家坐镇东营，指挥华北会战，会战按照"区域展开，重点突破，各个歼灭"总方针全面铺开。

1964 年 3 月，翟光明陪同余秋里到东营蹲点，开始会战的布置工作，了解东营地区的地质情况，制定下步勘探具体规划。这个地区不同于其他地区，集中了其他油田的各种复杂情况，还有很多情况不清楚，主要是：地层和岩石性质变化规律不清楚；断层多，构造形态不清楚；油层分布状况不清楚；油水层的分布关系不清楚；油藏类型不清楚，油层的物理性质

---

[1] 《胜利油田大事记》编纂委员会：《胜利油田大事记》。东营：石油大学出版社，2003 年，第 21、242 页。

和原油性质变化规律不清楚；油田面积不清楚。这充分说明渤海湾地区地下情况的复杂性，这是客观事实，要下大力气搞清楚，努力征服。由于东营地区地质条件复杂，必须加强地质研究，为此，石油部党组决定让翟光明提出组织一个强有力的地质研究组织机构，确保会战顺利进行。翟光明根据以往会战的经历，提出了一个初步方案。会战之初，按照翟光明的方案指挥部成立了地质指挥所，下设五个研究室，分工协作，各负其责。第一研究室抓生产，由王尚文负责，主要负责生产管理和建设；第二研究室搞地层对比，由李德生负责，摸清地层分布情况；第三研究室搞综合研究，由翟光明负责，任总地质师，成员有阎敦实、邱中建、王涛等，主要负责把各种资料汇聚到一起，综合研究，制定勘探开发方案，根据地质研究成果安排生产计划和指标。这项工作后来由胡见义 [①] 接替，会战开始不久，王涛被余秋里派到大庆油田锻炼，阎敦实因病到青岛疗养；第四研究室搞地球物理勘探，由王纲道负责，主要负责区域地球物理、地震、重磁力资料的解释以及测井资料解释；第五研究室是实验室，主要搞生产实验，由余伯良负责 [②]。经过仔细研究，翟光明提出了一个计划，解剖东营坳陷，部署三条大剖面和两条短剖面，目的层直指沙三段。同时，依据大庆会战的经验，根据余秋里的指示，翟光明提出了勘探工作中必须做到"四全四准"，取全取准 25 类、135 项资料和数据，并对取芯资料强化管理，岩芯、岩屑全部进行描述，建立"铁柱子"剖面，确保勘探开发工作的顺利开展和持续深入 [③]。

华北大会战是继松辽大会战之后的又一次重要的会战，陆续从大庆、玉门、青海、新疆、四川等地调集会战队伍。大庆会战队伍重又挥师返回

---

① 胡见义（1934–），北京人。石油天然气地质与勘探专家。1954 年毕业于北京地质学院。1959 年毕业于莫斯科石油学院石油地质系，获硕士学位。1997 年当选为中国工程院院士。曾任石油勘探开发科学研究院副院长。长期从事石油天然气地质与油气藏形成分布研究和勘探工作。研究总结和建立完善中国陆相油气藏理论与勘探，发现许多大型油气田；研究与总结了我国油气藏类型系列；探索与研究海相环境天然气田的形成，为发现我国鄂尔多斯盆地大气田和国外气田做出了贡献；主持与研究完成了我国第一部《中国油气资源评价研究总报告》。

② 翟光明参加胜利油田地质科学研究院建院 50 周年座谈会发言，2014 年 7 月 22 日，山东东营。资料存于采集工程数据库。

③ 翟光明访谈，2014 年 3 月 21 日，北京。存地同上。

入关，大军压在黄河三角洲，拉开了胜利会战的大幕。数以万计的石油工人从四面八方汇聚山东东营，在茫茫盐碱滩上安营扎寨，住帐篷、草棚和地窖子，吃窝窝头就咸菜，喝咸水苦水。

华北会战不像大庆会战那样"得手快，一炮打响"，会战开始不久就遭遇了"狙击战"。华北平原地下大小断层纵横交错，把地下构造切割得十分凌乱，破碎无比，被康世恩形象地比喻为地上一个碎盘子再踢上一脚，七零八落，根本就对比不起来。而眼前这个坳陷更是断层多，地层变化大，地下情况极为复杂，油层是断掉了又断掉，相比之下，松辽盆地地下构造就简单的多了。当时康世恩曾带领大家每天唱断层歌，把整个坳陷划成一个个小方格子，像楼房每一个房间一样，楼层就好比油层，逐一去查，这些格子有大有小，有贫有富，每个格子都不一样，要根据每个格子的不同情况和特点，精细研究①。东营坳陷就是这样按格子钻探井，但事与愿违，实际钻探结果并没有想象的那样乐观。在东营坳陷打一口井空一口井，一口高产油井旁边几百米处再钻一口井，竟然是个干窟窿，真是打了一个天昏地暗，口口井皆为干井，使会战一时陷入绝境。从大庆会战转战到渤海湾的人们，面对如此复杂的情况，更是不知所措。

地下情况再复杂，总会有个规律，只要工作做细致了，做好了，是可以搞清楚的。这注定是一场啃硬骨头的仗，一场复杂的科学技术仗，也是一次勘探思想大提升的攻坚之仗。翟光明根据地震、钻井、电测等情况，详细分析了东营、辛镇、现河庄等油田的地质情况，针对油层分布、油层特征、原油性质等下决心搞清楚"七个不清楚"，提出油层的各种差异，编写分析报告，回北京向康世恩进行了专门汇报②。报告中把复杂的地质情况归纳为七个差异，突出东营坳陷的特点。汇报结束后，康世恩对翟光明说到："这项工作做得很好，分析问题很透彻，但更要用辩证的方法深入研究，从问题的表面现象去看本质，去抓主要矛盾。东营坳陷的地质复杂情况，我看可以概括为'五忽'，具体讲就是油层忽有忽无，储层忽油忽水，

---

① 翟光明访谈，2014 年 1 月 22 日，北京。资料存于采集工程数据库。

② 翟光明参加胜利油田地质科学研究院建院 50 周年座谈会发言，2014 年 7 月 22 日，山东东营。存地同上。

油井产量忽高忽低，油层厚度忽薄忽厚，原油性质忽稀忽稠。""五忽"这一说法提出后，地质人员认识到，不能照抄照搬适合松辽盆地的简单背斜理论和勘探方法，而要针对实际情况，因地制宜，要重视地层的划分对比和岩性岩相变化，充分认识断层所造成的油水关系的复杂性[①]。翟光明经过这次会战的考验，得到了锻炼，勘探思想得到升华，也为后期渤海湾复式油气聚集带理论的提出打下了坚实的基础。

那时，石油工业像初升的太阳，喷薄而起。大庆会战结束了，又接着展开胜利油田大会战，面对鼓舞人心的大好形势，石油职工的会战情绪极为高涨。可是，却遇到这种"遭遇战"，第一批井打下来后，情况离人们预期的目标相差甚远。松辽勘探模式在渤海湾盆地不灵了，在实践中碰了钉子，一时间会战队伍出现了悲观情绪。歌声没有了，人们脸上的笑容没有了，士气极其低落，都不知该怎么办好。

形势逼人，大军压境后根本没有退路。时任会战地质指挥部综合研究组组长的翟光明十分着急，他立即在现场召开技术座谈会，研究分析情况。余秋里也亲临前线，同各路专家一起分析勘探形势，探讨有关勘探部署和科研技术方面的问题。翟光明分析认为，东营坳陷的油源不成问题，不能被眼前的失败所障目，也不能只揪住沙三段，而要向西边坨庄胜利村构造下手，解剖沙二段。

1963年10月，营5井（后油田统一命名改为坨7井）试油初产40方。1964年6月29日，对这口井重新电测解释，发现100米厚的油层，一试油，日产361方。这口井的成功，进一步了解了沙河街组和东营组含油情况，很快扭转了会战的被动局面，消解了队伍的低沉情绪。

1964年12月底，位于胜利村构造的坨11井顺利完钻，并发现85米的巨厚油层。这时，一个很惊人的想法在翟光明这位石油地质指挥专家头脑中形成。他要"冒一次险"，要创造一个奇迹，决定把集中在80多米厚的油层全部打开，要放一个"卫星"，振奋一下军心。翟光明拿着刚刚完成的综合录井图和电测解释图资料找到康世恩，提出：这口井施工作业

---

① 翟光明访谈，2014年3月21日，北京。资料存于采集工程数据库。

时，干脆把这 85 米油层一下子都射开，让它敞喷一下，看一看地下情况，能量是不是充足，也鼓舞一下职工士气，让大家振奋一下。听完他的想法，康世恩兴奋地说："完全同意，全部打开油层，一锤子买卖定了！只要出了千吨井，我请你们吃北京的涮羊肉。"康世恩也将翟光明这个大胆设想向余秋里做了汇报，并要求翟光明向时任会战指挥部副书记的张文彬同志报告①。最终石油部同意大放一次油。

放喷这一天，翟光明亲自检查，从井口、地面管汇到储油罐等一切准备工作，逐一落实。80 多米油层全部打开，获日产 1134 吨，这是我们国家第一口控制生产的千吨井。石油工人欢呼雀跃，张文彬在放喷现场，用话筒对着呼啸喷油的井口，拨通电话，向康世恩报告喷油情况。康世恩高兴地说：祝贺你们试出了我国第一口千吨井。1965 年春节大年初一，在坨 11 井举行祝捷大会。张文彬高兴地说：我们在胜利村这里打出了我国第一口千吨油井，我们在这里站住了脚，为了纪念油气勘探的这一重大成果，这里就叫胜利油田。自此，胜利油田这个名字就流传开来，传遍了祖国的大江南北。

为了庆祝这口千吨井喷油，余秋里和康世恩兴致勃勃地张罗请客，在北京奏老胡同余秋里宿舍的东厢房，摆了三张桌子。宴请支持石油会战的水电部、冶金部、地矿部的领导以及"余康"的同事们，当然，翟光明也是座上宾，欢天喜地地吃了一次涮羊肉。当时吃得那个痛快，康世恩风趣地说，用一顿涮羊肉换千吨井，我这个总指挥可是发大财了。就为这一次涮羊肉，康世恩在"文化大革命"中挨了批斗。

这口千吨井，振动了石油界和国外同行。一些外电作了报道，这大大地鼓舞了全国的石油职工，振奋了人心。到 1965 年，基本探明了这一地区的含油面积和地质储量，还发现庄河、郝家、广利、纯化、永安、滨南、尚店、八面河等油田。在东营、辛镇、坨庄、胜利村一带发现的油田，1971 年 6 月 11 日正式命名为胜利油田，不再使用"923 厂"的名字。

在胜利油田如火如荼展开会战的同时，大港地区也在马不停蹄地展开勘探攻坚战。黄骅凹陷的羊三木、塘沽、马头营均是渤海湾地区勘探的突

---

① 翟光明访谈，2014 年 1 月 13 日，北京。资料存于采集工程数据库。

破点。1963 年 12 月，黄 3 井喷出了工业油流，首次在馆陶组发现了油气。在港西构造上钻探的黄 2 井、黄 5 井，羊三木构造上的黄 1 井以及风河营构造上的风 1 井，分别在明化镇、馆陶组和沙河街组地层见到油浸砂岩、含油砂岩或有油气显示。黄 5 井钻探过程中，钻井工程师王子源通知翟光明，说这口井发生了气涌，泥浆翻腾得很厉害。听到这消息，翟光明相当兴奋，立即从部里找来一辆吉普车，连夜赶到钻井现场。到达现场时，这口井已经钻到奥陶系，发现这是一套灰岩地层。翟光明遍查岩屑，仔细检查砂样，根据自己多年的录井经验，翟光明最终判断不是天然气，气涌是地层水出来后带出的气泡。对于任何一名技术人员，在钻井过程中一旦发现油气，都会很兴奋。

1964 年 1 月，承担大庆油田外围勘探的大庆勘探指挥部 53 个地震队、17 个钻井队、23 个生产辅助队 7700 余人，挥师南下进关，在天津和河北地区展开石油勘探，对外称"641 厂"。华北石油勘探会战指挥部副指挥杨文彬任河北石油勘探指挥部指挥。

按照"区域展开"的方针，会战队伍在黄骅凹陷上部署了 5 条横贯河北省东部地区的大剖面，包括 3 条大剖面和 2 条钻井短剖面，整体解剖黄骅凹陷，从区域勘探入手，全面了解地下含油情况。5 部钻机部署在塘沽至板桥之间，10 部钻机部署在沧州至北大港西部之间，2 部钻机部署在廊坊地区。第一批探井打下去，情况都不理想，孔 5 井、港 1 井、塘 1 井都没有试出油来。石油部决定，不再开钻新探井，收缩大港南北两翼的地震队和钻井队，会战队伍集中整训，准备去四川会战。就在这个时候，恰逢康世恩路过河北勘探指挥部，听取了勘探情况汇报。在 9 个月都没有大的突破，康世恩感到勘探形势不妙，但又不死心，经过仔细研究地质情况后，最终决定钻探港东地区的港 5 井，井位定于北大港构造的东端，紧靠海堤。根据钻井设计，取芯后继续往下钻。1964 年 12 月 21 日，钻井过程中这口井突然喷出了油气，油柱高达 7 米，日产油 19.74 吨，产气 3.4 万立方米。这口井的喷油，立刻扭转了大港勘探的被动局面，稳定了队伍。会战指挥部立即组织地质人员对地震、钻井资料重新进行分析，认为黄骅凹陷中部有一个面积 100 多平方千米的北大港构造带，是一个最为有利的勘探区域，遂决定集中优势兵力，整体解剖。1965年2月，港7井钻至沙河街组地层发生强烈井喷，日产93.8吨。1965年3月，位于港西地区的港3井钻遇第三系明化镇地层，发现良好油气显示，经试油，日产161吨，天然气2万立方米。为探明这一地区的含油情况，会战指挥部部署了大井距剖面探井，仅两个月的时间，11口井相继钻遇油气层，控制了20多平方千米的含油面积。港东、港西连连得手，证明北大港构造带是一个多含油层系的油气富集带。经过进一步地地质勘探，先后发现港东、港西、港中、羊三木、唐家河、王徐庄等5个油田及4个出油点。经过一年的钻探，港西、港东进入了全面勘探开发阶段。在1965年召开的石油工业部局厂领导干部会议上，康世恩曾激动地说："华北石油勘探石油会战取得了突破性进展。张文彬在东营打出了油，杨文彬在大港打出了油，为国家找到了胜利、大港两个油田，向这次大会报了喜，我们向他们表示祝贺！"石油勘探取得的这些突破，迅速扩大了石油后备储量，为石油工业的大发展开辟了广阔的前景。

华北石油勘探会战，积累了经验，拓宽了勘探领域，推动了整个华北及渤海湾地区的石油勘探，为发现大油田打下了良好的基础。发现华北和渤海湾地区是我国继松辽盆地之后的又一个大型含油气盆地。1964年开始的华北石油勘探会战，勘探范围不断扩大，先重点勘探济阳、黄骅凹陷，再勘探辽河、冀中凹陷，最终勘探临清凹陷，实现了渤海湾盆地的整体突破，标志着我国陆相含油气盆地勘探理论和实践已经发展到一个比较成熟的时期。

胜利油田发现之后，地质家们不断地总结和提升地质勘探理论。在翟光明的组织下，开展了渤海湾盆地第三系含油气层对比研究，第一次统一了渤海湾盆地六个探区的地层分层和构造带的划分，全面研究了渤海湾盆地的油气分布规律。

20世纪80年代初，胜利油田出现油气储量增长慢、新建产能少、原油产量大幅度下降的被动局面。为扭转胜利探区油田越找越小、越找越贫，勘探路子越走越窄的困境，会战指挥部组织地质技术人员重新评价、认识济阳油气区的特点和油气资源。在深入调研对比国内外同类含油气盆地勘探情况后，认为济阳坳陷尚处于中等勘探程度，勘探程度存在凹陷、地区、层系、类型、深浅等五个不平衡，而含油气丰度属于中等偏上，因而得出"济阳坳陷油气勘探方兴未艾"的认识。石油地质工作者深入总结渤海湾盆地油气成藏条件及油气藏分布规律，1982年初在大庆召开的全国石油工作会议上，首次提出了独具特色的复式油气聚集区带理论。

渤海湾盆地是一个油气资源丰富、石油地质条件复杂的复合油气区，具有多期成盆演化、三套主力烃源岩、多次油气运聚高峰、三套含油体系、多种油藏类型的复式油气聚集特征，并以"五环式"分布为油气藏展布基本模式，形成五类复式油气聚集带[①]。

胜利油田探区地质上位于济阳坳陷，隶属于渤海湾盆地，是一个油气资源丰富、成油条件复杂的复式油气区，即济阳复式油气区。它是由不同层系，不同类型，不同成因的油气藏，纵向迭置、横向连片形成多种类型的复式油气聚集带，各类复式油气聚集带依成因联系而有规律展布，形成多套含油气层系，多种油气藏类型迭合的复式油气区。复式油气聚集区带理论证明了渤海湾盆地是一个多断陷、多构造带、多含油气层系和多种油气藏类型的复杂含油气盆地，油气资源十分丰富。

复式油气聚集区带理论取得五方面创新。一是在构造演化上，研究了构造特征和盆地演化的动力学成因，明确济阳坳陷多期成盆的演化历史。提出了断陷盆地二级构造带的划分原则，厘定了凸起带、缓坡带、凹陷带、中央隆起带和陡坡带等五种构造带的分布范围；明确了济阳坳陷在拉张应力作用下，中新生代强烈断块活动是造成油气藏类型多、层系多、埋深差异大、油气性质变化大、贫富不均的基础；构造区带和成盆期次的厘定为含油气区带综合研究确定了构造单元框架。二是在沉积发育上，提出了济阳坳陷第三系河湖沉积具有物源方向多、沉积体系多、相带和岩性变化快的沉积特点。断裂活动强烈和湖盆分割性强造成每一个断陷自成一个沉积单元，断陷内储集体类型多、规模小，砂岩分选差，横向连通程度差，不同类型储集体平面上呈环带状分布、纵向上相互叠置。这是陆相

---

① 翟光明访谈，2014年3月7日，北京。资料存于采集工程数据库。

断陷盆地区别于海相沉积油层连通广、稳定和砂岩分选好的显著特点。济阳断陷湖盆内主要发育了三角洲、扇三角洲、浊积扇、滩坝砂体和陡坡水下扇五种碎屑岩储层类型。三是建立了陆相烃源岩评价标准和油气资源定量计算方法。应用高效气相色谱和热解色谱等先进仪器和设备，综合分析地质和地化条件，建立了陆相断陷盆地烃源岩评价标准和不同断陷的有机质演化模式，确定了油—岩和油—油之间的成因关系，建立了烃源岩潜力的定量计算方法，明确了济阳坳陷的油气资源潜力。四是指明了断陷盆地有利油气聚集带，建立五种复式油气聚集带成藏模式。复式油气聚集带是由多个含油层系、多油水系统和多种油气藏类型组成的油气藏群体，其纵向上互相叠置，平面上叠合连片，呈环状分布，一般从属于一定的构造断裂带。研究提出潜山披覆构造带、洼陷带、凹中背斜隆起带、陡坡带和缓坡带五种类型有利复式油气聚集带，并根据各自不同地质特征建立了相应的油气成藏模式，为陆相断陷盆地不同构造带的勘探指明了方向。五是提出了滚动勘探和勘探开发一体化初步构想。建立了一整套陆相断陷盆地油气勘探工作流程，勘探开发紧密结合，勘探的任务是从构造整体出发部署探井，发现含油气区块，为开发准备阵地；开发的任务是从含油气区块出发，遵循"整体部署，分批实施，及时调整，逐步完善"的工作程序。把预探、详探评价和开发前期评价结合起来，勘探开发共同研究并部署勘探详探评价井和开发控制井，把落实探明储量和开发设计井位结合起来统一部署，实现探明石油地质储量与原油产量同步增长，有效地提高了勘探开发整体经济效益。

1985 年，在石油部东部地区勘探会议上，专家们总结完善了渤海湾盆地复式油气聚集带的形成理论，认为每个具有生油条件的凹陷，都是一个油气富集区。整个渤海湾盆地内有数以百计的构造带，被正断层切割为许多断块，形成了六种模式：一是中央背斜型复式油气集聚带（如大港、中原油田等）；二是低潜山型复式油气集聚带（如任丘、东胜堡油田等）；三是高凸起型复式油气集聚带（如孤岛、孤东油田等）；四是同生断层和滚动背斜型复式油气集聚带（如胜坨、高家堡油田等）；五是斜坡型复式油气集聚带（如辽河西斜坡、八面河油田等）；六是盆地凹槽内岩性复式油气集聚带（如渤南、牛庄油田等）^①。这些构造带分布于渤海湾盆地内箕状凹陷或地堑凹陷内的特定位置。复式油气聚集区带勘探理论有力地指导了济阳坳陷及渤海湾盆地的油气勘探，取得了极其丰硕的勘探成果。一是形成了胜利油区储量和产量增长的高峰期。济阳坳陷相继发现了埕岛、孤东、林樊家、盐家、老河口、邵家、王庄、大王北、郑家、红柳、河滩、花沟、英雄滩、大芦湖、飞雁滩、东风港、临南、曲堤等 18 个新油气田，其中，埕岛、孤东两个油气田储量规模超亿吨。同时，东辛、临盘、渤南3 个油田储量规模不断扩大，发展成为亿吨级大油田。东辛油田探明储量由 0.69 亿吨增加到 2.34 亿吨，临盘油田探明储量由 0.49 亿吨增加到 1.32亿吨，渤南油田探明储量由 0.27 亿吨增加到 1.19 亿吨。在此期间，胜利油区累计探明石油地质储量 20 亿吨，其中，1984 年新增探明储量 3.5 亿吨，达到胜利油田年探明储量的历史峰值，也迎来了胜利油田产量的辉煌时期。二是促进了济阳坳陷勘探不断取得新突破。在济阳坳陷东部地区，通过"上坡、下洼、探边"全方位、立体化勘探，在洼陷带，发现了五号桩、牛庄、樊家、梁家楼等岩性油藏；在陡坡带，相继发现了林樊家和单家寺等地层油藏；在凸起带，发现了王庄、平南等古潜山油气藏，并发现了高青中生界油气藏；在潜山披覆构造带，相继发现了桩西、五号桩、长堤和孤东等四个油田。三是揭开了胜利油区滩海勘探的序幕并获重大发现。1988 年，位于滩海地区的埕北 12 井在馆陶组和东营组分获日产油 49吨和 87.5 吨的高产工业油流，标志着埕岛油田的发现，掀开了胜利海上油气勘探的新篇章，实现了胜利油田勘探由陆地向海上进军。四是指导了渤海湾盆地的油气勘探，并取得显著勘探成果。该理论广泛应用于渤海湾盆地其他地区的油气勘探，在中原、华北、辽河、冀东、大港等油田的勘探中发挥了重要的理论指导作用，相继发现了文留、濮城、卫城、文明寨、古云集、苏桥、东胜堡、静安堡等油田，并发现了张巨河、北堡和柳赞含油构造，1984 年渤海湾盆地年探明储量最高达到 4 亿吨，仅 1981—1984年累计新增探明石油地质储量 16 亿吨，取得了十分显著的勘探成果。自

---

① 《百年石油》编写组：《百年石油》。北京：石油工业出版社，2009 年，第 214 页

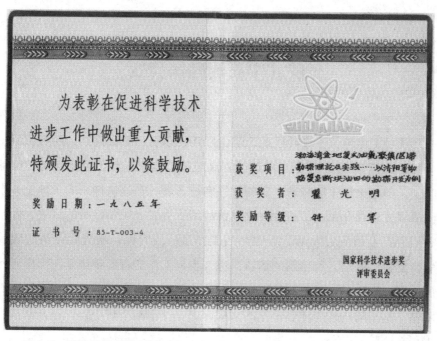

图 5-5 《渤海湾盆地复式油气集聚（区）带勘探理论及实践——以济阳等坳陷复杂断块油田的勘探开发为例》获得国家科学技术进步特等奖证书（翟光明提供）

1986 年起，渤海湾盆地原油产量保持在 5000 万吨以上，占全国石油产量的半壁江山。

渤海湾盆地复式油气聚集区带勘探理论的建立和发展，是我国对世界石油地质理论的重要贡献，它极大地丰富了陆相石油地质理论，成为中国石油地质科学的重要内容和组成部分，对胜利油田乃至渤海湾盆地勘探具有决定性和根本性的意义，对陆相断陷盆地的油气勘探具有重要指导作用。为此，"渤海湾盆地复式油气聚集（区）带勘探理论及实践——以济阳等坳陷复杂断块油田的勘探开发为例"成果于 1985 年获得国家科学技术进步特等奖。翟光明是主要完成人之一，是这项理论研究成果的主要贡献者[1]。这项研究大大丰富了翟光明的勘探思想，为形成翟光明独特的勘探理论奠定了坚实的基础。

---

① 《当代中国》丛书编辑部：《当代中国的石油工业》。北京：中国社会科学出版社，1988年，第 264 页。

陕甘宁石油勘探会战

陕甘宁盆地位于秦岭以北，阴山以南，东有吕梁山遮挡，西有贺兰山屏障，面积 37 万平方千米。这里塬高坡陡，沟壑纵横，黄土遍地，交通不便，但这里地下蕴藏着丰富的油气有待开发。在这块神奇的土地上，中国最早发现并开采出了石油。这里曾经留下过翟光明年轻时的足迹，他初入石油行业就到过陕北，在四郎庙工作过一段时间。翟光明一讲起陕甘宁，就会流露出一种特别的情感，也许步入工作的青春年华是在那里开始的原因，也许是对那里的地下油气始终放不下，也许那里可以实现他的石油梦。那里的沟沟洼洼、那里的梁梁峁峁、那里的小村小镇，翟光明都记得那么清楚。

早在 1955 年，第六次全国石油工作会议就明确提出把勘探重点放在陕甘宁盆地的西部，即宁夏灵武、盐池一带。1957 年，开展了甘肃陇东地区的地面地质勘探，在环县以南的曹渠子钻探第一口基准井。1958 年，根据苏联专家米尔钦科的建议，石油部决定在全盆地开展系统的区域勘探。通过地震和钻探资料，将整个陕甘宁盆地划分为伊盟隆起、晋西挠褶带、陕北斜坡、天环向斜和马家滩断褶带等 5 个二级构造带，并发现 265 个局部构造和 400 多处油苗。50 年代末 60 年代初，在马家滩和李庄子构造上获得过工业油流，但鉴于当时国家处于困难时期，勘探工作量紧缩，最终没有继续开展深入工作。1966 年，银川石油勘探局集中力量开发了李庄子和马家滩油田，并在其周围相继发现了马坊、于家梁、大水坑、大东、王家场等油田，在刘家庄构造钻探的刘庆 1 井，发现 7 个含油气层系，试气日产 5.79 万方。在盆地南部陇东及陕北一带也见到良好的油气显示。

1969 年初，已是石油部勘探开发组总地质师的翟光明再一次来到大西北，来到银川石油勘探处，深入宁夏、甘肃探区[①]。在此之前，已掌握的调查地质、地层含油气和油气勘探情况，为陕甘宁石油大会战做了前期准备。1957年后，在甘肃陇东地区的环县曹渠子、虎洞沟沙井子钻遇二叠系、三叠系油砂。1960年以来在甘肃庆阳、环县、华池、陕西富县、吴旗等地区开展钻探，获得重要资料，分析认为在陕甘宁盆地中部和南部广阔的区域内开展石油会战的基本条件已经基本成熟。经现场调查，分析推断，翟光明认为侏罗系的油层应该在盆地的南面。可盆地南面是世界上最厚的黄土塬，地震勘探在黄土塬上根本得不到资料，方法只有一个，就是打探井。如果等到各种勘探技术都成熟过关后再去钻探取全资料，那将是多么慢长的时间。此时，一个大胆的想法在翟光明脑海中形成了，大井距甩开勘探，整体解剖，在盆地上切开五刀，部署五条钻井大剖面，解剖庆阳、吴旗、环县、华池等，力争有新的发现。翟光明将这一想法汇报给康世恩，康世恩一向很重视翟光明的意见，相信翟光明的地质判断能力，立即拍板敲定了五条钻井大剖面的会战。康世恩对翟光明说："我赞成这个方案，可以让玉门局先组织实施"。[②]

1969年10月，根据战备的需要和中央关于"三线建设要抓紧"的指示，石油部决定在陕甘宁开辟石油勘探的重点探区，并提出以玉门石油管理局为主组织"陕甘宁石油勘探会战筹备组"[③]。玉门局规划了三个重点探区：宁夏灵武、盐池地区；甘肃庆阳、华池、环县地区；陕西定边、吴旗、志丹、富县地区。勘探会战分三个阶段：第一阶段放眼区域，猛攻黄土地震方法关，大井距钻探，为在盆地南部多找油田提供线索，计划1970年完成。第二阶段，勘探重点地区，打开突破口，找到新的油气田，计划1973年完成。第三阶段，集中力量迅速拿下一批大油田，解决石油资源问题，计划1975年完成。勘探方针是：在灵武、盐池地区集中力量搞清区域含油气情况，发现新油田；陕北以志丹重力高为重点，部署四排剖面井，

① 《长庆油田志》编纂委员会：《长庆油田志（1970-1985）》。甘肃，1989年，内部资料，第22页。

② 《康世恩传》编写组：《康世恩传》。北京：当代中国出版社，1998年，第296-297页。

③ 《石油摇篮》编委会：《石油摇篮》。北京：石油工业出版社，2009年，第150-151页。

寻找中生界含油有利区；在陇东地区横切天环向斜，打三排区域探井，解剖天环向斜，钻探两侧含油气情况。根据地质构造图，充分考虑交通与水源条件，以环河为轴线部署了"丰"字形的钻井方案。1970年2月，玉门局决定成立陇东石油勘探会战指挥部，调集队伍展开陇东会战。1970年4月，玉门局部署在陇东的第一批探井庆1井、庆2井、庆3井、庆4井、庆7井和渭北一带的长1、长7、长8、长9井开钻。不久，位于华池的庆3井于8月7日在侏罗系见到油气显示，发现8米含油砂岩，日产油27.2吨，成为陇东地区第一口自喷井，也是华池油田的发现井，今天这口井被认定为长庆油田发现井，成为长庆油田的一个标志。9月26日，位于马岭的庆1井在延安组获得日产36.3吨的油流，成为马岭油田的发现井[①]。紧接着，庆2井、长7井、长10井也相继见到良好的油气显示，形成了庆阳、华池、吴旗近7000平方千米的找油有利区域，肯定了陕甘宁盆地西部有丰富的石油资源，首战任务基本完成。

1970年6月，中共中央决定将石油、煤炭、化工三部合并，成立燃料化学工业部，任命伊文为党的核心小组组长、革委会主任，任命王星为核心小组副组长、革委会副主任，分管石油。8月，翟光明陪同王星来到前线，做会战前的动员和地质调查，现场检查钻井、试油情况[②]。翟光明亲自到玉门局，传达三线建设急需石油资源的形势要求和部党组的指示精神，强调玉门局要把勘探重点放在陇东[③]。玉门局很快将勘探力量转移到新区勘探，并陆续从玉门局成建制地抽调人员和设备投入陇东石油会战。按照勘探部署，在南北长21千米、东西宽11千米的范围内，打三条大剖面，大井距进行整体解剖。最终发现了73个局部构造，有16口井见到油砂，发现了庆阳、华池、元城、吴旗、环县等5个含油地区，找到了延安组砂岩这个主力油层，为陕甘宁盆地进行大规模石油勘探战略决策打下了基础[④]。

1970年9月15日，燃化部向国务院业务组呈报了《关于请兰州军区

① 《石油摇篮》编委会：《石油摇篮》。北京：石油工业出版社，2009年，第153页。

② 翟光明访谈，2014年3月21日，北京。资料存于采集工程数据库。

③ 《长庆油田志》编纂委员会：《长庆油田志（1970-1985）》。甘肃，1989年，内部资料，第24页。

④ 《百年石油》编写组：《百年石油》。北京：石油工业出版社，2009年，第148页。

组织陕甘宁地区石油会战的请示报告》。10 月 12 日，国务院、中央军委以（1970）81 号文件批转了这个报告。11 月 3 日，兰州军区发出（1970）15 号文件，组成兰州军区陕甘宁石油勘探会战指挥部，任命兰州军区副政委李虎为会战指挥部指挥兼政委，兰州军区副参谋长齐涛为第一副指挥。11 月 5 日至 10 日，在兰州召开了陕甘宁石油勘探协作会议，明确了会战任务。11 月 17 日，兰州军区正式组建了会战组织机构，并将指挥部定名为"兰州军区长庆油田会战指挥部"。随后，指挥部进驻甘肃宁县长庆桥临时基地开始工作。11 月 24 日兰州军区长庆油田会战指挥部在宁县正式成立，拉开了长庆油田会战的序幕①。

"长庆桥"系甘肃宁县的一个乡镇，位于甘肃庆阳地区南端，是在泾川县以东，沿泾河川道东区 80 里之遥的一片宽敞的河滩上。陕西和甘肃两省在此地南北以泾河为界，泾河以南系陕西长武县境，泾河以北系甘肃庆阳地区。因一水之隔，长武和庆阳之间在泾河上架修了一座桥涵，于是此地名曰"长庆桥"。当陇东石油勘探指挥部先期搬到长庆桥时，长庆油田的名字也随之产生了。

此后，勘探队伍迅速扩大。兰州军区从直属部队和军分区抽调 630 名军队干部、陕甘宁三省区抽调 500 多名地方干部、中央军委批准两万名战士复员转业到陕甘宁地区、燃化部从石油系统内部抽调 6000 多名职工参加陕甘宁石油会战。到 1971 年，会战职工迅速增加到 5.24 万人，这一年，石油勘探取得突破性进展，岭 9 井获得日产 258 吨的高产油流，创陕甘宁盆地自喷井最高纪录。同时，华池、城壕、南梁、吴旗等地甩开勘探的探井也相继获得工业油流。1972 年，初步探明马岭油田的含油面积和地质储量。1973 年勘探重点由侏罗系转到三叠系，并部署了两条十字大剖面，证实延长组油层广泛分布，油层厚度大，最大 99 米，渗透率低，单井产量低。面对这种情况，指挥部组织开展了"压裂年"活动，提出"吃压裂饭"、"唱压裂歌"、"开展压裂攻关"、"改造低渗透，磨刀石上闹革命"等一系列口号。当时流行一首《压裂歌》，歌中唱到："压、压、压，狠狠地压……压

---

① 《石油摇篮》编委会：《石油摇篮》。北京：石油工业出版社，2009 年，第 154 页。

开地层千条缝，压进裂缝万吨砂……"[1] 经过反复试验，创造性地研究出适合长庆特点的大排量、大砂量、大砂径、大剂量、高黏度"四大一高"的压裂工艺，年底累计压裂419口井，大幅度地提高了单井产量，压裂后平均单井产量增加5.49倍[2]，打压了"低渗透、低产量、低压力、无天然气"的悲观论调，提高了对低渗透的认识，为低渗透油藏开发提供了手段。

长庆油田会战体制历时四年。1973年初，兰州军区将会战指挥权交给燃化部，部队干部陆续撤离。初战告捷，发现了一批新油田，在陕西发现了吴旗、东红庄油田，在甘肃发现了马岭、华池、城壕、南梁等油田，在宁夏发现了红井子、马坊、百宴井等油田。1975年油田转入开发阶段，至

5-6　1981年在鄂尔多斯盆地钻井现场（右为翟光明，翟光明提供）

---

① 《石油老照片》编委会：《石油老照片·长庆专辑》。北京：石油工业出版社，2012年，第123页。

② 《百年石油》编写组：《百年石油》。北京：石油工业出版社，2009年，第149页。

1979 年产油突破 100 万吨。随着时间的推移，勘探开发进程不断推进，进入 21 世纪，长庆油田已经发展成为我国油气当量最大的油气田，2014 年油气当量突破 5000 万吨，为"西部大庆"的建成做出了突出贡献。

图 5-7　1985 年研究长庆油田勘探目标（左二为翟光明，长庆油田提供）

图 5-8　1994 年长庆油田现场指导（右一为翟光明，长庆油田提供）

陕甘宁会战结束后，翟光明长期盯着鄂尔多斯盆地这块肥肉，潜心研究，多次到现场调研、考察、指导工作，掌握了大量第一手资料，为长庆油田大发展指明了方向和攻关的目标。

下辽河石油勘探会战

渤海辽东湾北部有一片亘古荒原，系沉积性退海平原，地势低洼平坦。以辽河为首的大中小河流 21 条，纵横交错，在这里蜿蜒曲折注入渤海。

20 世纪 50 年代，地质部松辽物探队在沈阳、鞍山一带开展以找油、找煤为目的的综合物探普查。60 年代，完成了重磁力、航磁电测普查，基本查清了辽河凹陷边界位置、岩层接触关系和基底深度，并对凹陷含油前景做出了初步评价。1964 年，辽河凹陷石油勘探揭开了新的一页，区域勘探的第一口基准井辽 1 井就定在东部凹陷的南端黄金带构造上，钻井过程中见到很好的油气显示。1965 年，位于太平房构造上的辽 2 井喜获工业油流。随后，勘探成果迅速扩大。在东部凹陷钻探 13 口井，钻探了 7 个局部构造，全部见到油气显示，5 口探井获得工业油流，揭示了这一地区良好的油气勘探前景。

大庆会战队伍进关后，一部分在东营，一部分在大港，还有就是在辽河。1966 年上半年，翟光明、石油部计划司杨达司长在北京就辽河油气勘探工作与辽宁省主管副省长交换意见，以抓革命促生产的指示应开展辽河盆地的勘探工作，获得辽宁省委同意后，在土地、物资、生活等方面获得很大帮助，使勘探工作顺利开展[1]。1967 年初，石油工业部以计张字 40 号文件要求大庆"开展下辽河勘探工作"，并规定"下辽河是大庆会战指挥部直属的一个探区"[2]。2 月 3 日，大庆油田勘探开发研究院副总地质师

---

① 翟光明访谈，2014 年 3 月 7 日，北京。资料存于采集工程数据库。

② 《辽河油田四十年》编写组：《辽河油田四十年》。北京：石油工业出版社，2010 年，第 2 页。

张文昭带队到辽河地区调查踏勘，对辽河凹陷的油气勘探前景及经济地理条件进行了调查，搜集了地质勘探、交通运输、物资供应、水文地理、电力通讯、劳动力等方面的资料，完成了《关于下辽河地区勘探筹备工作调查踏勘汇报》。报告详细阐述了开展下辽河地质勘探工作的具体安排和组织机构设置的初步意见。报告上报到石油部后，勘探司翟光明总地质师对报告进行了认真研究，提出了修改意见，并组织向国家计委做了专题汇报。经国家计委批准，由大庆油田负责辽河地区的石油勘探工作。首批抽调 32144、32145、32146 等 3 个钻井队，2 个试油队以及地震队、安装队、固井队等单位共 579 人组建"673 厂"，接替地质部在下辽河的地质勘探工作[①]。至 1967 年底，勘探队伍总人数已达上千人。

1968 年 2 月 12 日，黄 1 井开钻，32146 钻井队承钻，4 月 12 日完钻，射孔后自喷，8 毫米油嘴日产原油 22.7 吨，从而发现了黄金带油田。之后，钻探于 1 井和热 3 井，发现了于楼油田和热河台油田。1969 年，甩开勘探，在兴隆台构造顶部部署兴 1 井，9 月钻遇沙河街油层，试油日产 152.4 吨，从而发现了兴隆台油田，打开了下辽河勘探的新局面，最终证实辽河地区是一个油气资源丰富的盆地[②]。

1970 年 2 月 29 日，石油部军管会向国务院呈送了《关于加速下辽河盆地石油勘探的报告》。3 月 24 日，国务院以"特急"下发了（70）国发文 27 号文件，批准了石油部军管会的报告。文件中说到，国务院同意石油部军管会《关于加速下辽河盆地石油勘探的报告》，这个油田的建设，不仅对解决鞍钢和辽宁地区的燃料结构有现实意义，而且对加速我国石油工业的发展，进一步摸清渤海油田地质情况有重大意义……[③] 其实，在呈送报告的同时，勘探前期工作就已紧锣密鼓地开展起来。3 月 22 日，辽河会战筹备小组在兴 4 井井场召开了会战动员誓师大会。会后，钻井队鸣炮开钻，拉开了辽河石油大会战的序幕。4 月 4 日，石油部军管会下发（70）石军字第 51 号文件，即"关于成立辽河石油勘探指挥部的通知"，辽河石

---

① 《辽河油田四十年》编写组：《辽河油田四十年》。北京：石油工业出版社，2010 年，第 2 页。
② 杨殿寿，左宝尊，张素霞：《可爱的辽河油田》。沈阳：沈阳出版社，1991 年，第 1 页。
③ 同①，第 6 页。

油勘探指挥部对外称 673 石油勘探指挥部，1970 年 9 月 25 日，辽河石油勘探指挥部改名为"322 油田"。4 月，勘探指挥部组织召开了第一次技术座谈会，明确了辽河凹陷的勘探开发方针：必须以断块为出发点，对待复杂断块要用综合的方法去认识，用科学的手段去制服。

辽河会战一开始，就确定了主攻断块的方针。随着对整个辽河凹陷地质认识的逐步深入，地质人员分析认为："油气聚集在区域上受二级构造带的控制，在二级构造带内受古构造、高断块的控制。"并提出"北东分带，北西分块"。当时流传的"断层歌"形象地概括了对断层研究和高产规律的认识："占断块、打高点、沿断层、找高产，找到高产多钻眼。"①

经过三年多的实践与研究，地质研究人员和会战总部决策层都认识到，西部凹陷的含油气远景比东部凹陷更好。这一认识也得到了石油部领导的认可，康世恩曾与翟光明、闵豫多次讨论，康世恩问翟光明"你们看，西斜坡到底有多大前途"，翟光明详细给康世恩分析了西斜坡的沉积类型和生油储油情况。康世恩听完说，"西斜坡可能是块大肥肉。它靠近西部凹陷，是油气运移的有利指向，不但能找到构造油气藏，而且可能找到断块岩性等多种油气藏，储油层系多，可以实现不同层系的含油连片。"②一个重大决策出笼了：大战西斜坡，发现大油田。

辽河三大凹陷中，东部凹陷是最早勘探的，这一地区油气丰度较低。西部凹陷在发现兴隆台高产油田后，成为勘探的主战场。西部凹陷自北向南分布着一连串西高东低的局部构造，有高升、曙光、杜家台、胜利塘、欢喜岭、西八千等，习惯称西斜坡。西斜坡地质结构十分复杂，但资源条件非常丰富，随着大规模勘探的铺开，地质认识才逐步深化。西斜坡地区在整个地质发展史中具有独特的沉积环境。在西部凹陷形成的早期，它并不是斜坡，而是沉积和沉降的中心，是生油的中心。随着地壳的运动，在不同的历史时期、不同的部位形成了不同类型的构造。下部有古生界古潜山油藏，中部有火山岩油藏，上部有下第三系油藏，顶部还有沥青和稠油

---

① 《辽河油田四十年》编写组：《辽河油田四十年》。北京：石油工业出版社，2010 年，第 16 页。

② 《康世恩传》编写组：《康世恩传》。北京：当代中国出版社，1998 年，第 300 页。

油藏。整个西斜坡的勘探开发全过程，就是对复式油气集聚带认识不断深化和完善的过程。

在长达百余里、总面积 1230 平方千米的土地上绽开了朵朵石油花。西斜坡从 1973 年上手，到 1975 年取得重大突破，杜 4 井、杜 7 井先后见到工业油流，为西斜坡石油勘探带来新的曙光。随着勘探的深入，证实西斜坡是辽河油田最有利的地区，总地质储量约为 10 亿吨，为辽河油田的主力油区。

1975 年 9 月 29 日至 10 月 8 日，翟光明陪同康世恩到辽河前线进行调查研究，检查勘探部署工作，听取了油田建设、地质勘探，特别是西斜坡勘探、开发方案的汇报[1]。汇报结束后，翟光明一头扎进资料堆，凭着职业敏感，反复和现场人员了解前期钻探和资料分析结果。他全面掌握了第一手资料，完整地抛出了钻探大剖面的总体构想，为康世恩部署整体解剖西斜坡地区工作出谋划策，把握更具体的勘探方向。

1975 年 10 月 18 日，石化部向国务院呈报了《关于组织辽河地区曙光油田会战的报告》。12 月 30 日，国务院正式批准。一场声势浩大的石油大会战在曙光地区打响。至 1976 年底，曙光油田探明含油面积 200 平方千米，探明储量 1.3 亿吨。1977 年，会战结束，当年产油 51 万吨[2]。之后，随着欢喜岭、杜家台等油田的勘探开发，辽河油田石油产量节节上升。

南海石油地球物理勘探会战

我国是世界上海岸线最长的国家之一，海岸线总长为 3.2647 万千米，大陆海岸线 1.8412 万千米，岛屿海岸线 1.4235 万千米。渤海、黄海、东海、南海，四海相连，总面积达 473 万平方千米，其中 200 米水深的近海大陆

---

[1] 《辽河油田四十年》编写组：《辽河油田四十年》。北京：石油工业出版社，2010 年，第62 页。

[2] 《百年石油》编写组：《百年石油》。北京：石油工业出版社，2009 年，第 139 页。

架约 150 多万平方千米，被誉为"蓝色国土"。我国拥有主权的海域，蕴藏着丰富的石油资源，随着世界科学技术的发展和进步，开发海洋资源日益成为经济建设的热点，特别是对海洋资源的争夺，更为激烈。在中国陆上石油开发和世界海洋石油开发的高潮方兴未艾的时候，我们终于迎来了中国海洋石油勘探开发的高潮。

发展海洋石油工业，开展海上石油对外合作，是党和国家的重大决策。1978 年 3 月 26 日，党和国家领导人在人民大会堂东大厅听取了访美石油代表团的汇报，这是新中国成立后首次组团就石油问题访问美国。汇报主要内容是：考察美国石油工业先进技术、装备和管理情况，进一步看到了我们的差距；发展我国石油工业，特别是海洋石油工业，必须利用外国资金、先进技术、设备和管理经验；要引进美国的炼油化工设备，以弥补我们在这些方面的不足。汇报结束后，中央领导同志认为，在我们指定的海域勘探，购买外国设备，雇佣他们的技术人员，采用分期付款的方式，将来以原油偿还，以加快我国海上石油资源的开发，不牵扯我国的主权问题，原则上可以定下来，下决心搞。这是我国石油工业发展由陆上到海上，由自力更生到利用外资，全面开展对外合作的一个转折点，对发展我国海洋石油工业具有深远的影响[①]。

海洋的对外开放，首先把外国公司请进来，了解外国公司的意向，了解合作方式和采取的工作方法，同时，我们也要走出去，了解外国公司的技术和装备情况。"余康"批示：和外国公司搞合作，开发海上油田还处在初级接触阶段，还须多调查研究，合作方式多种多样，各种方式均要摸一下，然后再做选择。

1978 年的北京格外地不一般，那些在太平洋西岸、大西洋彼岸与北京之间架设空中桥梁的班机似乎与往年比更加忙碌，航班也特别的多，乘机而来的外国人，一批批地来，又一批批地走。美国阿科公司来了，宾斯公司来了，日本石油公司来了，美国埃克森石油公司来了……总计 20 多家国外石油公司访问北京，不少外国公司到访时还带来了商务合作方案，他

---

① 《孙敬文传》编写组：《孙敬文传》。北京：石油工业出版社，1999 年，第 251-251 页。

们都想占据主动，试图早日涉足中国海洋石油。一艘载着国家主权和利益的大船就要起航了，旋风、迷雾、暗礁，随时都可能使它折帆沧海，我们究竟对它认识多少？中国海洋石油工业的对外合作，是破天荒的第一次，没有现成的经验，全靠我们去闯，真是摸着石头过河，走一步，看一步。

1978年以来，石油部先后派出了9个代表团，遍访分布在欧洲、亚洲、非洲、美洲等地的各大石油公司[1]。1979年2月6日，张文彬率团出访英国、巴西、美国，翟光明就是其中的成员之一。他们首先访问了英国国家石油公司总部，并进行谈判。双方赞同分阶段进行风险性合作，并先搞好物探普查。第二站是巴西，到巴西的目的就是考察该国在物探中使用的一流技术和设备，特别是学习进行物探、招标及签订分阶段风险合同的经验。3月6日，考察团成员飞赴美国华盛顿，与阿科石油公司签订了在中国南海的莺歌海域进行地球物理勘探的备忘录文本。接着，陆续与埃克森、美孚、德士古三家石油公司签订了在南海珠江口海域进行地球物理勘探的原

图5-9　1979年3月15日在美国阿科公司听取汇报（右三为翟光明，翟光明提供）

---

[1]　张位平：《中国海洋石油发展回顾与思考（1957-2009）》。北京：石油工业出版社，2010年。

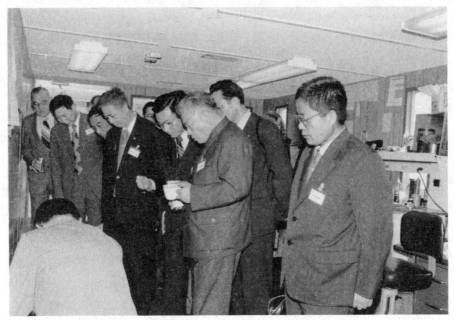

图5-10　1979年3月15日在美国阿科生产公司研究部门参观实验室（前排中间者为翟光明，翟光明提供）

则意向书。

　　石油部派出的各代表团，马不停蹄，乘机、参观、洽谈，先后访问了世界上各大石油公司总部和石油勘探开发的研究机构，与石油公司高层领导和技术专家广泛接触，从组织机构、生产管理、勘探开发新技术新装备研究以及海上勘探开发运作等等系统全面了解，特别是借鉴国外大石油公司勘探开发经验有巨大收获。回国后，仔细研究，在总结考察结论时，张文彬副部长提出我们最终将怎么办的问题，翟光明当时提出一个方案认为，根据我国自己的勘探经验，对一个地区特别是广阔的南海海域，如果不考虑从整体入手，从局部开始就必然会出现"盲人摸象"的局面。为此，翟光明大胆提出，对这样大的一个区域，要较好地了解地质概貌，只有从区域勘探入手，建立大剖面是最好的路径，但这样做仅一两个公司的勘探力量是根本不可能在短时间内完成的，只有多个公司联合起来才可能共同完成区域大剖面勘探的任务。[①] 这个建议得到了普遍认可，但如此大

---

　　① 翟光明访谈，2014年5月7日，北京。资料存于采集工程数据库。

的工作量、多家公司参与的勘探工作由谁来牵头呢？最终决定由埃克森公司牵头，翟光明、赵声振等负责初步方案并出面与埃克森谈判，翟光明与埃克桑勘探经理派特森交换了合作意向和总体安排，最终派特森代表公司表示同意，并极力推进合作的进展。

1978年12月，中国石油天然气勘探开发总公司与法国石油集团公司签订了在南黄海北部进行地球物理普查的意向性备忘录，成为我国海洋物探会战的前奏。

1979年2月4日，国务院批准中国石油天然气勘探开发总公司与英国BP公司签订南黄海部分海域物探协议的意向书。意向书规定：物探期间的一切费用由英方承担，中方则承担在物探结束后，拿出一定区块面积向参与物探的公司公开招标。BP公司有投标权。

1979年2月6日，国务院批准同美国阿科公司签订莺歌海物探备忘录。

1979年3月22日，国务院批准同法国道达尔公司签订的南黄海部分海域物探协议。

1979年4月，国务院批准同英国雷卡定位公司合营的协议。

5-11　1979年在美国北海福蒂斯油田海上钻井平台（前排右二为翟光明，翟光明提供）

1979 年 4 月 27 日，石油部向国务院提交关于美国九家公司物探协议书的请示报告。5 月 7 日，中央财经领导小组原则同意报告内容。6 月，由国务院副总理康世恩率领的中国政府代表团和石油工业部部长宋振明率领的中国石油公司专业考察团访美，一场大规模的海上物探即将到来。

1979 年 6 月 5 日，在达拉斯和休斯敦分别与美国美孚公司、埃索公司签订了在 7.4 万平方千米范围内进行 1.7 万千米地震测线的协议。

1979 年 6 月 8 日，在洛杉矶与美国菲利普斯公司签订了在 5.8 万平方千米范围内进行 1.3 万千米地震测线的协议。同日，在北京与英国 BP 公司签订了在南黄海南部 2.6 万平方千米海域内进行 8000 千米地震测线的协议。

1979 年 6 月 9 日，在旧金山与美国雪弗龙和德士古公司签订了在 6.5 万平方千米范围内进行 1.6 万千米地震测线的协议。

1979 年 7 月 11 日，在北京与美国阿科公司，意大利阿吉普公司，英国国家石油公司，美国城市服务公司、宾索公司、加州联合油公司等签订了在海南岛西部 2.66 万平方千米海域进行 8000 千米地震测线的协议。至此，整个物探协议的谈判签约全部结束。各国的物探船只陆续进入中国海

图 5-12　1979 年在美国与石油同行合影（后排右三为翟光明，翟光明提供）

域，一场大规模的海洋物探会战全面铺开。

据统计，这场空前的物探大会战，外国公司共投入1亿多美元。通过物探普查，进一步证实了珠江口三大盆地面积24.7万平方千米，沉积岩厚度6000—10000米，发现各类有价值的构造400多个。当然，我们也从中学习了国外的先进技术，培养了一批地球物理人才。可以说，海上石油的合作勘探开发是很成功的，是我国走向世界的一个非常成功的例子，解决了当时人才、技术、资金严重匮乏的问题①。

沉睡的海洋开始苏醒了。1983年，翟光明代表中国在第十一届世界石油大会宣读了题为 GEOLOGICAL CHARACTERISTICS AND PROSPECTS IN THE SOUTH CHINA SEA 论文，向世界同行展示我国南海勘探大会战的重要成果，引起了国际石油界和投资者们的高度关注。

石油大会战的重大收获

具有中国特色的石油大会战，先后发现并开发了大庆、胜利、长庆、辽河、华北、大港等油田，为中国的经济建设建立了卓越功勋，把中国"贫油"的帽子甩进了太平洋。运用集中优势兵力打歼灭战的战略战术，以震惊世界的石油发展速度打造出一个在全国快速拿下大油田的经典模式。翟光明是这些油田会战的亲历者、指挥者、谋划者、研究者，直接参与了川中、松辽、华北、陕甘宁、下辽河等石油大会战，谋划了江汉、冀中、中原、青海等石油大会战。他既是指挥员，又是战斗员，或亲临一线，指挥生产、参与设计，或坐镇北京，谋划决策、潜心研究。石油大会战锻炼了他的毅力，开阔了他的视野，也使他积累了丰富的经验，更为他勘探理论与勘探方法的产生和发展提供了试验条件和试验场地，使他的勘探思想由青色走向成熟，完成了由一只"石油菜鸟"到石油勘

---

① 中国工程院编：《天命——讲述院士的故事给你听》。北京：人民交通出版社，2013年，第136页。

探大家的转变。石油会战取得了巨大成功，石油会战取得重大收获，这是一笔巨大的财富。翟光明根据他参加石油勘探大会战的经历，对历次石油勘探大会战进行了系统总结，从中得到了非常重要的启示，这是他勘探实践的升华，也是他勘探理论和勘探方法的一次大总结，给后人提供了很好的指导和借鉴。

发扬"两论"起家，艰苦奋斗，求实创业的光荣革命传统，是中国十次石油大会战能够取得辉煌决胜的根本保证。1960年4月10日会战党委提出学习《实践论》和《矛盾论》[①]。翟光明的体会是，学习"两论"，浑身有劲，脑生智慧。即使身在自然条件复杂多变困难重重的勘探现场，天作帐，地当床，风餐露宿，筋骨疲劳，遇到了人世间最艰苦的苦头不觉苦，碰到了工作中严峻险恶的最困难的难题能克服。每一个曾经参加过石油会战的热血青年，每一个勘探者，都凝聚了一种为祖国建设奉献的巨大潜在能量，这一能量无可估量，遇到各种困难也会毫不退缩，无往不胜。

石油会战的前提，首先是要重视地下的情况，搞清地下的情况。搞石油的，"岗位在地下，斗争的对象是油层"，实事求是地通过大量科学研究工作搞清地下地质情况。大庆会战每口井都必须取得20项资料、72项数据，胜利会战每一口井要取得35项资料和135项数据。并且保证资料齐全准确，做到"四全四准"。这就是坚持实践第一的观点。要把油气开采出来，只能靠科学、靠实践。搞石油勘探开发，必须坚持实践的观点，其核心问题一是资料必须齐全准确，二是一切设想方案必须经过试验，以避免主观盲目性。

石油会战创造了历史，也指引我们向更高的目标迈进。每一次石油大会战，人员来自祖国的四面八方，技术交流，各取所长，可以战胜各种艰难地质条件下的油田勘探与开发困难，也可以用已经发现的结果，及时调整队伍，集中精力解决关键问题。会战便于集中精兵强将，在主战场上打歼灭战，以最短的时间、最快的速度取得最大的成效。能把有效的人力物力集中在决定性方面，并能集中先进技术，解决关键问题。从而，依靠科

---

① 《当代中国》丛书编辑部：《当代中国的石油工业》。北京：中国社会科学出版社，1988年，第327页。

技可以尽快拿下一个新区，找到新的油气田。历次会战后，我国原油产量和储量都有较大幅度的上升。同时，在技术人力方面，锻炼队伍，逐渐培养了我们自己的技术力量，形成配套队伍。在理论上也有所提高和突破。可以说，石油会战是当年我国油气工业快速发展最经典的模式。

正是由于历次石油会战，才使得中国从"贫油国"变成名列世界前茅的产油大国，充分说明石油会战是发展中国油气工业的成功之道，我国走出了一条适合自己发展的找油之路。陆相生油理论就是我们实践和智慧的结晶。翟光明认为：中国存在有前陆盆地、古隆起、大面积岩性带、隐蔽油气藏、碳酸盐岩和海域六大勘探领域。尽管这些领域的突破有一定难度，但是必须坚定信心。艰苦奋斗是我们的优良传统，继续发扬艰苦奋斗的精神，一定能获得更大的收获。

历次石油大会战都是在极其艰苦的条件下进行的，地质条件和地面条件十分复杂。20世纪五六十年代，修正主义卡我们，帝国主义封锁我们，我们在资金、技术力量都很薄弱的情况下，立志振奋，萌发出"有条件要上，没有条件创造条件也要上"的勇气，突破重围，战胜困难，取得举世瞩目的成就，形成大庆精神铁人精神，谱写了"我为祖国献石油"的动人篇章。

第六章
领军石油勘探开发科学研究院

初到研究院

石油科学研究院①成立于1958年。在此之前，石油工业部曾派代表团赴苏联考察，全面了解苏联在石油勘探、开发、地质实验、地震、测井、钻井等方面的科研情况。那时，翟光明就是考察团成员之一，回国后就曾提出开展我国石油勘探开发研究工作的建议。从那时第一次和研究院有了渊源，这种联系就保持多年，时断时续，时疏时密，到最后，翟光明真的

---

① 该院前身是1956年7月建立的北京石油地质勘探研究所，1958年11月该所同石油炼制研究所合并，成立石油工业部石油科学研究院，1960年石油地质研究所分别迁往大庆油田和胜利油田。1965年2月在北京重建石油地质综合研究所。1969年该所迁往湖北潜江。1972年5月，组建石油勘探开发规划研究院，隶属燃料化学工业部；1975年2月，名称沿用石油勘探开发规划研究院，隶属石油化学工业部；1978年4月，更名为石油勘探开发科学研究院，隶属石油工业部；1988年12月，名称沿用石油勘探开发科学研究院，隶属中国石油天然气总公司；1999年11月，更名为中国石油天然气集团公司科学技术研究院（简称中国石油集团科学技术研究院）和中国石油天然气股份有限公司勘探开发研究院（简称中国石油勘探开发研究院）。

成为研究院的一员，而且是一把手，这一干就是九年，三千多个日夜。

新中国成立后，全国没有专门的石油勘探开发研究机构。1956 年 1 月，在编制《1956—1967 年科学技术发展远景规划》时，以及在第一届全国石油勘探会议上，都提出了尽快建立全国性石油勘探科研机构的问题。因此，石油工业部决定，分批组织专家代表团前往苏联考察学习科研工作的经验。1956 年 6 月至 1957 年 2 月，翟光明作为石油工业部从全国石油系统挑选的优秀青年专家代表，被派往苏联参加为期 8 个月的考察访问，负责调研苏联在石油勘探、开发一路科研机构及人员配置。访问团由石油工业部勘探司副司长沈晨带队，成员有翟光明、韩大匡、余伯良等。在苏期间，先后考察了解全苏石油天然气科学研究院各研究科室、科研设备和人员配备情况，并参与地质勘探选区研究、油田开发方案编制，以及油田开发注水、压裂技术研究应用工作；考察了解了列宁格勒（圣彼得堡）地质研究所的科研设备和研究成果，听取苏联专家关于研究所工作和苏联石油勘探与开发进展报告；现场参观乌发杜伊玛兹（第二巴库）油田和费尔干纳盆地的中小油田群，重点了解油田开发的全过程。

图 6-1　1957 年苏联考察在莫斯科第三招待所合影（前排左一翟光明，翟光明提供）

翟光明认为这次参观考察使他们认识到，"石油勘探和开发不是简单的钻井问题，而是一项需要理论作指导、科学技术研究作支持的系统工作；去哪里勘探、如何发现油田，找到油田之后如何合理开发，都必须经过科学研究；油田勘探开发过程中的所有问题，最终都要归结到勘探开发理论和技术上。"[①] 赴苏联考察取得丰硕成果，团组成员回国以后借鉴苏联的科学研究机构建设的经验，提出了加强我国石油勘探开发研究、加快成立正规的研究机构的建议和设想，为勘探开发科学研究院成立奠定了良好的基础。经过两年多的筹建，1958 年 11 月 15 日石油工业部石油科学研究院正式成立，勘探开发方面设立石油地质、地球物理、石油开发等研究室。

1985 年 2 月的一个星期天上午，石油工业部主管人事和思想政治工作的副部长赵宗鼐约见翟光明，提出让他到石油勘探开发科学研究院担任院长，意思是征求一下个人意见。翟光明哪里知道，赵宗鼐副部长话讲得很委婉，但态度非常坚决，似乎一切早已经决定了，再改变似乎也没有什么可能，赵宗鼐表示这是部党组的意见，并且要马上赴任。[②] 听到这一决定，翟光明感到很震惊，这突如其来的决定使他容不得考虑，于是翟光明服从组织决定，到研究院院长这个岗位上赴任。此时，翟光明担任石油工业部勘探司司长兼总地质师，有很多司内工作和全国勘探工作正在进行中，他不能一撒手就走。经与部领导耐心商量，最终同意可以让翟光明继续兼任石油工业部勘探司司长一职，但必须立即到石油勘探开发科学研究院赴任，因为这一时期研究院主要领导都已超龄离职，老领导不在岗位已有几个月时间了，已经影响到全院工作的正常运转，急需有人主政研究院。

早些年，翟光明曾向往过到研究院工作，这样可以让自己真正地融入到科研当中，专心搞科研，因为搞石油地质勘探工作，本身就是研究—实践—认识—反复研究和实践的过程[③]。但勘探生产管理和科学研究终究还是

①《中国油气田开发志》总编纂委员会：《中国油气田开发志·综合卷》。石油工业出版社，2011 年，第 753 页。

②《科技兴油再创辉煌》编写组：《科技兴油，再创辉煌——石油勘探开发科学研究院建院四十周年回忆文集（下册）》。石油勘探开发科学研究院，1998 年，内部资料，第 239-244 页。翟光明：我在勘探院工作期间的美好回忆。

③ 翟光明访谈，2014 年 1 月 22 日，北京。资料存于采集工程数据库。

有很大区别，这对翟光明来说是一项新的任务，既是机遇，也是挑战，当然也实现了他希望搞石油勘探研究的梦想。

初到研究院，翟光明做的第一件事就是调查研究，从调查研究入手。在研究院和在石油勘探司工作性质区别很大，勘探司主要负责全国的石油勘探工作计划、规划、生产部署等组织管理工作，区区几十人，工作安排起来得心应手。而对于研究院来说，一院之长不仅要搞科学研究，还要负责一千多人的工作、生活和各方面的事情，零零碎碎，工作更具体、更复杂，加之研究院过去经历过一段工作的调整和波折，既有老问题，又有新困难，处理起来十分棘手。翟光明带领新班子成员商定，用一个月时间，把全院所处以上的领导同志召集到一起，认真讨论下一步究竟该怎么办。既然是石油科学研究院，当然以科学研究为主，只有在研究上获得成果，在生产应用上取得实际效果，才是最重要的。这次讨论非常成功，通过讨论，大家集思广益，翟光明不仅全面了解了研究院的整体情况、工作进展以及存在的问题，也增强了管好研究院的信心和决心。在讨论会上，中国科学院童宪章院士曾经说过这样一句话："院里的技术装备、技术人力很强，原子弹都可以造出来。"听到这样的话，翟光明树立起坚强的信心，也由此看出研究院当时的技术力量和能力，关键是要把大家组织起来有目标地去做，研究院是可以出高水平成果、出大成果。通过这次讨论，大家

图6-2　中国石油勘探开发研究院领导班子研究工作（左起：王盛基、孙希文、于炳忠、沈平平、贾金会、翟光明、郭尚平、韩大匡、傅诚德、胡见义、张家茂，中国石油勘探开发研究院提供）

信心提高了，每一个人都憋着一股劲儿，不干出个样儿不罢休。翟光明认真分析讨论中提出的每一个问题和意见，系统地进行整理，最终形成研究院科研工作十二条，并号召全院职工行动起来，按照每个二级单位的实际情况，定出自己可行的科研工作细则，安排好各研究所的工作，使全院的科研工作走上正轨，逐步理顺了各种关系，化解了矛盾。

制定院科技发展规划

翟光明主政研究院不久，康世恩对研究院的发展作出重要指示："抓好整顿、建设和改革，将研究院建成石油工业的智力中心。"为此，翟光明赴任后的第二件事，就是确定石油勘探开发科学研究院的科研目标和规划，在勘探、开发、钻采工程装备、油田化学等方面达到20世纪80年代国际常规水平，部分学科达到国际先进水平。作为部一级的研究院，必须要有一个明确的科研方向和目标，不仅开展石油工业软科学研究和决策研究，还要加强综合研究和配套研究，开展长远性应用基础研究，为石油工业长远发展做好技术储备。根据集体讨论的意见和石油勘探开发以及工艺技术方面的实践需要，不仅要有近期科研工作的考虑，还要有一个从长远和战略上的科研规划。

在翟光明的倡导和组织下，相关部门开始着手拟定研究院第七个五年计划，安排这期间的科研工作和科研项目。翟光明要求，五年计划要特别突出重点，明确要求在我国东部地区要保持储量稳定的增长，在稳定增长上作大文章。在我国西部地区要有新的发现，吸取在东部地区的勘探经验，采用高新技术，加强勘探工作量，从区域地质背景评价含油气有利地区，力争少投入、多产出，在寻找高产大油气田上下功夫。在中部地区继续勘探、扩大四川大气区，以增加天然气资源为主要目标，进一步加深鄂尔多斯盆地的勘探，争取有新的突破。在油田开发方面主要提出从陆相沉积体系的研究出发，研究陆相地层不同沉积相的模式，并从油藏描述

图6-3　1986年翟光明在石油勘探开发科学研究院科技发展规划会议上向部领导汇报（站立汇报者为翟光明，中国石油勘探开发研究院提供）

入手，高水平地编制各种油气藏的开发方案。同时开展全国不同油气藏提高油田采收率的筛选和评价，整体上解决提高油田采收率的问题。钻井方面，瞄准快速优质钻井，减少泥浆对油层的伤害，同时展开现场钻水平井的研究和实践。在计算技术方面，则大力开展适应勘探开发和工艺技术的软件编制和研究……以上项目都是结合当时和长远的需要而提出的。

今天看来，那些课题选择得还是比较准确，研究方向作为研究院科学研究的主导方向长期保持着，这样，使技术人员心中都有了底，安排工作也顺当了，实践的结果也取得了很好的效果。之后的二十八年间，翟光明又组织过石油工业"八五"科技规划的制定和实施，并参与"九五"、"十五"、"十一五"、"十二五"和"十三五"科技规划的战略决策和咨询，成为研究院油气勘探开发科技规划的高级参谋。

参与油田勘探开发实践

翟光明在研究院期间，积极倡导研究院要全面介入油田勘探开发生产实践，以取得重大突破。这一时期，中国石油工业从陆上到海上，从南方到北方，从东部到西部，全面展开油气勘探开发工作。研究院坚持面向一线、贴近生产，以科学探索井为纽带，开拓了勘探新领域，推动了吐哈、长庆等大油气区的建设；参加了大庆、辽河、冀东、塔里木等油气田的勘探与生产实践，取得了显著的经济效益和社会效益，为稳定东部、开发西部和石油工业的持续稳定发展做出了重大贡献。

翟光明一直盯着塔里木，那里有丰富的油气资源。塔里木盆地面积有56万平方千米，地层发育齐全，沉积岩厚度逾12000米，是我国重要的含油气盆地。20世纪80年代初期，研究院派出地质所西部组和构造组的科研人员，在塔里木盆地开展了较系统的石油地质综合评价研究，进行了野外地质调查及盆地的石油地质综合研究，完成了塔里木盆地综合石油地质研究报告，提交了一套系统的评价资料，为后期研究打下了基础。

1985年，石油工业部决定油气勘探战略西移，研究院与地球物理勘探局、新疆石油管理局组成塔里木盆地综合研究联队，范成龙教授担任副队长。研究院负责塔里木盆地油气地质综合评价及油气潜力与勘探方向研究，组织相关单位和地质科研人员进行了系统的石油地质综合评价研究工作。

图6-4　1987年翟光明与王涛在野外地质考察（左为翟光明，右为王涛，翟光明提供）

图6-5　1987年翟光明出席塔里木油田勘探年会（中国石油勘探开发研究院提供）

　　1986年，研究院开展了塔里木盆地早期系统石油地质综合评价研究，提出一系列石油地质认识，指导了该地区的油气勘探。1989年，总公司党组决定成立塔里木石油勘探开发会战指挥部，标志着塔里木石油勘探开发会战全面展开。研究院先后派出200多名科研人员直接参与油田科研生产工作，组织了一系列重大石油地质研究项目的科技攻关，解决了油气勘探的重大技术难题；独立地、系统地开展了塔里木盆地基础地质及综合评价研究工作，先后选定几十个重大油气勘探目标，推动了塔里木盆地的油气勘探和重要油气资源的发现。

　　会战期间，翟光明在研究院提出并组织了一系列井位制定和钻探工作，推动了和田河气田、塔河油田的发现，为克拉2等大气田的发现提供了重要的地质依据，推动了塔里木油气勘探从古生界碳酸盐岩向中生界碎屑岩勘探转变，对塔里木盆地的油气勘探开发工作产生了深远的影响。[①]研究院长期从事该盆地的油气地质调查综合评价及勘探部署研究，先后几

---

　　①　中国石油天然气股份有限公司黄维和访谈，2014年2月19日，北京。资料存于采集工程数据库。

图6-6　1986年翟光明在新疆塔里木盆地库车地区进行野外地质考察（翟光明提供）

图6-7　台参1井、陕参1井－科学探索井综合研究及新发现获得中国石油天然气总公司重大科研成果一等奖（翟光明提供）

代科研人员参加了盆地早期研究和石油勘探开发会战，始终参与了塔里木盆地油气勘探开发研究以及工作部署组织领导。在具体工作中，不断总结塔里木盆地油气地质规律指导油气勘探，不断研究寻找油气勘探的重大接替领域和重大预探目标，做出了重大贡献。

翟光明有着丰富的会战经验。吐鲁番—哈密石油勘探会战是翟光明参与的新时期又一次石油大会战。20世纪90年代初，我国西部地区陆续发现了一批高油气比低渗透的轻质油藏，吐哈盆地也相继发现了鄯善油田、丘陵油田、温米油田和葡北油田。1989年，发现鄯善油田，标志着吐哈会战的开始。会战期间，研究院派出大量科研人员和科技管理干部进行吐哈油田勘探开发，推动了丘陵油田开发方案实施和葡北油田混相驱方案研究与编制等工作，取得了显著的成绩。1991 年，应谭文彬指挥长要求，研究院派出 23 名科研人员参加会战，主要在哈密——鄯善负责编制丘陵油田开发概念设计和油田开发建设总体方案。1991 年至 1992年，完成丘陵油田探明 III 级石油地质储量上报。1989 年以来，研究院组织了一大批学科带头人和中青年技术骨干，研究队伍近百人，参加吐哈石油会战，把科研成果与油田实践相结合，将科技改革融入管理创新中，对发展西部的战略方针起到了极大的推动作用，为石油工业在 20 世纪 90 年代的平稳发展做出了重要贡献。1993 年，翟光明负责的"吐鲁番—哈密盆地石油地质特征与含油气远景综合评价"项目获得国家科技进步三等奖。1995 年 9 月，中国石油天然气总公司对翟光明、胡见义等人取得的重大科研成果"台参 1 井、陕参 1 井——科学探索井综合研究及新发现"授予重大科研成果一等奖。

深化研究院科技体制改革

1987 年，研究院的同志们研究和讨论另一个重要议题，这就是科研和生产如何进一步结合，科研工作如何为生产服务，科研成果如何更有效地转化为生产力。当时在全国已有几家实现科研院所和生产企业联合在一起，把科研成果直接转化为生产力的尝试，有的获得很好的成功。翟光明也在考虑能否找一个地质条件比较复杂的油田，利用研究院的各项成果，把勘探开发和工艺技术都用上，高速、高效勘探开发一个新油田，检验新技术的适应性和成熟度。

经过全院同志讨论，认为可以一试，最终就选定了高尚堡油田所属的南堡凹陷。这个地区原属大港油田，由于地下地质条件复杂，地面为海滩、虾池、盐田所覆盖，勘探和开发工作一直进展比较缓慢。选择这样一个地区确实难度很大，而翟光明认为这是一个很有希望的含油气地区，只

图 6-8　翟光明主持推进研究院科研改革研讨会（中国石油勘探开发研究院提供）

要把工作搞上去，还是可以获得成果的。当时定了一个很高的指标，要在三年内建成一百万吨的生产能力。翟光明向部领导汇报得到了批准后，在全院职工大会上做了动员报告，动员全院各所的同志和现场同志对口制定合作计划，由各所根据油田勘探开发生产的需要，负责各种技术工作，加强各种技术力量，形成一个科研生产联合体。不仅要把科研水平搞上去，还要把生产搞上去，更重要的是锻炼培养研究院一大批年纪较轻的技术人员，真正做到科研和生产的紧密结合。这种想法直到现在看来还是很好的。但南堡凹陷的地下地质和地表条件确实很复杂，各种条件又不是很具备，关系又

图 6-9　推进科研改革连续实行四轮经济技术承包责任制签字仪式（后排左起第三个为翟光明，中国石油勘探开发研究院提供）

不太好协调，要求又过急，没有达到预期的效果。对于这件事，翟光明表现出了一种敢于担当的勇气，他承担了这个责任。之后的十几年，冀东油田勘探开发工作继续前行，发展成为我国众多油区的一员。研究院的同志们也确实在这样一个科研生产联合体中得到了锻炼和成长，吸取了不少经验和教训，并一直支持着冀东油田的发展。

开辟冀东试验田

1988 年 3 月 28 日，在中央有关精神的指引下，石油工业部（88）油劳字第 176 号文件《关于成立冀东石油勘探开发公司的通知》决定："为了加快南堡地区石油勘探、开发步伐，同时使大港油田能够集中力量，加强中区和南区的勘探、开发工作，经研究，并征得天津市、河北省同意，决定将大港'北部石油勘探开发公司'划出，单独成立'冀东石油勘探开发公司'。该公司为部直属的局级单位，负责南堡凹陷的勘探、开发工作，由部石油勘探开发科学研究院进行总承包，形成科研和生产的联合体。"《通知》中明确指出，冀东石油勘探开发公司是一个自主经营、自主管理的经济实体。从 1988 年 4 月 1 日起，冀东石油勘探开发公司与大港石油管理局正式划开。自此，研究院开始对冀东高尚堡油田总承包，既搞科研又搞工业和经营，形成了科研生产一体化的联合体。

1988 年 4 月 7 日，翟光明院长向石油工业部党组汇报关于高尚堡油田的问题，部领导强调：成立冀东石油勘探开发公司，是为了实现"两个加强、两个加快"，即加强大港中区和南区，又加强北部的勘探开发，实现大港和冀东两个地区油气勘探开发工作的加快发展。研究院一定要组织好高尚堡的各项工作，要在以往大港开发的基础上进一步抓好冀东地区的油气勘探开发工作，创造出三个新的模式：一是科研生产联合体的经营管理模式；二是复杂含油气区加快滚动勘探开发的模式；三是充分发挥科研单位的技术优势，应用高科技、新成果，解决复杂油气田技术难题的模式。

图6-10　1988年4月15日翟光明在冀东石油勘探开发公司成立大会发言

汇报当天，研究院就决定以总工程师室为主，成立生产领导小组，并在院值班室的基础上，成立生产调度室，保证随时掌握高尚堡油田的生产情况①。

　　1988年4月15日，石油工业部在冀东油田前线指挥部召开了冀东石油勘探开发公司成立大会②，总公司有关领导、河北省副省长宋叔华和唐山市委、市政府的有关领导、研究院翟光明院长、贾金会书记和张邦杰副院长出席了会议。5月，研究院对冀东油田的总承包全面开始，科研工作节奏加快，在油田建立起新的管理模式，制定了钻井、生产作业、地震资料处理、油田建设、运输等五个方面的合同。机关各职能部门也赶赴高尚堡油田现场，解决了班车、文件管理、建立直通电话等问题。

　　1988年8月15日，冀东油田首次勘探开发技术座谈会在研究院召开。会上，翟光明作了题为"办好科研生产联合体，夺取科研生产双丰收"的报告，肯定了研究院同冀东油田形成的科研生产联合体是一种不断发展、不断深化的新型体制，已体现出其优越性，并将长期存在下去；同时，肯

①　中国石油勘探开发研究院编：《中国石油勘探开发研究院五十年发展史：1958-2008》。北京：石油工业出版社，2008年，第54页。

②　吴华元、李玉屏主编：《石油学史研究》。北京：石油工业出版社，1993年，第119页。

定了其阶段性工作成果，并提出要有一个长远打算和总体布局，明确了冀东科研生产联合体"前三"、"后五"的任务目标及规划。

1988 年 8 月 19 日，总公司王涛总经理在座谈会上指出："研究院承包冀东油田的勘探开发建设，建立科研生产联合体，一方面缩短了大港油田的战线，集中力量勘探开发中部和南部有利地区，加快了生产建设发展；另一方面研究院能够进一步搞活。经济建设要依靠科学技术，科学技术要面向生产建设。研究院更好、更快发展的路子就是使科研更密切地与生产建设相结合，使科研成果能够迅速地转变成为生产力，从生产中找到我们科研发展的题目和方向，用研究院的科学研究成果来推动生产建设，用生产建设的需求来促进科学技术的发展，建立起科研和生产的良性循环，不断促进科研和生产的双丰收。"

研究院要搞活，要增强自我发展的能力，要同生产相结合，直接创造经济效益。科研生产联合体既符合中央提出来的改革方向，也有利于这个

图 6-11　1988 年 8 月 15 日翟光明主持冀东油田首届勘探开发技术座谈会（中国石油勘探开发研究院提供）

图 6-12　王涛在冀东油田现场办公（右一翟光明，右二王涛，冀东油田提供）

地区的勘探开发建设和研究院的自身发展。这期间，翟光明派出研究院管理干部和科研人员到第一线，与油田实行一体化领导，建立起了新的领导体制和管理体制；对生产任务、科研工作、技术措施和技术服务进行总体承包，进一步提高了科研活动的目的性和科研成果的转化率；将冀东油田作为研究试验基地，与油田签订横向技术服务合同，加速了科技成果的转化过程，缩短了研究到生产的周期。

　　1988 年 10 月 9 日，翟光明主持召开院务会，就冀东油田的承包任务统一了认识，明确院所两级领导要高度关注冀东科研生产联合体的工作进展，要在保证科研的前提下，以开展冀东油田的勘探开发工作为主。会议指出，研究院和冀东油田要立足于老油田老油井完成生产任务，抓好注水稳产工作，抓好新井投产和油田的各项建设等 10 项措施。10 月 23 日，强调要做好新井投产准备工作和老井稳产增产工作，确定了 10 个生产试验区。

　　翟光明的每一次探索，并不都是这样成功，冀东油田的勘探开发他就

图6-13　1988年翟光明在冀东油田现场检查指导工作（翟光明提供）

失手了，这是一次著名的"失败"。当年，翟光明立下"军令状"，提出在3年承包期内完成三项重任：找到1亿吨储量；将冀东"油公司"的体制建立起来；实现年产百万吨。这个目标在当时没几个人相信。3年过去了，任务没有完成，冀东油田年产量仅为35万吨。

1990年，冀东油田处于特殊的困难时期，产量有所下降，职工思想有所波动。针对这种情况，翟光明认真总结了两年来科研生产联合体的执行情况和存在的问题，提出要加强滚动勘探开发模式，制定科学试验基地规划，创新管理模式，创建生产实体，制定效益目标，建立合同管理办法和各项管理制度，确定油田技术研究规划和人才培训规划等工作。

1988年至1991年，研究院派出了340多名科研人员承担冀东油田的科研任务，抽调了30多名技术管理干部参加组织领导工作，针对勘探开发的热点、难点问题进行攻关，开展了170多项课题研究，解决了许多生产中的具体问题。例如，针对冀东油田断块小、构造复杂、含油层系多、

图 6-14　翟光明在冀东油田现场调研（左一为翟光明，冀东油田提供）

储层物性变化大、油水关系复杂等特点，应用三维地震解释，开展横向预测、开发地震、油藏描述研究，进行滚动勘探开发①。累计取得科研成果 190 项，直接应用于生产，对科研工作以油田生产为主战场，加速科技成果向生产力转化进行了积极的探索，促进了冀东油田勘探开发不断取得新的进展。

　　三年时间，冀东科研生产联合体在实行新体制的改革工作中取得了多方面的进展，生产管理能力逐步加强，原油年产量由 12 万吨上升到 35 万吨，新增 23 万吨原油生产能力；共签订 2900 余份合同，包括地震、钻井、油建、系统工程建设等施工作业和专业技术服务方面；组织和吸引了 20 多个专业队伍近万人参加冀东油田的勘探开发和建设；建立了社会主义新型甲乙方关系；形成了一套以采油生产为主体的内部经济责任制，建立了一些相应的工作制度和标准；建立了以勘探开发为主体、单项工程为基础，进行承发包的生产管理和经济运行体系。

　　1991 年，经过三年的奋战，一个新型体制的冀东油田已经建成。研究院对冀东油田进行总承包的实践，深化了对冀东地区复杂断块油田滚动勘探开发规律和特点的认识，推动了冀东油田进入一个成熟发展的时期。三年来，冀东油田落实和新增探明石油地质储量 1 亿吨，拥有了年产原油 100 万吨的地面油气集输能力和年输 100 万吨的外输能力，三年共生产原油 83 万吨。研究院克服种种困难，探索出了一条全新的科技体制改革之路，不仅见证了研究院和冀东油田在改革道路上的共同发展，而且为石油科技事业和生产实践相结合开创了新的模式，对油公司管理新体制的探索奠定了

---

　　① 《中国油气田开发若干问题的回顾与思考》编写组：《中国油气田开发若干问题的回顾与思考（上卷）》。北京：石油工业出版社，2003 年，第 326 页。

良好的基础，进一步论证了"科学技术是第一生产力"的正确论断。此后，翟光明多次到冀东油田调研，关心油田发展，研究院与冀东油田也不断创新科研生产相结合的合作方式，为石油工业持续稳定发展做出了积极贡献。

研究院里搞研究

翟光明在勘探开发科学研究院工作有九个年头。曾经有同事问翟光明："你当院长还有时间搞科研吗？"翟光明回答说："我来到研究院，学习了很多东西，特别是在深入地讨论技术专题，不同意见的交换甚至尖锐对立时，最能激发自己从不同的角度来考虑问题再进行综合地分析和判断。结合我过去长期搞石油地质勘探和生产工作，实际上就是收集资料，熟悉资料，分析研究各类资料，进行综合做出判断，有成功、也有失败，这本身

图 6-15 翟光明工作照（中国石油勘探开发研究院提供，1991 年摄）

就是研究工作。"主持研究院工作，翟光明善于听取不同的意见，认识到在当前和长远的需要是选择科研课题的重点，石油勘探、油藏工程等都是包含着多种学科的专业，决不是某一项专业的见解就能得出正确的结论。他的经验是，对于石油勘探和开发来讲，没有综合就得不出正确的判断，得不出有效的成果。他要求技术人员必须做到"一专综合"，一专就是就自己的专业来说必须要研究深入并要有独到的见解，但对解决某一个问题时，往往凭一个专业只能达到一面之见，就必须结合其他专业综合分析、判断才能得出较全面的看法。

在研究院工作期间，翟光明组织完成了"中国石油地质"研究和"第二次全国油气资源评价"等多项研究工作，取得多项国家级、省部级科研成果。1993 年 11 月，翟光明专程向康世恩汇报研究院取得的科技成果，康世恩对研究院近期研究开发的多功能地质综合软件包、三次采油、盆地模拟、模式识别等新的勘探开发新技术，给予了很高的评价。汇报过程中，康世恩对翟光明说：科技先行必将推动石油工业加快发展，石油勘探开发要从三条战线上加快发展速度，一条是老油田开采提高采收率，一条是加快未动用储量的合作开发，第三条是加快西部地区勘探，搞好盆地综合研究，集中力量拿储量，战略眼光要放远一点，充分利用外资。同时，要让两个方面热起来，一是东部地区在提高采收率、增储上产上热起来；另一个是西部地区勘探再利用外资上热起来[1]。带着嘱托，带着希望，翟光明在勘探找油路上继续前行。

今日研究院

翟光明在研究院执政将近十年时间，这十年是研究院发展的黄金期，这十年是研究院硕果累累、人才辈出的十年。经过十年间的发展，研究院

---

[1]《康世恩传》编写组：《康世恩传》。北京：当代中国出版社，1998 年，第 537 页。

图 6-16 首届石油勘探开发博士研究生毕业典礼（前排左五为翟光明，中国石油勘探开发研究院提供）

充分发挥高科技人才、技术、信息密集和多学科、多专业的综合优势，高度重视专项前沿技术和应用基础理论研究，不断加强综合配套技术研究，取得了丰富的科研成果，解决了大量石油勘探开发中的重大生产技术问题，培养了一大批高科技石油专业技术人才，为石油工业增储上产、战略决策、创造整体经济效益做出巨大贡献。这期间，研究院整体科研水平达到 20 世纪 80 年代中后期国际水平，部分达到 90 年代同期国际水平。

今天的石油勘探开发研究院，已经成为中国石油勘探开发的重要科研部门，是中国石油全球油气业务发展的战略决策参谋部、理论技术研发中心、技术支持服务中心和高层次科技人才培养中心，具有比较完整的地质学、地质资源与地质工程、石油与天然气工程、能源战略与信息工程的学科体系，自主研发和集成创新了一系列重大配套技术和专项特色技术。

图 6-17 从中国石油勘探开发研究院走出的院士（左起：田在艺、李德生、翟光明、郭尚平、童晓光、韩大匡、苏义脑、袁士义，中国石油勘探开发研究院提供）

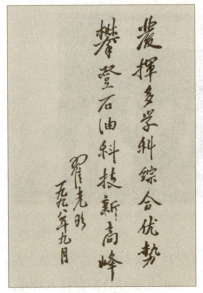

图 6-18　中国石油天然气集团公司石油勘探开发科学研究院建院 40 周年题词（中国石油勘探开发研究院提供）

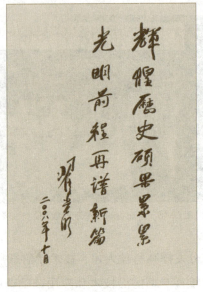

图 6-19　中国石油勘探开发研究院建院 50 周年题词（中国石油勘探开发研究院提供）

图 6-20　翟光明参加研究院五年规划十年愿景研讨会（禹航摄）

研究院科研条件完善，拥有提高采收率国家重点实验室、国家能源页岩气研发（实验）中心、国家能源 CO_2 驱油与埋存技术研发（实验）中心和国家能源致密油气研发中心等 4 个国家级实验室，以及 14 个公司级重点实验室和众多仪器设备；存有丰富的科技文献和勘探开发数据资料，配有先进的计算机软硬件资源及强大的信息网络系统。研究院的发展和壮大，翟光明功不可没，今天，他依然关注研究院的发展，支持研究院的发展，这里是他的根，这里是他的家，他对研究院的未来寄予厚望。

在重大课题研究和油气能源战略研究方面，他还是经常到研究院找中青年专家讨论，努力地培养他们，支持年轻人发展，他要把他的知识和经验毫无保留地传递给青年人，让更多的年轻人在研究院扎根、成长、成才。在研究院制定科技发展五年规划和十年远景过程中，翟光明非常关注，多次来院参与咨询和研究活动，是研究院重大问题研究和决策的高参。

第七章
力主石油科学探索井

提出科学探索井规划

进入 20 世纪 80 年代后，中国石油工业总体发展缓慢，石油新增探明储量和产量增长幅度减缓，而国民经济继续保持快速发展态势，对油漆资源的需求迅速增长，国内油气供需矛盾日益突出，接替资源出现十分困难的局面，继续寻找新的战略资源接替区势在必行。这就需要研究并评价新的有利区，并通过早期预探实践证实，找到新的储量增长点。而新的储量增长点在哪里，特别是在中国西部，自然环境恶劣，石油地质条件复杂，勘探方向将向何处去，石油工业的出路将向何处去，确实面临挑战和困惑，需要新的勘探方向和新的领域，这些问题困扰着石油工作者，也鞭策着石油工作者。为了寻找稳定的资源战略地区，石油工业部提出在做好东部油田稳定生产的同时，要进一步加强西部地区，特别是塔里木、准噶尔、吐鲁番、柴达木、陕甘宁、河西走廊等盆地的前期研究和油气勘探工作。

1986 年，石油工业部组织召开全国油田勘探技术座谈会，翟光明代表石油勘探开发科学研究院出席了会议。针对当时储量接替增长缓慢和怎样保持勘探工作向前发展的问题，会议讨论过程中，翟光明做了大会发言，其中一条非常重要的建议就是各油田在常规部署勘探工作之外，在各自研究新的认识基础上，跳出正在勘探的领域和地区，勘探思路再扩展一些、再解放一些，大胆解放思想，放开勘探视野，扩展勘探地区包括：一些长期认为有利而资料未完全具备、风险较大而没有进行勘探的地区；一些长期有不同观点争论不休而没有进行勘探的地区；一些传统地质观点认为不大可能出油的地区；一些从来不敢问津的地区，例如红层。每个油田每年部署 1—2 口高风险探井，侦查地下情况，做一些科学探索。如果每一个油区每年拿出一口探井做这样的工作，那么在全国范围内就会增加一些新的含油地区、新的含油层系、新的油藏类型，这样就可能打开新的局面，获得意想不到的成果。翟光明的建议提出后，石油部领导给予了充分的肯定，认为这个设想很好，并把这类井定义为科学探索井，并建议由石油勘探开发科学研究院牵头组织。

科学探索井的钻探就是要求科研人员用新理论、新方法、新认识探索一些新的地区、新的领域和新的层系，目的是要大家既解放思想又要尊重科学，既不受常规布置勘探工作的约束，又要实事求是寻找新的突破口，力争有新的发现。部里要求不能给各油田加重负担，建议由研究院在对全国各地区研究的基础上，提出科学探索井的规划，由研究院统一组织实施。科学探索井的重任就落到了研究院，翟光明义无反顾地接受了这一任务。勘探技术座谈会结束后，一回到院里，翟光明就立即召集有关人员研究和讨论，感到这副担子可不轻，为确保科学探索井计划的实施，讨论足足持续了近两个月。经过反复研究，院里成立了"科学探索井"规划领导小组，翟光明任组长，分管地质、工程的胡见义、于炳忠副院长任副组长，组成了地质、钻井、管理等多专业的攻关管理团队，成员有翟光明、胡见义、于炳忠、陈元顿、宋建国、张金泉、常承永、童晓光、赵文智、邹才能、王智怡、李伟、刘富学等，从全国各沉积盆地分析筛选，选择有利地区开展综合研究，提出钻探计划，全面负责地质评价、井位优选、队

图 7-1　研究部署科学探索井规划（左起：陈元顿、胡见义、翟光明、常承永、于炳忠、宋建国，中国石油勘探开发研究院提供）

伍优选、钻探实施、投资管理等工作。

如果按计划实施，每年都能打出十几口科学探索井。翟光明满怀信心地说："打这些井就是要解放思想，井打完后，只要能发现新的地质成果，对地层有了新的认识，对地区有了新的看法，就是成功的，今后的发展自然也就有基础了。"科学探索井计划提出后，项目组就开始在全国范围内摸底排查，包括鄂尔多斯、吐鲁番、渤海湾、冀东、胜利、酒泉、山西、云贵川、冀中、塔里木等地，一开始排出来 18 口井的目标，再从中排选更有利、有希望的 10 口开始上钻。

尽管当时部领导表态科学探索井允许失败，只要有科学价值就值得探索，但是对研究院来说，如果一开始就没有搞出名堂，那么科学探索井就站不住脚，计划投资、油田配合、现场实施都会遇到各种各样的问题，最终可能什么也干不成，缺乏持续性和时效性。经过全院的动员和努力，研究院和油田技术人员一起研究和工作，从室内实验、地质设计、工程方案设计、现场钻井施工、测试完井到试油，通力合作，每一项工序都严格按设计和施工要求进行，最后出了好的成果。从此，科学探索井一炮打响，得到预期的成果，也得到部领导、部机关各部门和现场同志的认可，全院同志为之振奋。这一做法延续多年，成为中国石油工业宝贵的一笔财富。

石油工业部党组委托研究院负责全程实施科技工程项目，即科学探索井项目。其目的是立足于研究院最新研究成果的综合研究与技术力量优势，从陆上油气中长期战略发展出发，探索油气勘探新地区、新层系和新领域，以获得勘探上的重大突破和解决重大石油地质理论与工程技术问题。

1986 至 1996 年，是"科学探索井"早期勘探时期。这一阶段，以台参 1 井和陕参 1 井的成功为标志，不断取得重大发现和突破。台参 1 井和陕参 1 井的成功，为陆上石油工业开辟了吐哈盆地与陕甘宁盆地两大油气区，打开西北侏罗系和华北地区下古生界原生油气藏两大勘探领域，建立煤系成烃理论，取得显著社会效益和经济效益。

台参一井报春花

吐哈盆地是西部石油勘探的重点地区之一，为研究吐哈盆地的生油条件、地层层序、岩性、岩相，及生储盖条件的配制关系等，1987 年在吐哈盆地台北构造上部署中国第一口科学探索井，取名为台参 1 井。该井是全国第一口科学探索井，由石油勘探开发科学研究院、地球物理勘探局、玉门石油管理局共同研究确定井位，由玉门 6052 钻井队承钻。

台参 1 井位于兰新铁路鄯善站西南约 10 千米处，构造位于吐鲁番坳陷柯克亚背斜东南部，钻探目的层为侏罗系、三叠系、二叠系。台参 1 井是吐哈盆地第一口深探井，也是石油工业部 1986 年确定的全国陆上石油 10 口科学探索井之一。早在 1958 年，距离台参 1 井约 4 千米处曾经钻探一口浅井，也就是台北一井，具体位置在台北构造以北、丘陵构造以东，这口井钻开侏罗系主要含油气层，完钻井深 3122 米，钻遇第四系、第三系、白垩系、侏罗系，油气显示不错，电阻率也很高，限于当时的技术条件和经验，采用大比重泥浆，污染了油层，试油也不彻底，最终解释为非油气层，未取得重大发现，使这个油田的发现整整延迟了 30 年。

为确保第一口科学探索井万无一失，受部领导委托，翟光明亲自领导，具体落实，认真研究第一批科学探索井的井位。石油勘探开发科学研究院派出野外调查小组，搜集地质资料，在吐鲁番盆地进行野外地质踏勘，同时石油物探局完成了数字地震剖面 1730 千米，并对 38 条测线进行处理解释，绘制了台北坳陷、胜金台、柯克亚三个构造。在选定井位构造的南边七克台乡，调查小组踏探了一套直立出露的侏罗系地层，并命名选定的构造为台北构造。他们也调查了盆地西侧的火焰山构造，火焰山是个背斜构造，被抬得很高，侏罗系很浅。对比后发现：台北构造在火焰山东侧，先前火焰山的井在三四百米左右，基本没有压力；但这次要打的井井深却是在 2900 米左右，储层压力高。通过对地震资料地进一步研究，发现有凹陷，既有生油的条件，又有储集层条件，出油可能性很大；如果以二叠系为主要目标层，圈闭面积仅有 3 平方千米，侏罗系构造则有 16 平方千米，而且二叠系深度在四五千米以下，即使二叠系不出油，侏罗系也有很大把握。

图 7-2　1987 年翟光明在哈密盆地七克台露头人工挖井捞油现场（翟光明提供）

翟光明了解到上述情况后，满怀信心地说："七克台的多层砂层都是油砂露头，我亲眼目睹了有位维吾尔族老乡见到有油砂，往下顺挖 10 米左右，油就流了出来，用吊桶把人送下去，再将油捞出后拿去卖。台北构造在七克台北边，出露的地层有油砂，所以我对在侏罗系找油很有信心。"在用新方法做完设计后，翟光明提出：要对该地区、该井有专门地质研究报告；要有地质设计报告；特别注意搞好岩屑录井的设计，包括怎样测录这口井；为保护油气层，一定要把泥浆做好，因此要有泥浆设计；整个钻井工程完井要有设计；要有经济评价，打井前要有评估。翟光明当年提出的这六项设计要求，是地质与工程的结合，处处体现及时保护和发现油气层的理念，现在看来依然超前，且仍会长久沿用下去。

科学探索井项目启动时，恰逢原石油工业部启动吐哈盆地新一轮地震勘探工作，地震采集、处理与解释工作由石油地球物理勘探局负责。科学探索井选位研究由研究院负责。根据科学探索井领导小组部署，第一口科学探索井必须在石油地质综合研究基础上提出设计，这成为随后各种探井选位与实施的蓝本。研究院与石油地球物理勘探局第三地质调查处密切合作，在烃源岩、沉积储集层、圈闭与油气成藏研究的基础上，编写了吐鲁番坳陷勘探远景评价报告，成为支持台参 1 井选位的地质基础。

翟光明和一批地质家们提出：跳出二叠系，到有十几个平方千米的台北凹陷侏罗系构造去找油。为了选好第一口科学探索井的井位，打好这口关键井，根据地震、遥感、野外踏勘等方面的资料，最初编制了台北、胜金台和柯克亚构造分层构造图，并提出三口井位意见。在此基础上，完成了吐鲁番坳陷含油气远景评价的综合研究，包括盆地发展史、含油气有利的二级构造带、生油层及储层的分布、厚度变化、各层沉积分布及岩性变化、生油岩变化，并进行了油藏的分析研究，根据盆地构造史、沉积史、有机碳热演化史以及在时空上的配置关系，估算了资源量，提出了盆地含油气的有利地区，地质家们反复对比研究，组织多次论证，经过一段紧锣密鼓、富有成效的工作，第一口科学探索井位终于日趋明晰。

1986 年 8 月 11 日，研究院院务会决定，要认真落实石油部领导交给研究院打 10 口科学探索井的指示，立足于为油田服务，搞好地质、施工、技术、经济

图 7-3　吐鲁番哈密盆地吐鲁番坳陷含油气远景初步评价（中国石油勘探开发研究院提供）

4 个方面的设计，与根本任务找油结合起来，解决石油工业的战略问题①。1986 年 8 月，石油工业部要求科学探索井联队集中在石油物探局开会研究，半月之内必须定出井位。会议提出多种方案，经过热烈讨论后，终于从台北、胜北、柯克亚三个构造中选出了第一口科学探索井井位，大家一致同意把台北构造的井位选为科学探索井井位。台参 1 井设计井深 4800 米，玉门有 6000 米钻机，可以承担钻探任务。石油工业部最后决定：在台北构造上钻台参 1 井，直指侏罗系、二叠系、三叠系。钻探目的有四个：查明台北构造的含油气情况，确定工业产层层位及产能；查明基底性质，确定基底年龄，提供古生物学的依据，正确划分地层层位，建立地层划分、对比依据，查明各层系的岩性、岩矿组合特征，并系统收集各层系的岩相资料；建立盆地有机地球化学剖面，查明各层系可能油气源岩的有机质丰度、类型、热演化程度及其演化史，确定有效油气源岩的层位、厚度，评价生油气潜力；为地震解释参数及测井解释提供依据。该井预测完钻层位是二叠系，完钻原则是：侏罗系见到好油层，经钻杆测试日产达 30 吨以上可以完钻；若钻入二叠系 50 米，取芯证实属地层变质可提前完钻；钻入二叠系地层正常按设计完钻。

　　台参 1 井井位确定后，翟光明立即组织石油勘探开发科学研究院编制

了地质、工程、成本预算等设计方案，1987 年 7 月以（87）油勘研财字第 064 号文件上报石油工业部。石油工业部批准设计后，翟光明组织了精兵强将参与钻井施工工作，派出了研究院副总工程师陈元顿、钻井所所长刘富学、高级工程师周煜辉等

图 7-4　台参 1 井地质设计报告（中国石油勘探开发研究院提供）

图 7-5　台参 1 井钻井设计报告（中国石油勘探开发研究院提供）

① 石油勘探开发科学研究院建院 40 周年大事记编委会：《石油勘探开发科学研究院大事记：1958-1998》。内部资料，1998 年，第 80 页。

图 7-6　台参 1 井钻井
进度预测设计报告（中
国石油勘探开发研究院
提供）

图 7-7　台参 1 井 6052
钻机改造配套项目设计
报告（中国石油勘探开
发研究院提供）

图 7-8　台参 1 井成本
（概）预算设计书（中国石
油勘探开发研究院提供）

专家组成的现场技术支持小组。玉门局成立由局副总工程师温羡藩、钻井
处总工程师杨昌龙等人组成的钻井领导小组，负责现场生产的组织协调，
监督指导各项技术措施的落实。井上监督制度后来推广到全国各油田，一
直沿用至今。

　　玉门局做了充分的钻前准备，选派具有丰富深井钻井经验的 6052 钻井
队承钻该井，队长陈继鹏，指导员张瑞延，技术负责人杨盛杰、常永铎，
并充实钻井队骨干。按照石油工业部科学钻井配套标准，由石油勘探开发
科学研究院科学探索井项目组申请经费 630 万元对钻井设备进行技术改造；
为井队配备必要的物资器材和井下工具，提高钻井队独立作战能力；高标
准、严要求，道道工序严格把关。

　　1987 年 9 月 22 日，经石油勘探开发科学研究院和玉门局的严格检查
验收后，台参 1 井鸣炮开钻。钻进过程中全体参战人员克服了多重困难。
台参 1 井所在地远离玉门基地，夏季酷暑难当，冬季天寒地冻，四季风沙
不断。面对严酷自然环境和孤军作战的压力，钻井队提出"安下心、扎下
根、不达目的不死心"的响亮口号。

　　1988 年 1 月中旬，一场寒流将气温瞬时降到了零下 31 度，油水管线
被冻结，司钻就把通有蒸汽的胶管缠在身上坚持扶钻。夏日，40 度以上的

高温更是司空见惯，迎面吹来的风都是滚烫的，炙热的阳光将钻机烤得人摸一把能烫掉一层皮，钻工们在井场边挖了一个坑，往坑里灌满水，轮流在水里泡一会儿，待身体降温后继续工作。研究院派出的地质人员，长期盯在钻井现场，不计名利和得失，不甘寂寞，不畏艰苦，夜以继日地忙碌于研究之中。

由于地质情况比较复杂，井漏、井塌、缩径、遇阻遇卡时有发生，多次出现井下复杂情况和事故。钻工和技术人员齐心协力，渡过了难关，用汗水、用智慧战胜了困难，保证了钻井进尺。钻探过程中，随钻地质、工程研究及方案实施都严格按照设计执行，绝不容许半点虚假和不负责任，确保资料齐全准确。为卡准标准层，在七克台组顶界，即绿色泥岩与黑色泥岩交界处取到了完整的岩芯，突破了标准层卡层关，为打开油层取全取准油气层各层各项资料打下了准确的地质预告基础。

台参 1 井开钻后，波折不断，泼冷水的、质疑的大有人在，差点这口井就夭折了。当钻进 1000 多米时，曾有人向总公司报告说，研究院在不足 3 平方千米的构造上钻科学探索井，根本就没有探索价值，简直是浪费。总经理王涛半信半疑，质问翟光明：部里和油田很多人认为这口井井位定的有问题，你们怎么在这么小的构造上打科学探索井呢？面对王涛怀疑的态度，翟光明仔细解释：经我们研究的结果，不仅二叠系，上面侏罗系面积可达十几平方千米，既然党组把这个任务交给我，那我就负全责，成败都有我负责[1]。放下电话，翟光明心想，不能退缩，而是加紧了研究，马上组织地质所地震室技术人员重新对台北构造进行复查，重新编制了构造图，进一步落实构造面积，最终落实面积近 20 平方千米，进一步稳定了科学探索井领导小组和前线勘探队伍寻找规模油气田的信心[2]。

台参 1 井开钻后，钻进深度达到 2500—2600 米时陆续见到油气显示，这就是吐哈油田侏罗系主要的出油层位七克台、三间房、西山窑油组。由

---

[1]　翟光明访谈，2014 年 5 月 9 日，北京。资料存于采集工程数据库。

[2]　《科技兴油，再创辉煌》编写组：《科技兴油，再创辉煌——石油勘探开发科学研究院建院四十周年回忆文集（下册）》。石油勘探开发科学研究院，1998 年，内部资料，第 267-269 页。常承永：台参一井钻探轶事。

于原设计的目的层是二叠系，需要钻到井深4800米。为了尽快地落实显示层的含油气情况，经研究后决定在井深4460米的西山窑地层提前完井。停钻后，地质人员详细地分析钻探资料，甚至将所有岩屑都翻了数遍，发现尽管储层岩性比较致密，但是仍然有油；西山窑组砂层很厚，比较致密，但也有油，而三间房组最好。经过反复讨论后，决定试油层先选物性相对较差的西山窑组，射开后抽汲产量达到3方。上返打开油气条件更好的三间房后，油井自喷，日产达到14方。在这个层的上方还有另一个层，各方面解释可能含气较多，相对砂层也比较好，因此把上边也打开后，最终得到24.4立方油，4145立方气的工业油气流，发现鄯善油田，突破了石油勘探界长期认为侏罗系"不够朋友"的认识，打开煤系油气勘探之门，开创了西北地区侏罗系油气勘探新局面。

台参1井于1988年9月3日完钻，完钻井深4466.88米，储层岩性复杂，钻达层位为侏罗系下统，揭露第四系视厚度253.3米，底界深度260米，第三系视厚度1005米，底界深度1265米，白垩系视厚度734米，底界深度1999米，侏罗系视厚度2467米（未钻穿），底界深度4466.88米，从侏罗系上统齐古组2598米开始取芯至下侏罗系八道湾组4357.8米，共取芯24筒，总进尺117.33米，实际取芯106.7米，收获率90.94%，于七克台组顶部2807米开始见到含油气岩芯，岩芯含油迹及荧光级长度29.13米。全井含油气显示井段2807—4410米，累计厚度300米，发现24个含油气显示井段，其中七克台组二层厚度15米、三间房组七层厚度66米、西山窑组五层厚度74米、三工河组二层厚度17米、八道湾组八层厚度128米，单层见油气显示最厚28米，最薄2米。同时在侏罗系2788米开始见煤层及煤线至井底，井段长度1678米，见煤层51层，累计厚度77米。为取全取准油气产能资料，采用原钻机进行了试油。在前期测试过程中，座封井段距离油气显示层较远，实际没有得到显示层的液体，中途测试结果为干层，与良好的油气显示相矛盾。测试队认为不存在油气层，这与录井显示结果十分矛盾，因为录井时显示非常好，油砂滴水呈珠，气测异常明显，电阻率高，是很好的油气层反映。翟光明否认了这个结论，他不信这个邪，认为错误的结论是由于测试工作不到位导致的。为了不让30

年前台北一井的测试情况再次重演，翟光明坚决地提出了"精雕细刻，精耕细作，深挖细找，点滴不漏"的原则，重新测试和解释[①]。测井解释有三个难题：一是储层岩性致密、复杂，钻遇储层孔隙度和渗透率低；二是油气藏埋深超过 4000 米，钻井周期长，井眼环境和泥浆侵入对测井的影响严重；三是井况复杂，测井采集信息量相对较少，难以排除评价油气层的多解性。研究院测井室克服重重困难，创造性地研究出适用于科学探索井油气层的复杂岩性与复杂条件测井解释技术、致密砂岩与碳酸盐岩测井解释技术、异常地层压力与泥岩封隔层测井解释技术、生油层测井解释技术。

　　台参 1 井电测资料解释由石油勘探开发科学研究院负责处理，翟光明组织了三路测井解释人员背靠背的进行解释，结果在侏罗系解释出油层 10 层 72 米，对其中 46.4 米油层试油。1988 年 12 月 28 日—1989 年 1 月 2 日，台参 1 井在侏罗系三间房 2934—2972 米井段成功射孔 309 弹，并用套管提捞掏空液面，下入地层测试器测试；1 月 4 日晚 7 时 50 分，从井口溢出的清水中有一点点的油花浮动；晚 8 点 50 分，有一根油线渐渐游向水面；1 月 5 日早上 5 点 50 分，油线变成一股油流喷出了地面，喜获工业油流，折合日产量 51.44 方。经过提捞、抽排、掏空等艰苦细致的作业，终于找到了油气。喷油那一刻，整个井场都沸腾了，地质家们也抑制不住内心的喜悦，和年轻人一起跳跃欢呼，多少人眼中闪现着激动的泪花。为了避免误差，记录员又重新准确计算产量后，打开电台向中国石油天然气总公司报告这一喜讯，翟光明听到这喜讯，也是心花怒放，压在心里的一块石头终于落地了，科学探索井的第一炮终于打响了，首战告捷，大大提振了士气，也增强了翟光明继续前行的信心和勇气。

图 7-9　1988 年台参 1 井侏罗系获日产 24.2 万方高产油流（中国石油勘探开发研究院提供）

　　台参 1 井钻探工程中，广泛采用新装备、新工艺、新技术，应用

---

　　① 翟光明访谈，2014 年 5 月 9 日，北京。资料存于采集工程数据库。

了先进的综合录井仪；使用 PC-1500 计算机优选水力参数，使全井高压喷射钻进达 85% 以上；采用双级注水泥的新工艺；首次采用套管头和多套优质的钻井液体系。这些先进工艺的使用，为今后深井、超深井及复杂结构井的钻探储备了技术。

台参 1 井完井后，系统收集整理原始资料、完井资料、测井资料、分析化验资料、分层测试总结以及各项资料的评价报告。原始资料 10 项：钻井地质设计书、观察记录、地质综合记录（日志）、岩屑描述记录、岩芯描述记录（照片、素描图、出筒观察、油气水试验以及碳酸盐岩缝洞统计）、地质原始记录（气测、综合录井、钻时、泥浆、荧光、氯离子等）、套管记录、原始录井草图、原始岩芯录井草图、实物剖面（岩屑）。完井资料 14 项：完井总结报告、钻井基本数据表、地质录井及地球物理测井统计表、碎岩屑油气显示综合表、井壁取芯记录表及描述记录、钻井取芯统计表、地温梯度成果数据表、地层测试数据表、送样统计表、井史资料、综合录井图、岩芯综合图、气测录井图、井斜水平投影图。测井资料 7 项：标准测井图 1 ：500、综合测井图 1 ：200 并解释成果表、固井质量检查图、全井声速和密度测井图、地震测井及解释报告（包括 VSP 测井资料）、地温梯度测井图、其他测井（自然伽马、井斜、流体、地层倾角）。分析化验资料 8 项：岩石矿物（薄片、重矿物、差热）鉴定报告、油层物性分析报告（孔隙度、渗透率、黏度、含油饱和度、含水饱和度、碳酸盐岩含量、泥质含量）、古生物分析报告、生油指标鉴定报告、油气水分析化验报告、扫描电镜、同位素年龄测定、油层敏感性实验分析报告。中途测试资料 3 项：分层测试报告、压力恢复曲线处理解释报告、高压物性资料（饱和压力、油气比、地下原油黏度、地下原油密度、体积系数、压缩系数）。台参 1 井的钻探，获得了系统、全面的地质、地球化学、古生物、地震、钻井、测井、中途测试、试油及分析化验等各项科学实验的资料和数据，建立了完整的地质剖面，初步查明了凹陷内中生界的含油气情况，确定了工业产层及产能，明确了台北构造的含油气规模和储量以及凹陷侏罗系资源量，为吐鲁番凹陷今后的勘探部署提供了可靠的地质依据，达到了科学探索井的钻探目的。

图 7-10　1990 年翟光明在台参 1 井现场（翟光明提供）

　　台参 1 井在侏罗系喜获工业油流，对发现鄯善油田，打开煤系地层油气勘探之门，开创侏罗系油气勘探新局面，起到了关键作用。自此，揭开了吐鲁番——哈密盆地大规模石油勘探开发的序幕，被中国石油天然气总公司总经理王涛誉为 1989 年中国石油工业第一枝报春花。吐哈油田发现后，由研究院地质所继续与玉门油田、物探局合作，深入开展了吐哈盆地的综合研究，一场轰轰烈烈的吐哈会战开始了，玉门钻探主力也全部来到吐哈盆地，先后钻成一批高产油井，揭开了吐哈石油会战的序幕。在侏罗系发现 14 个油气田，探明油气地质储量 2.3 亿吨，建成国内一流水平的鄯善、温米油田和国际水平的丘陵油田等 7 个油气田。

　　在吐哈油田勘探开发史上，台参 1 井占据着重要的地位，是吐哈油田的第一口功勋井。台参 1 井艰难的勘探实践，也给我们留下了一笔宝贵的精神财富。

　　石油勘探开发科学研究院科研人员各专业协同作战，探索新领域、新层系，全力以赴提供最新研究成果。钻井作业队伍经受住了严寒及高温等严酷自然条件的考验，同时面对复杂的地质情况，领导干部、技术人员与施工人员上下齐心、团结协作，攻克了一个个难关，最终达到了地质目

图 7-11 吐哈油田发现井——台参 1 井（闫建文 2011 年 7 月摄）

的。"吐鲁番－哈密盆地科学探索井台参 1 井综合评价研究"于 1990 年获中国石油天然气总公司科学进步奖一等奖。台参 1 井的重大发现，与科学探索井工作者从地质论证到试油、再到钻后评价始终如一的严谨求实科学态度分不开的，是与翟光明的坚持和科学决策分不开的。台参 1 井凝聚了科技人员和全体一线工人的智慧和汗水，是吐哈油田发展史上重要的里程碑。

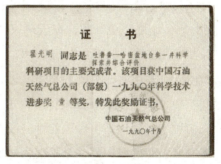

图 7-12 《吐鲁番－哈密盆地科学探索井台参一井综合评价研究》获中国石油天然气总公司科学技术进步一等奖（翟光明提供）

陕参一井大发现

陕甘宁地区在古生代经历过裂谷系－陆表海－近海平原三大沉积发展阶段，形成了下古生界碳酸盐岩、上古生界碎屑岩含气的双重结构，具有多油气源岩、多储盖组合、多类型圈闭构造、多气藏组合形式的地质特点，天然气资源丰富，勘探领域广阔，有着良好的天然气勘探前景，是我国发展天然气工业的重要战略后备区。

任何奇迹诞生之前，都要经历极其漫长艰难的过程，就像黎明之前，必定是黑夜一样。1980 年以来，以煤成气和逆冲推覆构造理论为指导，长庆石油勘探局多次组织召开煤成气勘探技术讨论会，开展了下古生界碳酸盐岩和上古生界煤成气大规模研究与评价。勘探的重点转向西缘逆冲构造带，确定了盆地西缘逆冲推覆特征，建立了马家滩地区的逆冲推覆和横山堡地区的阶状冲断两种地质构造模式，证实并评价了西缘上古生界煤系地层的生烃能力和资源前景，开拓了横山堡阶状冲断构造带上的上古生界小型气田群，发现了胜利井、胜北、图东、色东及黑沙兔等五个含气构造，控制含气面积 10.8 平方千米，地质储量 15.2 亿立方米。之后，开始向地台区转移，先后在麒麟沟隆起、西缘逆冲带部署海 1 井、芦参 1 井、发东 1 井、白 1 井、兔 2 井，在天环坳陷部署天 1 井、天 2 井，在陕北斜坡北段部署州 1 井、镇川 1 井、铺 1 井、牛 1 井、鱼 1 井。经过征镇川、战西缘、跳龙门、上临河，实现了陕甘宁盆地天然气勘探的战略重点转移。

1987 年，长庆石油勘探局为进一步贯彻着眼大气区的战略方针，制定和实施了在盆地黄土塬以北地区展开和有利条件下的集中钻探相结合的部署方案，明确提出"一个平缓构造群、两个相变带、四个复合区"是天然气勘探的主要领域。将地震 96% 的工作量布置在黄土塬以北，鄂托克旗以南，西缘掩冲构造带以东，横山以西的地区，详查天环向斜北段，概查中央古隆起北段。陕北斜坡北段绥德－榆林地区，限于地表条件安排少量的山地地震。钻探分东西两个战场，西部在天环向斜北段天池－布里克地区钻探李探 1 井、天 1 井、天 2 井，东部在陕北斜坡北段绥德－榆林地区钻探中深井 17 口，其中侦查 1.2 平方千米布井 8 口，解剖 1000 平方千米布井 9 口。这一部署加速了陕甘宁盆地的天然气勘探，麒参 1 井、洲 1 井在奥陶系风化壳见到工业气流。

长庆局的大动作引起了翟光明的密切关注，他牢牢地抓住了这个机会，也为科学探索井找到了试验场。翟光明在陕甘宁盆地部署科学探索井的想法与长庆局的勘探部署不谋而合，石油勘探开发科学研究院和长庆局共同拟定了以探索奥陶系顶部不整合面上下油气藏为目的的科学探索井——陕参1井。最初，长庆局将井位选在东西向惠绥地震大剖面的林家湾隆起上，翟光明等地质专家坚持认为测线隆起构造不落实，不能以此确定井位，需要补充地震工作量。长庆局调动物探公司装备最好的中美合作地震队补做地震工作，并加强地面化探，在林家湾隆起高点做了一条南北向地震测线，地震解释林家湾为一短轴背斜构造，后来钻探证实并非构造圈闭，地面化探有正异常。1987年5月19日，石油勘探开发科学研究院测井、地质专家与石油物探局有关人员共同研究，将井位定在806测线与87752测线交点上，海拔1320.88米。5月28日，石油勘探开发科学研究院张传淦、戴金星与长庆局宋四山到靖边度确定井位[1]。最终石油勘探开发科学研究院和长庆勘探局共同完成了井位确定，经过3次会议审查，确定了井位方案。

陕参1井钻探的主要地质任务是重点了解下古生界的含油气情况，齐全准确地取得各项基础资料，查明全井含油气情况，开展地层、岩相及生储盖等多项专题研究，综合分析区域成气地质条件，评价区域含气规模及其工业价值，开拓盆地天然气勘探新领域。具体任务：通过对林家湾短轴背斜的钻探，了解陕甘宁盆地中部东西向大型鼻状隆起构造带的含油气情况，确定工业产层层位及产能，结合地震地层及VSP测井资料，评价构造的含气规模；建立盆地中部地层古生物基准剖面，提供大古生物、微古生物及超微化石等依据，正确划分地层层位，建立地层划分对比依据，确定古气候、古环境变迁及古生物组合模式，查明各层位的地层岩性、岩矿组成特征、沉积厚度及地层接触关系；建立盆地中部岩相－沉积演化剖面，系统收集各层位岩相资料，分析沉积序列，进行各层位的单井相分析，确定纵向上的相序演化特征，阐明沉积发展史和古环境变迁；建立盆地中部有机地球化学剖面，查明各层位可能油气源岩的有机质丰度、类型、热演化程度及其演化史，确定有效的油气源岩的层位、厚度、评价生烃能

---

① 《百年石油》编写组：《百年石油》。北京：石油工业出版社，2009年，第256页。

力；建立盆地中部油气层剖面，正确划分沉积剖面上的生储盖组合及类型，查明盖层的岩石类型、发育程度和封盖能力，查明储集层的性质、发育部位、发育程度、孔隙结构特征及成岩演化历史，查明油气层的分布位置、厚度、含油丰度、气水界面高度，取得油层物性参数，进行工业性评价；建立盆地中部地球物理参数剖面，查明沉积盖层的岩石密度、磁化率电导率、地震波传导速度、岩石抗压强度等参数，确定相应的地球物理界面，为地球物理资料的解释和岩石裂缝研究提供依据；联系区域探井，分析区域沉积情况，解释盆地东西之间、南北之间的沉积过渡关系，分析盆地中部地区的构造演化特点，划分构造阶段和构造层，解释区域构造运动特征、构造类型及其对沉积的控制作用，风化剥蚀的影响；分析区域含油剖面，划分产层层位、类型，结合沉积、构造分析，预测区域性含油气层段的分布变化趋势，分析区域含油气规律，预测油气藏类型，油气控制因素，评价含油气规模及工业前景。

1987 年 12 月，石油部石油勘探开发科学研究院完成了陕甘宁盆地林家湾构造陕参 1 井地质设计、钻井工程设计、泥浆设计、工程进度设计、6042 钻机改造配套项目以及成本预算等。这些设计，翟光明都亲自挂帅，逐一审查，不放过每一个细节，为现场施工和综合研究奠定了基础，设计全部完成后，翟光明决定拨给长庆油田足够的资金，集中一流的人才，让长庆局选择一流的钻井队下功夫打好这口井。长庆勘探局史兴全曾经说："石油科学院是长庆的老朋友，翟院长对陕甘宁情有独钟，这下可甩开膀子干了。"[①]

1988 年初，长庆勘探局史兴全带领地质人员在靖边进行了现场勘查，在靖边县城东北 8 千米处的沙石峁村最终确定了我国第一口天然气科学探索井井位，这也是 10 口科学探索井的第二口井。1988 年 1 月 24 日，部署在陕甘宁盆地（鄂尔多斯盆地）中部大型鼻状隆起带林家湾构造上的陕参 1 井开钻。陕参 1 井由长庆石油勘探局第三钻井公司 6042 钻井队承钻，四川石油管理局负责地质和工程监督，石油勘探开发科学研究院也派出地质

---

① 路小路：《石油情缘》。北京：中国文联出版社，2007 年. 第 46 页。

图 7-13　陕参 1 井地质设计方案（中国石油勘探开发研究院提供）

图 7-14　陕参 1 井钻井工程设计方案（中国石油勘探开发研究院提供）

图 7-15　陕参 1 井泥浆设计方案（中国石油勘探开发研究院提供）

图 7-16　陕参 1 井钻井工程进度设计方案（中国石油勘探开发研究院提供）

图 7-17　陕参 1 井 6052 钻机改造配套项目设计报告（中国石油勘探开发研究院提供）

图 7-18　陕参 1 井成本预算方案（中国石油勘探开发研究院提供）

人员驻井监督，收集各种资料，开展钻进过程中的地质综合评价，指导综合录井工作。钻探过程中，由于钻井队不熟悉气探井钻探，史兴全还为井队制定一套气探井技术规范，亲自主持培训并担任讲师，并与卢文煜、杨果行在井队蹲点，精心组织钻探，严密监控。

1988 年 11 月，陕参 1 井钻至下古生界奥陶系顶部，连续取芯 29.03 米，在 3441 — 3472.56 米井段的奥陶系风化壳发现了孔洞－裂缝型白云岩，岩芯显示白云岩溶蚀孔洞和细微裂缝非常发育，而这些裂缝和溶洞正是气层的重要特征，但气测录井和地质录井均没有油气显示。根据地质设计要求：钻井过程中，见良好的油气显示方可进行中途测试。现场驻井人员马振芳、曹晓宏从岩芯推断，尽管含油、含水试验后均无油水显示，但含气的可能性很大。当时，电测对下古生界碳酸盐岩地层气层的判识还处于认识阶段，没有把这类碳酸盐岩缝洞层解释为气层。因为电测没有解释为气层，这口井便不能下套管试气。该井能否下套管试气，各路专家展开激烈地讨论，该井的"生死"可以说命悬一线。地质家们和现场录井人员认真分析岩芯资料，在他们的说服下，钻井现场施工项目负责人雍应新下决心进行中途测试。11 月 30 日，采用直径 244.4 毫米套管先期完井。中途测试，第一次开井没有任何气显示，12 月 3 日第二次开井，几个小时也没有见油气显示，晚上 8 点钟左右，强大的气流喷涌而出，一团橘红色的火焰映红了井场的上空，此时正在开会的全体职工冲出会议室，欢呼雀跃，庆祝这一时刻。中途测试获日产 5.98 万立方米的工业气流，证实奥陶系不仅有气层，而且还是高产气层。这也解开了气测录井没有显示的原因，冬季陕北夜间温度极低，滴水成冰，进气管线内的泥浆冻结堵死导致气测无显示，造成该层位无气的假象，差点错失大发现[①]。事实说明，要相信科学，严细认真，要透过现象看到本质，不要被一时的假象所迷惑，这很重要，当然，坚持也非常重要，若当时不坚持试气，后果也不堪设想，很可能裸眼完井，那么靖边气田不知何时才能发现？

　　陕参 1 井设计井深 4500 米，设计层位钻达元古界蓟县系，鉴于中途测试已获工业气流，加之钻遇盐膏层，井下落鱼打捞困难，翟光明果断决策提前完钻，完钻井深 4068.45 米，层位为奥陶系马 3 段，1989 年 3 月 23 日完钻，5 月 17 日进行常规测试求初产，获得 6.16 万立方米天然气，这一产量尽管振奋人心，但仍不是最理想的结果，于是决定实施酸化措施。经长庆局、四川局、勘探开发科学研究院联合研究，最终确定了酸化设计方案，对酸化施工参数和酸液配方进行了优化设计，要求酸液体系对地层岩石的溶蚀率必须达到一定的要求，并与地层流体有很好的配伍性，不能对

---

　　① 　中国石油长庆油田编：《中国石油口述史·长庆油田卷（上卷）》。北京：石油工业出版社，2012 年，第 291 页。

地层造成二次伤害。1989年6月13日，陕参1井进行了酸化施工，先是低排量替酸，然后高压挤酸，最后用活性水顶替，一环紧扣一环，整个过程严格按设计施工。经过一小时紧张而有序的施工，酸化结束，现场的所有人员都松了一口气，50立

图 7-19　陕参 1 井获高产气流点火放喷（中国石油勘探开发研究院提供）

方米酸液顺利注入地层。6月14日测试获得井口天然气日产量14.15万立方米，是酸化前产量的2.3倍，酸化初战告捷。6月16日至19日，进行系统试井，分别测试了不同工作制度下的日产气量，最后计算核准该井无阻流量为28.34万立方米。6月23日，原钻机试气完毕。历时516天，取得钻时、岩屑、岩心、荧光、班报、轻烃地球化学、泥浆、岩心素描、岩心照片、镜下照片、自制薄片、电测、气测、中途测试和完井后试气等15项资料，约4万个数据。

　　陕参1井取得重大发现，打破了鄂尔多斯多年的沉寂，靖边气田横空出世。1990年6月21日，新华社播发了《陕甘宁盆地天然气勘探获重大成果》的消息，中央人民广播电台用中、英、法、俄、西班牙、阿拉伯六种语言向全世界播发了这个新闻，引起强烈反响[1]。1990年11月19日，王涛视察陕参1井，一到井场，王涛就围着井口装置反复地看，仔细地看，对随行的长庆局负责人说："陕参1井给我们带来了希望，它将是陕北气田的发现井，也是长庆油田的功勋井。在今后大规模勘探开发时，既要讲求科学，也要注意环保，同时尽量少占用土地，用过的地该恢复的一定要恢复原貌。"[2] 这番话，至今对我们的工作仍然具有非常重要的指导意义。时

　　① 《百年石油》编写组：《百年石油》。北京：石油工业出版社，2009年，第257页。
　　② 中国石油长庆油田编：《中国石油口述史·长庆油田卷（上卷）》。北京：石油工业出版社，2012年，第295页。

任长庆油田公司总经理胡文瑞在亲笔所撰的《陕参一井赋》中指出了陕参一井的重要历史地位："陕参一井的钻探，有着区域突破之功，地质认识之据，有里程碑式的纪念意义。她凝聚着长庆人励精图治、气吞山河的壮志，镌刻着长庆人艰苦创业、波澜壮阔的历史。登高山之巅，涉河流之源，居高望远，方观其真正价值。"

继陕参 1 井之后，长庆石油勘探局在马家滩影剧院召开中部气田勘探会战动员大会，相继部署了陕字号、林字号、州字号、榆字号等一大批探井，在鄂尔多斯盆地中部形成东西长 30 千米、南北长 40 千米，总面积 1200 平方千米十字大剖面的天然气勘探的有利地区，其中 8 口井获得工业气流，平均日产气量 20 万立方米，随着这批井的成功钻探并获得工业气流，长庆油田从此实现了从单纯找油向油气并举的历史转变，拉开了长庆大气田规模勘探开发的序幕。

陕参 1 井完成后，地质家们进行了系统的地质综合评价，并围绕在奥陶系风化壳"找缝洞"展开攻关，形成奥陶系风化壳卡取技术、缝洞描述技术、小钻时判识气层、标志层划分气层、缝洞评价气层等配套的卡取与

图 7-20　1991 年 7 月 23 日翟光明在陕参 1 井现场（翟光明提供）

判识评价技术。对陕参 1 井地质综合评价工作，地质专家给出的结论是：
"该科学探索井的研究水平及地质成果达到了国内先进水平。""对全盆地
天然气的勘探具有一定的战略意义。"

陕参 1 井作为全国第二口获得成功的科学探索井，揭开了鄂尔多斯
盆地中部大规模天然气勘探的序幕，发现了中国陆上最大的整装天然气
田，使盆地天然气勘探取得了历史性突破，开拓了在华北地区古生界油气
藏勘探的新领域。中国科学院院士、地球物理学家、石油地质学家翁文波
先生曾说："在陕甘宁盆地发现大气田，其地质意义不亚于当年发现大庆油
田。"[①] 大气田的发现，不仅令世人瞩目，也为实现"陕气进京"、"气化西
安"提供了坚实的、可靠的天然气资源保证。自此，长庆油田跨入大发展
的辉煌时期。

科学探索井的延伸

随着我国油气勘探形势的发展，到"科学探索井"早期勘探后一阶
段，出现了科学探索井选位难度越来越大，工程技术手段跟不上需要，研
究经费和研究力量投入不够等众多不利因素，多口科学探索井失败。其
中，楚参 1 井地层重复；高参 1 井深部潜山风化壳不存在；沁参 1 井保存
条件差；英科 1 井油层污染严重；酒参 1 井地质条件复杂，钻井过程中大
量重晶石压死油层，油层严重污染；圣科 1 井成藏条件复杂，构造内幕不
清；郝科 1 井深层储层条件差；冷科 1 井深层油层复杂并被污染等。很长
一段时间里，"科学探索井"项目都没有大的突破和发现，整体工作处于被
动状态。

1997 年，中国石油天然气总公司勘探会议决定，要把"科学探索井"
项目作为一件大事来抓，进一步加强科学探索井的科学决策，提出"思想

---

① 王志明：《翁家石油传记》。北京：石油工业出版社，2014 年，第 178 页。

认识、领导精力、资金投入、技术措施"四到位，明确管理层次、科学探索井内涵、项目实施三方面的重大改革举措，确定科学探索井的选位原则和程序保持不变。会后，研究院成立了"科学探索井"规划研究设计小组，由总公司统一领导。研究院进一步依托整个石油系统的科研成果，充分应用于"科学探索井"项目，重点负责井位确定和随钻研究等工作，实现了该项目的科研与生产分工，对"科学探索井"项目重新改革定位起到了关键作用。经过改革和重新定位，"科学探索井"项目在吐哈盆地、四川盆地、柴达木盆地都取得新的突破和重要成果。

图 7-21　20 世纪 90 年代地质科研人员开展科学探索井研究（中国石油勘探开发研究院提供）

1997 年 11 月 15 日，研究院在四川盆地东部大天池构造带五百梯潜伏构造南高点上设计并组织了五科 1 井的钻探，设计井深 5900 米，完钻井深 6063 米。该井于 1999 年 3 月 2 日完钻。五科 1 井的钻探首次在川东地区小河坝组含粉砂质泥岩裂缝中获低产气流，日产气 1.5 万方，证实川东地区具有很好的勘探前景。

1998 年 5 月 10 日，研究院在吐哈盆地台北鄯善构造上设计并组织了鄯科 1 井的钻探，设计井深 5500 米，完钻井深 5500 米。该井于 1999 年 5 月 27 日完钻，之后获工业油气流，三叠系日产油 11.5 吨。鄯科 1 井作为吐哈盆地的第二口科学探索井，证实台北凹陷前侏罗系存在二叠系烃源岩，有较大勘探潜力，并首次发现盆地三叠系稀油勘探新层系、新领域，表明深层具有广阔的勘探前景。

1998 年 7 月 1 日，研究院在四川盆地川中乐山—龙女寺加里东古隆起高石梯构造上设计并组织了高科 1 井的钻探，设计井深 5400 米，完钻井深 5400 米。该井于 1999 年 7 月 25 日完钻。高科 1 井的钻探获得良好的油气显示并见低产气流，表明川中下古生界加里东隆起具有较大的勘探潜力。

2000 年 3 月 28 日，研究院在酒泉盆地青西坳陷青西低凸起的青西 1 号构造上设计并组织青科 1 井的钻探，设计井深 5300 米，完钻井深 4525 米，在下白垩统及古近系获良好油气显示，因固井失败未钻达主要目的层段。

2000 年，因油气勘探管理体制与机制变化等诸多原因，科学探索井项目结束运行。在总结科学探索井项目成功经验的基础上，2005 年启动风险探井项目，取得了多个重大发现和突破，支撑了油气勘探储量高峰期工程，为中国石油天然气发展与能源安全保障做出了重要贡献。

科学探索井的管理经验

科学探索井项目跨越了从计划经济为主导向市场经济为主导的转型过渡时期，经历了中国石油工业勘探形势和管理体制多次更替的时段，主管部门由石油工业部到中国石油天然气总公司、再到中国石油天然气股份有限公司。实施方式历经 4 种形式：1986—1994 年由总公司委托研究院独资负责全程实施；1995—1996 年由研究院与油田合作经营；1997—1998 年由总公司统一组织管理和协调，研究院负责选位和随钻研究，新区勘探事业部负责钻探；1999—2000 年由股份公司领导，研究全程具体运作。十五年间，"科学探索井"项目相继对西北中生界和古生界、华北古生界、南方海相碳酸盐岩和碎屑岩、渤海湾盆地第三系盐下深层和塔里木盆地下第三系海相等 6 个领域和 11 个地区的含油气性和石油地质与工程问题进行了科研实践，开辟了西北侏罗系和华北下古生界两大勘探新领域，直接推动了吐哈盆地和鄂尔多斯盆地的天然气勘探，并直接影响了后来原中国石油天然气总公司勘探局西北侏罗系、南方海相勘探项目经理部的成立与新区勘探。这期间，共钻探 14 口科学探索井：台参 1 井、陕参 1 井、高参 1 井、楚参 1 井、沁参 1 井、酒参 1 井、英科 1 井、郝科 1 井、冷科 1 井、圣科 1 井、五科 1 井、鄂参 1 井、高科 1 井、青科 1 井。

"科学探索井"有成功的喜悦，也有失败的心酸。无论如何，研究人员为此倾注了极大的希望和大量的心血，谱写了一曲石油人无私奉献的华章。台参 1 井、陕参 1 井、鄂参 1 井等 3 口井获工业油气流，取得了三大突破，开辟了三大勘探新领域；冷科 1、酒参 1、五科 1、高科 1 等 4 口井获低产油气流，获得四大发现，揭示出四大勘探新方向；高参 1、楚参 1、沁参 1、英科 1、郝科 1、圣科 1、青科 1 井等科学探索井见油气显示，深化了相应地区的石油地质认识，解决了油气远景评价的关键问题；此外，还有两口井推荐给油田实施，推荐给中原油田的濮深 8 井于 1997 年 11 月中途测试中获日产原油 23.93m³，并在古近系沙三段发现了良好的生油岩；推荐给大港油田的乌深 1 井在奥陶系获高产天然气流。

"科学探索井"项目的成功与其科学管理是分不开的。这期间，研究院从全程负责实施到与油田合作实施，再到重点负责选位和随钻研究，逐步实现了从系统工程向专门科研工作的转变。这期间，研究院与总公司领导和"科学探索井"领导小组形成决策层，各专业所处与油田、"科学探索井"办公室形成管理层，与现场项目组形成实施层，共同协作，保障了科学探索井项目的快速推进，为实现大发现和大突破做出了贡献。

十五年间，"科学探索井"成长为陆上油气勘探的又一新生力量，成为开拓油气勘探新区、新层系、新领域的重要窗口。科学探索井项目取得的成功，为科研成果迅速转化成生产力树立了典范，再一次有力地证明研究院作为我国石油工业的技术支持中心所起到的重要作用，进一步为我国陆上石油工业"稳定东部、发展西部"战略方针做出了突出贡献，同时也在石油工业勘探发展史上留下了光辉的一页。科学探索井的实施，翟光明功不可没，他是这一项目的主导者、管理者，也是设计者、指挥者，他全程参与了科学探索井的实施，为这一项目的实施做出了杰出贡献。

"到现在我觉得科学探索井还是值得发展的，我还想继续圆这个梦，如果有精力，用板块构造原理，探索可能有利的油气地区，尽量把能想到、能做到的都做好。"这是翟光明的一个心愿和梦想，在 90 岁高龄的今天，他依然下决心，要把探索往更高一层进行下去，把新技术、新理论、新方法应用在新地区、新领域、新层系，充分发挥科学探索井的长

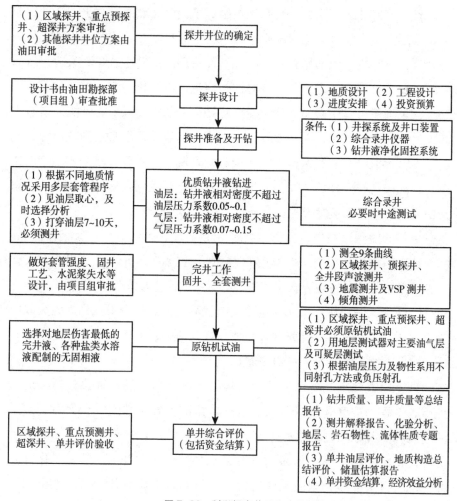

图 7-22　科学探索井系统工程设计评价流程图（翟光明提供）

处，在没有任务压力情况下，尽可能解放思想，为新的进展提供更好的实现手段。

当年找油技术的发展确实经历过极为艰苦的阶段，找油人还要顶着各种压力和责问。寻找开辟新的含油气地区，必须经常去探索，如果停顿或原地踏步，就不能在现有的基础上进一步扩展。翟光明没有停步，他说："勘探要不断地向前走，失败或许永远就在前头等着你。最近我在做一项工作，科学探索井还要继续，即使不能像原来每年十几口，仅仅五六口也会发现新东西，不间断地向前，才能在更复杂的情况下有更大的发现。"

科学探索井经历了成功，同样也经历了失败。然而，对于一个勘探家来说：勘探没有失败，钻探没有空井。科学探索井部署的探井中大部分为干井[1]，干井的出现都是有原因的，干井对于勘探并不意味着失败，每口井都能提供大量的新信息，只要对这些信息认真分析研究，重新认识勘探目标，未来还可以用来作为确定新一轮勘探的依据。只要有钻探，就有收获，找到油气是成功，没有找到油气同样也是成功，没有找到就提醒人们这一地区可能没有油气，也可能还没有被发现，但只要有一个找油者保持还有新油田有待发现的信念，有勘探的自由，并受到勘探技术的支持，新油田就有可能继续被发现[2]。

在石油勘探过程中，勘探家要找油必须是"大脑中有油"，要有强烈的找油动机和找油欲望。正如华莱士·E·普拉特[3]所说："如果没有人相信有更多的石油有待去寻找，将不会有更多的油田被发现。"[4]科学探索井正是验证了这一说法，翟光明也正是有找油的信念，有不找到大的突破口誓不罢休的决心，科学探索井项目才得以实施，才有所突破，并在中国石油勘探史上留下了浓墨重彩的一笔。

科学探索井是一项系统工程，包括七个环节：精选井位；精心搞好地质、工程、进度和投资四项设计；认真准备好钻井的安全保障、钻井液净化和录井取资料所必需的条件；优质钻井液近平衡钻井，见油层就取芯，钻穿油层7—10天及时测井，加强综合录井和中途测试工作；完井时测全9条曲线，创造条件进行倾角测井、地震测井和垂直地震剖面测井，区域探井和预探井必须全井段声波测井，固井时要千方百计保护油层，把污染降到最低限度；区域探井和重点探井必须做到"完井之日也是测试工作结束之时"，中途测试没有了解的层位必须原钻机试油；充分利用录井、测井、测试和分析化验等各种资料对生储盖条件及油气水层进行综合评价。

---

① 干井：指没有找到具有开采价值的油气或根本没有油气的探井。

② 翟光明访谈，2014年1月22日，北京。资料存于采集工程数据库。

③ 华莱士·E·普拉特（W. E. Pratt, 1885-1981），美国石油地质学家，AAPG的创始人，著有《找油的哲学》等，被誉为"历尽沧桑的老人"。

④ 王根海：《石油勘探哲学与思维》。北京：石油工业出版社，2008年。

科学探索井项目经历了从幼年到成熟这样一个不断完善的过程，在科学探索的实践中形成了一套独有的操作程序和管理经验。翟光明是主导者，是实践者，当然更是获益者，他和全体参与人员一道将这些经验进行了系统的总结，概括为"三个结晶"、"三环节一条龙管理"、"两个立足，一个永恒"①。

科学探索井的成功最重要在于"三个结晶"，即石油地质综合研究认识飞跃的结晶、工程技术进步的结晶、团队协作精神的结晶，台参1井等就是这种成功经验的典型代表。

地质认识飞跃的结晶是第一个结晶。科学探索井的成功应归功于石油地质综合研究的认识，是认识飞跃的结晶。没有地质认识上的飞跃性突破，有利的可选井位领域就不会浮出水面，有利的钻探目标就不会落到坐标点上，有了地质新认识的发展，科学探索井的钻探才会真正体现探索的价值，突破的概率才会最大。科学探索井项目启动时，研究院立刻组成了多专业研究攻关团队，立足前期研究成果和全国沉积盆地评价，进行分析评价与筛选，优选了陕甘宁、吐鲁番、渤海湾（冀东、华北和胜利探区）、酒泉、山西、云贵川等盆地或地区作为工作重点，之后又增加了塔里木盆地和四川盆地，并选出18个油气勘探目标。科学探索井领导小组决定将第1口科学探索井选在吐哈盆地台北构造。当时在构造位置与目的层系上存在很大争议，通过野外露头踏勘、老井复查、地震资料处理解释等大量基础工作，经过细致研究与深入讨论形成了三点认识的飞跃：吐哈盆地与北侧紧邻的准噶尔盆地仅一山之隔，有相似的油气成藏条件。而准噶尔盆地经过多年勘探已发现大油田，是一个油气资源十分丰富的盆地。类比研究认为吐哈盆地也有发现大中型油气田的可能性。准噶尔盆地发育石炭—二叠系、三叠系—侏罗系多套生储油层系，通过野外调查发现这些沉积层在吐哈盆地都发育，是重要的勘探新领域。吐哈盆地具有发现大中型油气田的可能。在台北、胜金台、柯柯亚三个

---

① 《科技兴油，再创辉煌》编写组：《科技兴油，再创辉煌——石油勘探开发科学研究院建院四十周年回忆文集（下册）》。石油勘探开发科学研究院，1998年，内部资料，第261-266页。邹才能、杨永泰：科探井人之歌。

構造中，研究认为台北 1 井侏罗系见油气显示，证明其发生过油气成藏事件，评价优选台北构造侏罗系—二叠系为勘探目的层，最终确定了台参 1 井井位。

第二个是工程技术进步的结晶。科学探索井的成功应归功于勘探技术的发展，是技术进步的结晶。勘探技术的进步使得对地质家梦寐多年的有利目标的探索成为可能。台参 1 井井位确定后，研究院立即行动，在领导小组的指导下详细制定了地质、钻井、钻井液、进度、成本概算等 5 套设计方案，提出要采用当时的 6 项最新技术，即：采用先进综合录井仪，全面跟踪钻探录井的各项参数变化；采用罐顶气评价技术，系统采集罐装气，客观评价储集岩含油气性；采用阳离子聚合物钻井液体系，确保钻探工程顺利；采用近平衡钻井技术，最大程度保护油气层；采用先进测井技术，确保客观评价油气层；采用先进地层测试技术，严格工作规范与保障突破。

第三个是团队协作精神的结晶。科学探索井的成功也是综合勘探和团队精神的结晶。科学探索井项目的各环节人员的密切配合，特别是地质和工程都以油气发现为前提而协调作战，发扬大庆精神、铁人精神，是综合研究在实践中获得成功的关键。科学探索井项目组在翟光明的带领下，始终坚持"只要工作到位，项目必有突破"的信念，对每口科学探索井的前期选位评价与风险分析、随钻研究及钻后评价的每一个环节都精心设计、仔细分析、深入研究，倾注大量的心血，不畏艰苦和寂寞，长期战斗在科学探索井第一线；不计得失和名利，常年奔波于研究院和现场之间，夜以继日忙碌于研究室中，默默无闻、无怨无悔地为科学探索井项目奉献。科学探索井领导小组选派得力监督，在总监负责制下，严格要求，精心操作，精雕细刻，确保施工环节彻底贯彻探索精神和井位设计思想。钻探过程一结束，科学探索井项目组依托研究院的技术优势，立即组织包括油田在内的测井、地质各路专家深挖细找，点滴不漏地进行油气评价，确定试油层位并进行试油，并进行单井综合评价和随后的区域深化评价研究工作，提出下一步勘探思路和方向，这就是科学探索井项目具有生命力的重要保障。尤其在科学探索井项目暂时没有新突破井的时期，各方面对项目产生各种不同看法，但科学探索井人始终思想坚定，信心十足，认真细致。有理由坚信，只要依据科学的方法，严谨求实的态度，开拓创新的思路，无私奉献的精神，就一定会取得重大突破。台参 1 井的钻探，就是在这样的"创新认识、创新技术、创新管理"的理念下，获得了系统全面的地质、地球化学、古生物、地震、钻井、测井、中途测试、试油及分析化验等各项资料和数据，建立了完整的地质剖面，系统开展了钻后评价，初步查明了中生界含油气情况，确定了工业产层及产能，明确了台北构造的含油气规模，为全盆地的勘探部署乃至对西北侏罗系勘探的推动都提供了可靠的地质依据，达到了科学探索井的钻探目的。

在科学探索井项目的具体操作中，强调"三环节、一条龙管理"。前期选位与目标风险评价是最关键的第一环节，所选目标是否能准确代表所探领域的窗口，在实际钻探中，这个目标又是否落实可靠，至关重要，在井位研究和目标选位时，坚持"研究领域多于区带，研究区带多于目标，研究目标多于井位选择"为原则，努力让科学探索井的选择与实施既有充分性，又有突破的重大意义。第二个环节是钻探阶段技术与措施的合理使用，否则就不可能实现地质目的和设计要求，在井位实施过程中，始终坚守"精雕细刻、精耕细作、深挖细找、点滴不漏"锲而不舍的精神；始终坚持设计调整遵循"三个服从"，即地上服从于地下、工程服从于地质、措施服从于发现[1]。钻后评价是第三个环节，井点选准了，井筒技术也合理实施了，但钻后评价阶段对油气层不能客观评价，测试不能深挖细找，到手的油气田也难免失之交臂。与此同时，每一口科学探索井都对质量有很高的要求，例如从科学探索一开始，就提出要有系统配套的高水平、高质量的设计，并且还要求高素质人员配备和高水平的管理。三个环节的有机配合是科学探索井成功的关键，相反，任何一个环节上的失误，都会导致科学探索井的失败，这需要组织运作的一条龙管理。

翟光明在科学探索井选位工作中，始终坚持"两个立足，一个永恒"。一是立足新领域和新突破，使科学探索井成为陆上寻找优质效益型油气资

---

① 中国石油煤层气有限责任公司徐凤银访谈，2013 年 12 月 25 日，北京。资料存于采集工程数据库。

源领域的重要窗口；二是立足所选目标与领域的效益和经济性，使科学探索井成为寻找优质效益储量的有效途径。"一个永恒"是科学探索井研究人员要始终把科学探索加突破这个指导思想作为科学探索井选位钻探永恒不变的追求。

科学探索井项目的精髓与意义

科学探索井项目自诞生之日起，就肩负了战略性突破的使命，科学探索井的精髓就是领域性的井位选择。它具有两大属性，一是科学性，钻前对区域地质情况进行科学系统的综合研究，以确定靶区和钻探目标，钻探过程对各项即时性参数，结合已有区域资料进行系统分析，以指导钻井，钻后进行系统的多学科研究和综合评价，指导部署；二是开拓性，从选位开始就立足重大领域，目标锁定在探索盆地内新的含油气区、新的含油气层系、新的含油气领域，突破点选择具有规模资源的有利目标。科学探索井的名称，恰如其分地体现了其科学和探索的本质。

科学探索井的意义不仅在于钻探了一口井，打开了一个领域或取得了新的资料，还在于它发挥了科学家勇于探索的潜能，并建立了一套新的管理体系和标准，很多油田借鉴了科学探索井项目的经验进行新领域研究、井位论证、钻后评价和探井管理等工作。

第八章
组织完成中国石油地质理论著述

领衔编撰中国石油地质志巨著

　　中华人民共和国成立后，中国石油工业发展很快，到 20 世纪 80 年代中期，在全国 17 个省市自治区发现 200 多个油气田，从西部的挤压盆地到东部的拉张盆地开展大规模的油气勘探，地震测线超过一百万千米，钻探井和开发井突破六万口，建成 16 个油气工业基地。

　　与世界上其他产油国不同的是，中国当时的石油绝大部分产自陆相沉积岩，实践证明陆相地层可以大量生烃，并且可以形成大油气田和大油气区，随着大庆特大型油气田、任丘古潜山油田的勘探开发，我国发现了为数可观的油气储量，积累了勘探陆相油气田的丰富经验，也积累了大量的、十分宝贵的石油地质资料，同时还发展了具有中国特色的石油地质科学，包括陆相有机成烃演化、湖相沉积体系、复式油气聚集带以及油气资源评价等一整套理论和方法。此外，对海相碳酸盐岩裂缝性油气田的勘探开发也积累了比较丰富的经验。

翟光明十分重视中国石油天然气地质学理论的系统总结，总结过去并指明未来方向是非常重要的。1983 年，他不失时机地提出编写石油地质志的想法，在他脑海里形成一个划时代的命题——撰写《中国石油地质志》，作为石油勘探大发展的指导和参考。当时意见非常不统一，反对的、讥讽的、担忧的声音来自各个层面，凭着多年的实践经验和职业的敏感，顶着各种压力和风险，翟光明坚持要编写这套书籍，目的就是系统论述具有中国特色的石油天然气地质理论，并且全面地总结 40 年来大规模油气地质勘探的经验和教训，通过概括、浓缩，使之成为经验，成为理论，能广泛地供众多的石油地质专家所使用，"前事不忘后事之师"是编写这套系列专著的一个重要目的。1985 年前后，一套成型的思路和编写构架逐渐在翟光明的心里形成，并组建了编写委员会，开始了这套志书的编写工作。

《中国石油地质志》的编写非常艰苦，参编人员多、周期长，涉及内容多，翟光明担任全套书的主编，为这套丛书的编写耗费了大量心血。编委会组建伊始，翟光明就广罗人才，发动各石油勘探局的地质家们参与这项工作，组成由王慎言、史训知、邱中建、查全衡、胡见义为副主编的编委会[①]，编委由来自各油气区、石油高校、石油研究机构等单位的地质专家和领导 31 人组成，同时组织了有 500 多人参与的专家编写队伍。

《中国石油地质志》共分 16 卷，是按照当时各油田、勘探局及石油公司所在行政区，并考虑构造单元的一致性，将全国划分为 15 个油气探区，每个探区编写一卷，单独成册，每册包括对本探区的勘探历程、地层、构造、沉积相、油气生成、储集层、油田水文地质、天然气地质、油气运移、油气藏形成与分布以及资源潜力与前景等的全面论述。另外，松辽、新疆、河南和沿海大陆架及毗邻海域油气区等 4 个探区，各有上下两个分册，连同总论一册，《中国石油地质志》共计有 20 个分册，2000 万字，附图 6000 余幅[②]。各分册内容主要是系统总结各油气区石油天然气地质特点

---

① 王仰之：《中国石油编年史》。北京：石油工业出版社，1996 年，第 177 页。

② 《科技兴油，再创辉煌》编写组：《科技兴油，再创辉煌——石油勘探开发科学研究院建院四十周年回忆文集（下册）》。石油勘探开发科学研究院，1998 年，内部资料，第 627–631 页，高维亮、薛超：关于《中国石油地质志》的出版。

和勘探历程，把广大石油地质工作者几十年来获得的各种素材、数据，按理论观点，汇总起来，使整套专著图、文、表结合，方便参阅者使用。每卷开头，首先论述各有关地区的地理概况、勘探成果和历程，然后重点分章节系统论述本地区的地层、沉积相、构造、生油层、储集层、水文地质、天然气地质、油气藏形成地质条件与分布规律，油气田地质理论等，最后以讨论该区油气前景和勘探方向作为结尾。《中国石油地质志》各分卷顺序为：

卷一，总论；卷二，大庆、吉林油田；卷三，辽河油田；卷四，大港油田；卷五，华北油田；卷六，胜利油田；卷七，中原、南阳油田；卷八，苏浙皖闽油气区；卷九，江汉油田；卷十，四川油气区；卷十一，滇黔桂油气区；卷十二，长庆油田；卷十三，玉门油田；卷十四，青藏油气区；卷十五，新疆油气区；卷十六，南海大陆架及毗邻海域油气区。

总论卷《中国石油地质志》是这套丛书的核心，翟光明亲自拟定编写大纲，精心推敲、秉笔撰写，并对书稿进行了审核和定稿，贴近真实而又系统地反映了他在中国石油地质学领域的实践—认识、再实践—再认识的理论研究最新成果，可以说卷一《总论》是一本具有中国特色的石油天然气地质学。《总论》共分为十二章，第一章绪论，简要叙述中国石油天然气地质的研究和中国石油天然气地质学的产生、发展过程及主要特点。第二章论述含油气区地层的划分和对比。第三章论述含油气区的沉积相，从沉积发育史，阐述中国海相沉积和陆相沉积的特点，特别是中国陆相沉积，有丰富多彩的沉积体系，形成一些独特的沉积模式。第四章含油气区构造，以区域构造发育史为基础，划分含油气盆地类型、分区，并论述区域构造背景，对盆地石油地质条件的控制。第五章油气生成，着重论述了陆相油气生成的特点，分析陆相生油与国外广泛分布的海相生油的不同地质背景、不同的成烃母质类型和热演化作用，充分体现中国陆相生烃的特殊环境和生烃模式。第六章油气储集层，比较全面地反映中国海相、陆相储集层的特点。中国陆相碎屑岩为主的油气储集层突出特点是非均质性和不连续性，这和国外海相储集层有很大不同。中国海相碳酸盐岩主要储集层也多是一套致密的裂缝性石灰岩和白云岩。第七章油气田水文地质，论述中国油气田水化学特征、区域性的古今水动力条件对油气聚集和保存作用，论述了不同类型盆地水文地质条件对油气分布的影响。第八章天然气地质，专门论述中国天然气藏形成条件。第九章原油性质。第十章油气运移，在大量勘探实践和分析化验的基础上，对各含油气区的油气运移的初步探讨。第十一章油气藏，针对中国不同类型含油气盆地的特点，系统论述其复杂的成藏条件和多含油气系统。第十二章叙述石油天然气资源潜力及发展前景[①]。

《中国石油地质志》编写历时十多年，翟光明不辞辛苦，亲自组织审阅定稿，参与审查的专家有高维亮、宋建国、徐旺、张传淦、张清、薛超等。石油地质志的撰写编审过程，实际上是进一步深化各含油气区和全国油气地质理论的认识过程，从而保证在学术方面达到了前所未有的高水平。1996 年完成全部出版发行工作，国家新闻出版总署把这套系列专著列为"八五"科技图书出版十大系统工程之一。

翟光明主编的《中国石油地质志》，是中华人民共和国成立以来石油

图 8-1 《中国石油地质志》1—16 卷全书（禹航摄）

---

① 翟光明主编：《中国石油地质志》。北京：石油工业出版社，2000 年。

天然气普查、勘探开发科技成果与理论研究的结晶，是我国老一辈石油地质家油气调查、理论研究和油气评价的高度概括，这套图书的出版，总结了过去，展望了 21 世纪中国石油天然气工业发展的目标和方向，为广大石油科技工作者提供了理论指南，写出了中国特色的石油地质学，填补了世界石油地质学的空白。1997 年 6 月，《中国石油地质志》获得中华人民共和国新闻出版总署第八届全国优秀科技图书一等奖。

图 8-2　中国石油地质志获全国优秀图书一等奖（翟光明提供）

我国著名石油地质学家黄汲清教授、王鸿祯教授、孙枢教授、涂光炽教授、刘光鼎教授分别在《科技日报》、《光明日报》发表文章，对《中国石油地质志》系列专著的出版给予很高的评价，认为《中国石油地质志》"写得很有特色，有许多创新"、"创造和发展了具有中国特色的石油地质理论，为世界石油地质科学做出了重要贡献"、"是新一代石油地质工作者难得的教科书，是未来石油工业的指南"。著名地质学家黄汲清教授称《中

图 8-3　石油地质专家撰文高度评价《中国石油地质志》（翟光明提供）

国石油地质志》为“科技图书群落的巨人”。国外同行有人称“《中国石油地质志》是中国石油地质的圣经。”

板块构造学的实践与应用

板块构造学说的诞生和发展，导致地球科学的革命，开创了全球地质科学的新时代。20 世纪 70 年代板块构造学说引入中国，并应用于我国的区域地质、矿产地质、海洋地质、地震地质和石油地质等各个方面，极大地丰富了板块构造学的理论与实践内容，推动了这一学说在中国的发展和应用。

1997 年，翟光明开始主持中国石油勘探战略研究，领导“板块构造演化与含油气盆地形成和评价”科研项目，指出在我国中西部诸多盆地中仍赋存有大量油气资源及具体勘探目标；在东部中国成熟盆地中应探索新领域、新层系并指出有利地区；提出在我国各主要盆地内油气分布具有有序性分布特征。

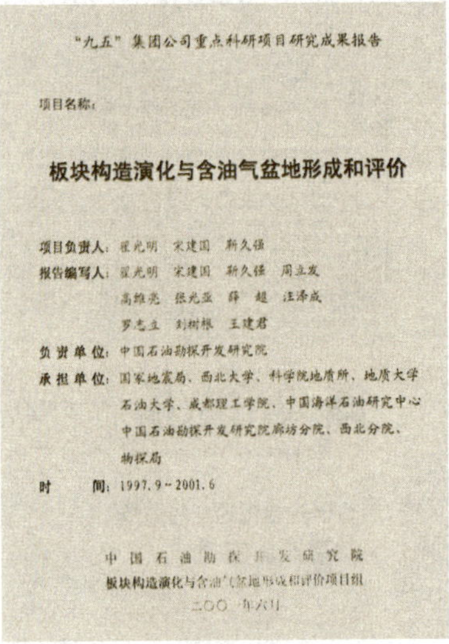
“九五”集团公司重点科研项目研究成果报告

项目名称：

板块构造演化与含油气盆地形成和评价

项目负责人：翟光明　宋建国　靳久强
报告编写人：翟光明　宋建国　靳久强　周立发
高维亮　张光亚　薛　超　汪泽成
罗志立　刘树根　王建君
负责单位：中国石油勘探开发研究院
承担单位：国家地震局、西北大学、科学院地质所、地质大学
石油大学、成都理工学院、中国海洋石油研究中心
中国石油勘探开发研究院廊坊分院、西北分院、
物探局
时　　间：1997.9～2001.6

中国石油勘探开发研究院
板块构造演化与含油气盆地形成和评价项目组
二〇〇 年六月

图 8-4 《板块构造演化与含油气盆地形成和评价》项目研究报告（中国石油勘探开发研究院提供）

如何把板块构造研究成果应用于中国的含油气盆地评价，一直是我国石油地质工作者关注的焦点，在翟光明的领导下，在这方面开展了探索性工作。2002 年，在他的指导下撰写完成《板块构造演化与含油气盆地形成和评价》一书。全书由翟光明、宋建国、靳久强、高维亮和薛超完成。以板块构造演化为主线，从中国板块构造格局与特征出发，重建中国板块演化史，编制了显生宙以来不同时期以中国为中心的板块位置图，显示了中国板块演化的阶段性及小板块

"多动性"的特征，以动态的、历史的研究思路，编制构造——岩相古地理图，反映不同时期的板块构造演化对沉积盆地的控制作用，并从生烃岩相带的展布特征探讨油气分布。同时，提出了含油气盆地评价的研究思路和方法，通过编制分期构造图、烃源岩演化图及其二者的时空配置，为油气成藏研究与预测提供了科学的依据。书中还提出多旋回盆地的分类方案，为中国叠合油气盆地分类与评价奠定了基础。

《板块构造演化与含油气盆地形成和评价》由国家科学技术学术著作出版基金资助出版。全书共分三篇。第一篇，中国及邻区板块构造格局与特征，运用最新有关重、磁、电、震、热等地球物理场资料，研究中国大陆板块的岩石圈结构、深部构造背景以及稳定地块与活动造山带之间的关系和格局；重建中国大陆板块与相邻板块的演化历史。第二篇，中国中西部板块构造演化与构造—岩相古地理，编制中国中西部显生宙以来不同地质时代的构造—岩相古地理图 17 张，分期论述盆地构造环境、盆地原型和烃源岩分布。第三篇，中国中西部含油气盆地综合研究与评价，以中西部鄂尔多斯、四川、柴达木、吐哈、准噶尔、塔里木六大含油气盆地为重点，研究板块构造演化对石油天然气成藏过程和后期调整改造的影响。最后指出，中国中西部 15 个前陆盆地是 21 世纪陆上油气勘探的重要领域，台盆区 10 个古隆起是寻找大型油气田的目标区域，下古生界海相地层是未来的接替领域。

主编《中国石油地质学》

《中国石油地质学》一书是翟光明主编《中国石油地质志》卷一《总论》的修订升级版。这本书的出版，有利于石油勘探工作者利用已有的认识和理论，更深入地探索新的含油气领域，对于进一步发展中国石油天然气工业和石油天然气地质科学理论有重要的学术价值。

《中国石油地质志》卷一《总论》出版后，在地质界引起巨大反响。

经过近 20 年的发展，油气勘探不断取得突破。回顾自新中国成立以来的发展历程，石油天然气地质勘探主要在陆相的中、新生代盆地中进行，并创造出一条中国式油气工业发展道路，总结出一套具有中国特色的油气地质理论。这就是在频繁构造运动的基础上和陆相沉积条件下形成的一整套陆相油气生成、运移、聚集、储集和成藏的理论，这也是对陆相沉积油气成藏规律的系统总结。

2005 年，翟光明提出对《中国石油地质志》卷一《总论》改版的总体思路和提纲，撰写了主要章节，并对全书进行了修改、删减、补充和统稿，最后进行了全书的审核和定稿。本次修订，从整体考虑，根据实际发展情况分三种情况进行修改。一是重新编写第四章，二是修改和补充第一章、第八章、第十一章、第十二章内容和结构，三是对第二章、第三章、第五章、第六章、第七章、第九章、第十章进行部分修改。

《中国石油地质学》全书共分四个部分，十二章，约 100 万字。第一部分"绪论"，阐述勤劳智慧的中国人民于古代在发现和利用石油天然气方面走在世界各国前列的史实，并在长期实践中积累了若干关于钻井和地质录井的初步经验，其中的更多内容是阐述新中国诞生后，石油天然气地质勘探事业迅猛发展的历程和中国石油天然气地质理论的拓展和日臻完善。第二部分，主要论述了石油天然气地质理论的基础，包括含油气区的地层、沉积相和构造背景。第三部分，论述了中国特色油气地质理论的主体，即在陆相沉积环境下油气生成、运移、储集、天然气地质、原油性质、含油气区水文地质等。第四部分，主要论述了中国特色的油气藏形成条件和分布规律，指出了 21 世纪前期中国油气工业持续发展的目标和领域。

第九章
主持全国油气资源评价

第二次全国油气资源评价

　　油气资源评价，是在现代石油地质理论和现代石油勘探技术不断取得新发展的基础上建立起来的一门专门的科学技术，其任务是在勘探早期科学地预测地下油气储量分布，为油气勘探提供重要依据。

　　油气资源评价是国际上一个惯例。通过评价，可以把握一个国家、一个地区乃至全球的资源状况。中国油气资源评价工作是随着油气勘察实践和科学技术的发展而不断完善的。20世纪70年代以前处于定性评价阶段，主要凭借地质专家的找油理论和丰富的经验，依据地质、地球化学、地球物理工作所提供的资料，进行含油气盆地远景评价，指出有利的含油气区（带）或圈闭，以指导油气勘查的部署。从20世纪70年代末期开始，随着计算机技术的发展和普及应用，油气资源评价工作也发展到定量评价阶段，定量评价不仅要指明有利的含油气远景区，而且要回答远景区内油气资源量的多少，风险如何，以及结合勘探技术条件、经济效益分析，做出最佳的勘探决策方案，以便为油气勘查工作部署提供更多的信息，使油气勘查部署更加明确、更加具体、更具可操作性，也更加符合实际[①]。

1981年，我国正式启动第一次全国油气资源评价，历时五年，至1986年底，完成第一次全国油气资源评价工作，系统评价全国247个沉积盆地油气资源，建立和完善资源评价的系统方法和程序软件，全面总结我国石油天然气区块接替和多年的勘探工作，形成近60万字、300张图幅的《全国油气资源评价》综合研究报告，初步查明我国油气资源的分布状况和基数，对制定油气勘探战略、加速油气勘探及合理布局起到了重要的指导作用，也为以后的油气勘探提供了重要的决策依据。

"七五"以来，我国重点盆地的油气勘探不断取得新的发现和进展，特别是塔里木盆地、吐哈盆地、陕甘宁盆地和四川盆地川东高陡构造地区油气勘探获得重大突破。新疆塔里木、准噶尔、吐哈三大盆地的勘探成果，为全国油气资源的战略接替展示出良好前景。渤海湾滩海地区及东北裂谷盆地群勘探上的重要发现，预示着我国东部地区的新盆地、新层系具有广阔的勘探领域。中部地区的陕甘宁、四川川东及南海大气田的发现，标志着我国天然气储量增长进入一个新的时期。油气勘探的大好形势，要求必须对全国各地区各类盆地的含油气性重新认识，对全国各类、各级油气资源的数量、分布重新进行评价，为全国以及各地区制定"九五"规划和跨世纪规划决策提供科学依据。

经过近五年的时间，翟光明领导的中国石油勘探开发科学研究院与有关油田做了大量的准备工作，多次组织评价方法和软件学习，培养了大量的技术人才。在评价方法、软件研制、实施规范、人员培训等方面，为顺利进行第二次全国油气资源评价工作完成了技术储备。

1992年4月，中国石油天然气总公司在北京召开第二次全国油气资源评价工作会议，启动第二次全国油气资源评价工作。会议通过总公司制定的《实施方案》，明确资源评价的任务、目的和要求，统一了认识、方法和规范，并成立领导小组和技术协调组。1992年8月12日，中国石油天

[①] 《中国石油天然气的勘察与发现》编辑部：《中国石油天然气的勘察与发现》。北京：地质出版社，1992年，第113页。

然气总公司下发（92）中油科字第 503 号文件《关于认真做好第二次全国油气资源评价工作的通知》，决定由中国石油天然气总公司科技局和中国石油勘探开发科学研究院共同组织第二次全国油气资源评价工作，各油田负责所属

图 9-1　20 世纪 90 年代科研人员开展油气资源评价研究（中国石油勘探开发研究院提供）

勘探盆地或地区的评价，研究院负责汇总和总报告的编写工作，具体包括全国油气资源量的汇总计算、专题研究报告的编写、挂图的绘制、数据表编辑等各项汇总工作。本次资源评价工作共有大庆、吉林、辽河、冀东、大港、胜利、华北、中原、河南、江汉、江苏、安徽、浙江、长庆、四川、滇黔桂、玉门、青海、新疆、塔里木、吐哈等油田以及杭州地质研究所、兰州地质研究所、海洋石油总公司等 24 个单位参加。

　　全国第二次油气资源评价主要任务是对我国石油、天然气、重油及低渗透油气资源进行评价，阐明其控制储量、预测储量、潜在的资源量、推测资源量的数量、平面分布、层位及埋深。评价分为油气区评价、盆地评价、区带评价及圈闭评价四个层次，评价过程中以圈闭评价为基础，以区带为重点，以盆地为单元，最终获取全国的油气资源评价结果。在评价区域上，西部以新疆塔里木、准噶尔、吐哈三大盆地为重点，东部以老区外围的新盆地、新层系为重点，中部以鄂尔多斯与四川盆地为重点，海域以南海北部

图 9-2　在勘探开发科学研究院报告塔里木石油地质情况（翟光明提供）

与东海盆地为重点。

翟光明领导并全程参与了全国第二次油气资源评价工作。以当时国内外最新的地质理论为指导，全面系统地对全国 150 个重点盆地、618 个区带、7792 个圈闭进行了评价研究，并提交完成了研究报告。第二次油气资源评价主要进行了盆地评价和区带圈闭评价。盆地评价研究根据各盆地地质情况不同，采用盆地模拟技术及其他盆地评价方法，对盆地石油地质进行综合研究并建立地质模型，在此基础上建立数学模型，并采用电子计算机从时间和空间定量地模拟盆地的形成、发展及烃类的生成、运移和聚集过程，从而找出盆地中的有利区带。区带圈闭研究，采用地质风险方法，主要对区带圈闭的含油气性进行基础地质研究，指出油气聚集的可能性和差异。区带的基本生油条件受烃源岩、储层、圈闭、保存和配套史五项风险因素影响，通过地质风险分析可以优选出有利的勘探区带。评价过程中，根据各油气区的石油地质特点，制定了各种地质风险因素的选值标准，并根据标准由石油地质专家综合研究确定最终取值。

在资源量估算方面，根据各探区的勘探程度和地质特点，采用不同的估算方法对盆地、区带及圈闭的资源量进行估算。盆地资源量估算主要是通过盆地模拟中的"生烃"模型获取，采用热压模拟、热解、蒂索法等计算生烃量和排烃量，再通过运移史及构造发展史的研究，得出区带的油气资源量，各区带资源量之和即为盆地总资源量。区带资源量估算，根据区带的勘探程度，选择统计模拟等方法进行估算。圈闭资源量估算，对于已见油气流或油气显示的圈闭，其控制储量或预测储量，可按容积法进行计算；对于没有油气发现的圈闭，资源量采用单储系数法计算。根据盆地、区带、圈闭资源量计算结果，对全国资源量采用数论布点方法进行汇总计算，得出全国石油天然气总资源量、全国油气资源的地区分布、层系分布、油气资源序列以及石油资源质量分布。

从方法、工具、规范以及获得的最终评价结果等方面看，全国第二次油气资源评价明显比第一次水平高，认识深度和可信度也大幅度提高。1994 年底，完成了全部数据的汇总工作和报告编写，基本摸清了在当时技术条件下中国油气资源的"家底"，得出了全国石油资源量为 940 亿吨、天然气为38万亿立方米的新认识（未包括台湾和南海南部海域的油气资源量），并且对全国的油气资源量进行了分析，得到了包括探明储量、控制储量、预测储量、潜在资源量、推测资源量的完整资源序列，完成1：250万的全国油气资源综合评价图，指出全国和各探区的勘探方向和勘探目标，为制定全国油气产量和储量的增长目标提供了科学的决策依据。

根据全国各探区的大量勘探工作实践，系统梳理和总结近年来油气勘探新成果、新理论、新认识，特别是对油气藏形成条件与规律、陆相生油理论、煤系生油、未成熟—低成熟油等进行总结和提升，具体包括陕甘宁盆地奥陶系风化壳大气田的成藏体系、南海大陆架大气区的形成与分布、塔里木盆地的构造与油气分布规律、煤系成烃机制及西北地区侏罗系资源潜力、低成熟原油地质化学特征及其成烃机制、我国大中型油气田形成以及中国油气区分布研究。

由翟光明主导的全国第二次油气资源评价，使中国油气地质学又一次得到提升、补充和完善，也使翟光明本人的地质勘探思想得到一次锤炼和升华，更坚固了他对中国蕴藏着大量石油的认识，增强了信心和勇气。二次油气资源评价研究就像给翟光明注射了强心剂和兴奋剂，推着他在中国石油勘探的舞台上继续演绎着找油之旅，寻找着一个个新的突破口。

第三次全国油气资源评价

石油是最具战略性的矿产资源。因为石油是现代文明的血液，社会需求面极广。在当代社会，油气资源关系一个国家或地区经济社会发展，关系国家安全。以油气资源为主的能源战略一般是大国普遍关注的重要战略问题。我国自1959年发现大庆油田实现石油自给以来，曾一度成为石油出口国，但是随着经济社会的快速发展，1993年再次成为石油净进口国，尤其是"九五"和"十五"期间，尽管同期国内石油产量以年均370万吨的速度增长，但石油消费量增长更快，供需矛盾越来越突出。面对这一形势，从国家利益出发，开展新一轮全国油气资源评价工作，以便进一步摸清我国的油气资源家底，从而为国家制定能源战略和规划等提供一个坚实的资源基础。这是一项非常必要、非常及时的重大油气资源国情调查，是政府应该做也只有政府才能够做好的基础性、公益性工作。

我国相继在 1981—1987 年、1991—1994 年组织开展过两次石油、天然气资源评价。但随着油气地质理论的发展、勘探实践的深入，对油气资源的认识在不断加深，已有的油气资源评价成果已不能完全反映我国油气资源现状；一些地区没有纳入油气资源评价范围；煤层气评价程度低；油砂、油页岩从未开展过全国性评价，无法满足从国家层面全面把握常规、非常规油气资源潜力的需要。翟光明认为我国的石油勘探刚进入中期，天然气勘探尚处于早期，松辽、渤海湾、塔里木、鄂尔多斯、准噶尔、四川等大盆地仍然是我国油气勘探开发的"主战场"，非常规油气资源中煤层气、油页岩很丰富，有很大的开发利用空间。此时开展油气资源评价十分及时，也非常必要，这是一项基础性、战略性的油气地质调查工作，是提高我国油气资源保障能力的基础，最终回答我国油气资源有没有、有多少、能否经济性地获得等重大问题。

2004 年 3 月，国土资源部启动第三次全国油气资源评价，翟光明任首席科学家，全程参与指导这次全国油气资源评价。4 月，被国土资源部聘为全国油气资源十大战略选区专家组成员，指导我国在南海北部、南部黄海、大庆盆地外围等 15 个油气资源战略选区调查取得一批新成果，目的就是实现油气新发现和重大突破，优选有利目标区和勘探接续区，也为资源评价提供基础。

翟光明系统总结了新一轮油气资源评价的特点：一是资源评价范围拓宽多了，既评价了石油、天然气，又评价了煤层气、油页岩、油砂，非常规油气资源进入国家能源战略视野，应

图 9-3　新一轮全国油气资源评价首席专家聘书（翟光明提供）

该说，这次资源评价对我国资源形势得到了比较全面的认识；二是一、二轮评价的资源量在内涵上和新一轮的远景资源量一致，新一轮评价的地质资源量和可采资源量，更加强调资源的探明性和可采出性，实现了和国际上资源评价的接轨；三是对我国天然气资源有了全新的认识：资源更丰富，发展前景更广阔，储量、产量快速增长，未来25年探明储量可以翻一番、产量翻两番，天然气当量接近或超过石油。他认为新一轮全国油气资源评价是一次重大的国情调查，许多内容是开拓性的，比如，首次评价了油砂、油页岩和重点煤矿区煤层气资源，首次开展了南海南部和青藏地区的油气资源评价，填补了空白。同时对认识差别大、意见难以统一的塔里木、渤海湾盆地开展了交叉评价，得到了各方的认可。

与前两次油气资源评价工作对比，翟光明认为项目管理水平显著提升。第一，创新了工作机制。新一轮全国油气资源评价工作初步形成"政府部门组织，专家技术把关，石油公司、高校、科研单位相结合，成果资料共享"的油气资源评价新机制，充分发挥各方面优势，实现了跨部门跨行业跨企业的协同与配合，打破单位间的资料封锁，保证新一轮全国油气资源评价工作的顺利进行并取得预期成果。第二，统一工作原则，建立评价体系。坚持"统一组织、统一思路、统一方法、统一标准、统一进度"的"五统一"原则，加强基础石油地质综合研究、刻度区解剖和可采系数的创新研究，探索建立一套包括资源评价方法、参数体系、评价规范等完整的油气资源评价体系，保证评价结果的科学性、系统性、合理性。第三，产学研相结合，充分发挥专家作用。新一轮油气资源评价是一项系统工程，由国内5家石油公司、6所大学、6个相关研究机构的1700名科技工作者参加，集中了国内优势力量，发挥了各自的长处，采取首席专家制，对评价工作全过程把关，以保证评价效果。第四，成果资料共享。这次评价站在国家层面，紧紧围绕国家需求开展工作，将国家利益、企业利益和社会利益紧密结合，所取得的成果对国家宏观决策和促进油气勘探开发起到了积极作用。

第三次油气资源评价历时四年，全面完成预定目标，这是一项具有宏观影响的大成果。获得115个主要含油气盆地的石油、天然气，42个盆地（群）的煤层气，以及油砂、油页岩等油气资源的资源量及其空间分布，拓展了油气资源评价的领域，对非常规石油资源的巨大潜力有了新的认识，同时，系统研究了油砂、油页岩富集成藏（矿）条件和全国石油、天然气、煤层气富集规律，评价结果表明，我国石油远景资源量 1287 亿吨，地质资源量 895 亿吨，远景天然气资源量 70 万亿方，地质资源量 44 万亿方；建立了国家级油气资源评价方法，开发并应用了油气资源评价系统；预测了我国 2006—2030 年油气储量和产量增长趋势；初步建成国家级油气资源评价数据库；提出促进油气资源勘探开发利用的具体政策建议等。从油气探明储量的分布看，石油探明储量主要分布在渤海湾、松辽、鄂尔多斯、准噶尔、渤海海域、塔里木六大盆地。天然气探明储量主要分布在鄂尔多斯、四川、塔里木、松辽、柴达木、渤海湾等八大盆地，占总储量的 95%。项目成果不仅为我国科学制定能源战略和政策等提供了重要依据，也受到业界人士的好评并引起社会关注，对我国今后科学制定能源发展战略和政策、指导企业勘探开发以及制定国民经济发展规划起到了非常重要的作用。由于出色的工作，2009 年，翟光明被国土资源部、国家发展和改革委员会和财政部评为新一轮全国油气资源评价工作优秀专家。

图 9-4　新一轮全国油气资源评价工作优秀专家证书（翟光明提供）

第十章
国际交流与合作

把世界石油大会引入中国

世界石油大会创立于 1933 年英国伦敦，全称为"世界石油大会——石油科学、技术、经济与管理论坛"，是一个石油科技和石油工业中相关经济管理领域的论坛，是一个非营利、非政府的权威机构，其宗旨是：为了人类的利益，必须加强对世界石油资源的管理，并在世界石油工业中推进先进的石油科学技术的应用及经济、金融、管理问题的研究。世界石油大会始终遵循着一个原则：处理事务的连续、高标准以及商业和政治上的绝对中立。世界石油大会在世界上赢得广泛的声誉，称之为石油界的奥林匹克。

世界石油大会每三年或四年举行一次会议，并出版大会的论文集，每届大会对历史回顾、现状评价和未来展望是最具综合性的，包括了石油工业从上游到下游的各个方面。回顾世界石油大会的历史，前十四届分别在伦敦（1933 年）、巴黎（1937 年）、海牙（1951 年）、罗马（1955 年）、纽约（1959年）、法兰克福（1963年）、墨西哥城（1967年）、莫斯科（1971年）、东京（1975年）、布加勒斯特（1979年）、伦敦（1983年）、休斯敦（1987年）、布宜诺斯艾利斯（1991年）、斯塔万格（1994年）举行。

1979年1月，经国务院批准，我国成立世界石油大会中华人民共和国国家委员会，由中国科学院院士侯祥麟任主任委员，中国石油学会理事长李天相、副理事长闽豫任副主任，翟光明为委员会成员。世界石油大会中国国家委员会的委员来自国土资源部、中国科学院、中国石油天然气集团公司、中国石油化工集团公司、中国海洋石油总公司、中国中化集团公司、珠海振戎公司和石油院校等单位的专家学者及高层管理人员，并特为台湾保留一个名额。世界石油大会中国国家委员会创办两本刊物，中文刊物是《世界石油工业》，英文刊物是 *Petroleum Forum*。

世界石油工业不能缺少中国，中国石油工业更离不开世界。1979年9月，第十届世界石油大会在罗马尼亚布加勒斯特召开，会上，世界石油大会中国国家委员会正式提出申请入会，经过辩论，世界石油大会通过决议，接纳中华人民共和国国家委员会为唯一代表中国的国家委员会，同时接纳为该组织常任理事会成员，决议通过后，会场升起中华人民共和国国旗，并开辟中华人民共和国国家委员会办公室。之后，中国组团参加了历次世界石油大会。

1983年8月28日至9月2日，第十一届世界石油大会在英国伦敦召开，中国派出代表团参加会议，世界石油大会中国国家委员会主任侯祥麟任团长，中国科学院地学部副主任叶连俊为副团长。翟光明是中国代表团成员之一，在大会上发表题为"中国南海石油地质特征及油气远景"的论文，全面展示了南海地球物理勘探的最新研究成果，引起与会代表的强烈反响。

1987年，第十二届世界石油大会在美国休斯敦召开，翟光明作为中国代表团成员出席会议，同行的还有侯祥麟、李德生、胡见义、童宪章等，会议期间，代表们与国际同行交流，建立了很好的关系，为中国申办世界石油大会奠定了基础[①]。

---

① 侯祥麟:《侯祥麟自述：我与石油有缘》。北京：石油工业出版社，2012年。

1989 年 5 月，首次在中国北京组织召开世界石油大会常任理事会会议、EB、SPC 和 CAC 工作会议。1991 年 9 月第十三届世界石油大会在阿根廷召开，我国正式提交申办第十四届世界石油大会的申请，最终没有成功。1992 年经国务院批准正式向世界石油大会提

图 10-1　中国代表团参加在休斯敦召开的第十二届世界石油大会（1987 年，左起胡见义、翟光明、侯祥麟、李德生，翟光明提供）

出申办第十五届世界石油大会的申请。1993 年在奥地利维也纳召开执行局会议，经世界石油大会成员国秘密通讯投票，最终确定第十五届世界石油大会的举办国。翟光明是执行局成员，期间做了大量细致的工作，为赢得承办权做出了贡献。

图 10-2　翟光明在第十二届世界石油大会期间与同行交流（1987 年，翟光明提供）

图 10-3 1993 年在维也纳出席世界石油大会执行局会议（中间为翟光明，翟光明提供）

在维也纳召开执行局会议时还有一段小插曲，台湾当时要申请参加世界石油大会，翟光明就明确表态，义正词严地说到：参加会议必须是国家委员会，台湾是中国的一个省，不能代表中国参加。并说服世界石油大会执行局大会主席和秘书承认中国是唯一合法成员，台湾可以以中国台北的地区身份参加，否则不能参加，维护了国家主权，遏制了台独势力[①]。

经过不懈努力，最终我国获得多数赞成票，赢得第十五届世界石油大会的主办权。第十五届世界石油大会落户北京，不仅显示改革开放后中国的强盛力量，而且显示中国石油在全球石油界的地位，更显示中国石油工业走向世界、参与国际交流的愿望和信心。会议申办成功后，翟光明不断地向国外同行宣传，吸引国外石油公司、国际石油组织、大学和研究院所的专家、学者来中国，同时加强了与世界石油大会主席凡德米尔的联系，学习交流承办国际会议的经验，为承办好会议做准备。

---

① 侯祥麟:《侯祥麟自述：我与石油有缘》。北京：石油工业出版社，2012 年，第 158—163 页。

图 10-4　在展台宣传第十五届世界石油大会（翟光明提供）

图 10-5　1995 年翟光明夫妇与凡德米尔夫妇合影（翟光明提供）

翟光明十分关注中国石油工业在国际组织中的影响力和作用，积极参与国际石油组织事关中国的事务。1995 年 5 月 8 日翟光明出席在伊朗召开的世界石油大会筹备会议，10 月，参加了世界石油大会科学规划委员会在澳大利亚墨尔本召开的会议，世界石油大会主席凡德·米尔（D. van der Meer）、科学规划委员会主席 JrC. Eidt、环境事务委员会主席 H. Lundsten、总干事保罗·坦培斯特（L. Paul Tempest）、国际秘书 R. Thorne 等出席会议，中国代表还有陆思恭和汪燮卿，期间讨论了第十五届世界石油大会的相关事宜。

图 10-6　1995 年 5 月 8 日出席在伊朗召开的世界石油大会筹备会议（翟光明提供）

1996 年春，翟光明开始构想编一部介绍世界石油大会来龙去脉的书籍。经过反复地酝酿，12 月 16 日，翟光明给世界石油大会总干事保罗·坦培斯特先生写了一封信[1]，信中写道："随着第十五届世界石油大会的临近，越来越多的中国人关心世界石油大会。为了满足大家对世界石油大会和第十五届世界石油大会的信息要求，我们打算出版一本介绍世界石油大会的书。"信发出后，不久就收到保罗·坦培斯特先生的回电："您也许希望部

---

[1]　翟光明访谈，2014 年 4 月 17 日，北京。资料存于采集工程数据库。

分或全部翻译我本人撰写
的世界石油大会历史，以
及当前石油问题的总结，
这部分内容很快可以提供
给您。"保罗·坦培斯特
先生对出版这样的一本书
非常热心，积极提供有关
参考资料，并亲自撰写了
"第一届至第十四届世界
石油大会简介"和"世界

图 10-7　1996 年 6 月 10 日翟光明在第十五届世界石油大会召开前新闻发布会上发言（翟光明提供）

石油大会简史"两部分内容。对此，翟光明十分感激，也相当满意，说明中国需要世界，世界也需要中国。

《世界石油大会简介》一书由翟光明任主编，高泳生、曾米兰任副主编，于第十五届世界石油大会召开前夕由石油工业出版社出版发行。全书包括四部分：第一部分介绍世界石油大会的由来、组织结构和第一至第十四届世界石油大会的一些情况；第二部分汇总第十五届世界石油大会的论文题目、宣读论文摘要、各分组会主席简历和世界石油大会国家委员会参展的展台资料；第三部分涉及中国参加世界石油大会的简历和中国四家石油公司的概况；第四部分汇编了与世界石油工业密切相关的石油协会、储量分布和公司概况等素材。这本书是一本很好的参考书，更是一本工具书，为广大读者深入了解世界石油大会提供了指南，也为第十五届世界石油大会在北京的顺利召开奠定了基础。

1997 年 10 月 12—16 日，第十五届世界石油大会在北京召开，中国石油天然气总公司高级顾问王涛任中国组织委员会主席，侯祥麟任副主席，翟光明任中国组委会秘书长。

第十五届世界石油大会的主题是："技术和全球化——引导石油工业进入二十一世纪"，大会为世界石油工业提供讨论其面临的各种问题的论坛——科学、技术、经济和管理，同时综述了世界石油工业的最新发展和未来趋势对石油勘探、开发、生产、加工、应用和环境保护等方面的影

图 10-8 第十五届世界石油大会秘书处工作会议（左一为翟光明，（翟光明提供）

响。来自全球 91 个国家和地区的石油部长、大石油公司首脑、石油界专家学者及国际石油界高层人士近 5000 人参加这次盛会，时任国家主席江泽民、国务院副总理吴邦国亲临在人民大会堂举行的开幕式，世界石油大会主席凡德·米尔、副主席皮埃尔·杰奎德、卡洛斯·谢利、王涛、埃华德·罗仁出席大会。

第十五届世界石油大会，俯瞰万千油田探求普遍规律，透视百年风云把握发展脉络，数十场讨论、数百篇论文，凝成大会丰富而深刻的内涵，

图 10-9 1997 年世界石油大会上与美国石油地质学家讨论塔里木盆地石油天然气地质情况（翟光明提供）

这是石油界人士艰辛与智慧的结晶，也是百年石油工业留给新世纪的宝贵财富。大会技术专题讲座共有 9 个分区 21 个分组会，涉及勘探、开发及钻采、下游与加工技术、天然气、储量、环境和安全、商业与管理、研究和运输等专业，在大会上正式宣读论文 93 篇、张贴论文 238 篇、补充学术论文 48 篇。与历届世界石油大会相比，第十五届学术活动可以说达到了最高水平，全面展示了世界石油工业各个领域的最新进展和发展趋势，对我国石油工业的发展起到了积极的推动作用。

图 10-10　出席第十五届世界石油大会新闻发布会（左二为翟光明，中国石油勘探开发研究院提供）

　　会议结束之后，翟光明作为大会秘书长，更加关注会议成果的总结和传播，可以说这次会议所展示的新理论、新方法、新技术、新观点、新思路，是一个多世纪以来世界石油工业实践经验的积累和总结，为使国内石油界的各级领导、广大工程技术人员能更快、更好、更深入地了解和消化本次大会的内涵，也了解世界石油科技发展的动态，翟光明不失时机地组织国内资深专家，主笔汇编各学科的专业科技综述报告，翻译大量重要文章，出版《第十五届世界石油大会各专业科技综述》一书，奉献给了读者。在这本书中，翟光明全方位地总结了本次大会关注的问题，主要有：石油资源和勘探方向；油气勘探必须以区域构造为背景，首先解决宏观上的找油气问题；大力加强天然气的勘探开发工作；聚合物驱油技术、微生物采油技术提高采收率；关于重油油藏的资源和开发；关于高新技术；信息的采集和处理是提高勘探开发效果的基础[①]。翟光明从战略的高度，分析了我国面临的问题和世界石油前沿技术的发展趋势，提出了未来石油科技的发展方向，对我国石油工业的发展指明了技术发展方向，引领了石油技术、装备、管理理念、石油人才等的全面发展。

加强国际交流与合作是中国石油工业发展的永恒主题。中国国家委员会自加入世界石油大会以来，不仅积极参加世界石油大会的各项活动，也为世界石油大会的发展做出了重要贡献，在世界石油大会组织中的影响力

图 10-11　翟光明出席在加拿大举办的第十六届世界石油大会（右二为翟光明，中国石油勘探开发研究院提供）

---

① 第十五届世界石油大会组委会秘书局编：《第十五届世界石油大会各专业科技综述》。第十五届世界石油大会组委会秘书局，1998 年，第 1-8 页。

越来越大。2000 年，翟光明出席了在加拿大举办的第十六届世界石油大会，继续扩大中国的影响力，提高在世界石油工业中的话语权。2001 年 9 月，在上海举办了首届世界石油大会亚洲地区会议。2004 年 10 月，在北京举办了世界石油大会首届青年论坛等等。同时，中国国家委员会与其他国际能源机构和会议组织加强联系，通过各种形式，如联合举办专题研讨会、石油天然气论坛、展览会等广泛开展交流与合作，进一步加强中国和世界石油界的交流与沟通，为世界石油同行更好地了解中国、为中国石油更加和谐地融入世界开创新起点。

遍布世界的足迹

翟光明勘探找油的足迹遍布祖国各地，涉足过沙漠、戈壁、丘陵、荒山、滩海。为找油气，他更是如饥似渴地向国外学习，与世界同行广交朋友，广泛联系，不放过任何一次机会。到国外学习、考察、谈判的足迹广布世界各地，从第一次踏出国门，他就凭借着良好的外语基础，很快就和国外专家成了朋友，"我们的朋友遍天下"这句话形容翟光明的海外联系一点也不过分。通过互访，通过交流，翟光明从中获得大量信息，也从中有了启发，这对指导我国油气勘探起到很大的作用。

自 1956 年赴苏联考察学习开始，翟光明在国际油气勘探开发这个大舞台上尽展才华。一方面，学习国外的先进经验，从国外的找油理念、技术装备、人才配备到石油商务模式、新技术研发和储备，另一方面把中国的油气勘探情况和需求讲出去，寻求技术合作和联合找油新模式，还有就是到国外进行地质考察，丰富自己的地质知识和找油理论。

1956 年出访苏联后，有将近 10 年的沉寂，这期间主要是参加国内石油大会战。第二次跨出国门是 1965 年，随同国家科委主任一行 6 人访问印度尼西亚，并在苏门答腊进行油田调研，考察地质情况。1966 年，出访阿尔巴尼亚，与阿方地质专家建立了友好关系。

20 世纪 70 年代至 80 年代初，这期间主要是考虑国内油气勘探装备和技术的引进，先后赴伊朗、墨西哥、委内瑞拉、科威特、美国、英国、法国等，考察石油勘探开发新技术、海上勘探技术和装备，探讨油气勘探合

图 10-12　1965 年在印度尼西亚地质考察

图 10-13　1966 年在阿尔巴尼亚与阿方石油总地质师合影（右二为翟光明，翟光明提供）

作意向和装备引进，寻求海洋地球物理勘探合作伙伴，为开启我国南海地震勘探大会战序幕做准备。

20世纪80年代至21世纪初，主要是参加和组织国际石油学术会议，

图 10-14　1972年，在伊朗德黑兰访问（左二为翟光明，翟光明提供）

图 10-15　1986年，在墨西哥湾参观宾斯石油公司尤金330钻井平台（左二为翟光明，翟光明提供）

包括世界石油大会及执行局会议、环太平洋能源和矿物资源地图工程会议、世界地质大会，为中国在国际油气勘探的学术舞台上征得了一席之地，增强了话语权和影响力。

图 10-16　1983 年 6 月在美国夏威夷与环太平洋能源和矿物资源地图工程会议代表合影（二排右一为翟光明，翟光明提供）

图 10-17　1989 年，在美国华盛顿参加国际地质会议（翟光明提供）

图10-18　1996年9月29日在印度尼西亚巴厘岛出席世界石油大会执行局会议并做报告（翟光明提供）

第十一章
心系国家油气能源安全

直面 21 世纪能源困局

　　进入 21 世纪，能源成为我国经济发展的"瓶颈"。2001 年 4 月 11 日，国务院批准《全国矿产资源规划》，4 月 30 日由国土资源部发布实施，这是第一部全国性矿产资源规划，究竟能不能得到实施，却成了一个巨大的疑问。作为油气能源专家，翟光明心急如焚，与一批中国科学院、中国工程院院士大声疾呼，全社会要保护好、利用好我国远不富裕的矿产资源，痛陈矿产资源保护的危急形势。

　　矿产资源是人类赖以生存与发展不可或缺的物质基础。新中国成立以来，矿产的开发利用为我国经济增长和社会进步作出了重要贡献，但是也存在严重的问题：供需总量失衡，后备资源紧张；开发利用粗放，资源浪费与破坏严重；进出口结构不合理，出口优势下降；环境污染和生态破坏加剧；矿业要素市场不发育，宏观调控力度较弱；资源枯竭的矿山企业和矿业城市正在诱发一系列经济社会问题，等等。一系列事实表明：我国的矿产资源总量虽然较大，但人均占有量却非常低，特别是石油、富铁矿、铜矿、钾盐等大宗矿产远不能满足需要。进入新世纪，我国正处在迅速发展的重要时期，对能源、原材料需求持续扩大；经济全球化、科技革命以及不断变化的国际矿业环境，给我国带来了新的挑战。院士们指出，中国矿业必须开源与节流并举，开发与保护并重，把节约放在首位，坚持统筹规划、科学开发、合理利用、依法保护的原则，实行最严格的资源管理制度，推进资源利用方式的转变，保护和合理利用矿产资源，保障我国矿业持续健康发展和矿产资源长期稳定供应。同时，矿业要有全球性眼光，充分利用"两种资源和两个市场"，利用好经济全球化和加入世界贸易组织的有利时机，充分利用国外资源，不断增强国际竞争力。

翟光明提出，我国油气发展关键就是加强勘探工作，始终坚持一个目标，就是增储上产。无论油还是气，核心问题是加强投资勘探，加强这方面的工作。有人问他怎么这么乐观，他承认地质条件非常复杂，因此必须早下功夫解决它。有人说，中国的油越来越少！但你要不找，那产量就更少啊！勘探工作是任何时候都不能减少，勘探投资和勘探工作量一定要保持在一个高水平上。翟光明认为，应首先加强西部勘探，增加储量，提高产量，东部地区不能任其产量下降，还得根据情况想办法，减缓产量递

图 11-1　2002 年参加全国油气资源战略选区专家评审会（前排左三为翟光明，采自查全衡著《茫茫大地找油漫记》一书插图）

减，使其缓慢下降，甚至不降，有些油田还可以局部提高产量。东部地区油气资源还是有的，稳产或减缓递减并非完全做不到。对有利于找油的一批盆地，要做好精雕细刻地分析研究，同时，对老油区要重新认识，反复认识，整体认识，扩大含油领域，仔细在浅层、深层做一些工作，是可以有所发现的。

关于天然气开发利用，翟光明有他独到的视角。塔里木、鄂尔多斯、四川、海上各有一万亿立方米的天然气储量，以此为基础，翟光明提出：以气代油的可能性有多大？如果加强天然气勘探开发，就可以把天然气利用搞活了。在输气管道建设开工后，曾经还有人问他：塔里木克拉2号气田到底是不是真有那么多气？翟光明讲，资源不是问题，从能力上讲，以气代油可以办到，关键是配套政策和基础设施建设，需要各方的理解和支持。在西气东输管道建设过程中，翟光明就曾建议上海市利用天然气，但中间遇到了各种问题。翟光明认为：搞一个东西时，会有各种各样的阻力，要是老在无休止地论证，靠企业去推动，那好多事都耽搁了[①]。

本世纪初，中国的石油工业何去何从？前景如何？有一种观点认为2050年之前中国的油气资源将枯竭。翟光明并不这样认为，他对我国油气勘探充满信心，并坚持认为：21世纪中国的石油工业将持续发展。得出这一结论是有依据的，翟光明系统地对比研究了国内外地质特征，世界几大含油区都经历过复杂的勘探过程，但地质情况比较简单。中国大陆处于太平洋板块、印度板块和欧亚板块等三大板块中间，构造演化历史上受三大板块活动的影响。我国以多构造层系叠合盆地为主，经过多次构造运动，不同类型盆地叠加、改造、沉积面貌复杂，表现在生烃层与储集层系多、运移集聚期多、油气分布复杂，加之断层多，陆相岩相岩性变化大等因素，造成一方面油气资源丰富，一方面油气在平面上和层系上分布相对不够集中，认识过程和勘探过程呈阶段发展。一个层系、一个领域、一个类型勘探到一定程度，将转入新的层系、新的领域或新的类型。特定的石油地质条件决定了我国油气勘探具有长期性、曲折性、艰巨性的特点。丰富

---

① 中国石油天然气股份有限公司黄维和访谈，2014年2月19日，北京。资料存于采集工程数据库。

的油气资源和复杂的石油地质特征决定了储量增长的阶段性非常明显，并且随着勘探的深入储量增长高峰迭起。而再生能源、非常规油气发展、新科学技术以及循环经济的发展在我国也都需要一个快速地增长。翟光明的战略观点给担心中国油气前景的人们吃了一颗定心丸。

我国石油资源量约为 1069 亿吨，天然气资源量约为 53 万亿立方米。目前，石油可采资源量为 140—150 亿吨，天然气可采资源量为 10—15 万亿立方米。石油可采资源探明率为 40%，处于勘探中期，仍具有较大发展潜力。天然气可采资源探明率为 20%，属于勘探的早期阶段。天然气分布具有平面分布广和纵向上埋深普遍较大的特征，大于 3500 米深层资源量超过 50%，地理环境相对恶劣的山地、沙漠、戈壁、黄土塬、海域资源量超过 80%，开发难度相对较大。翟光明认为，未来 10 年，我国天然气行业将进入高速稳定增长阶段。

在中国石油大学（华东）承办的"中国油气勘探六大领域进展、经验及技术研讨会"上，为中国油气勘探把脉，翟光明作了题为"世界油气勘探形势及我国油气勘探思路"的报告。报告称，世界石油工业的发展有力地驳斥了油气储量悲观论，他说：油气勘探尚处于高速发展时期，我国油气发现的新高潮将不断涌现。世界石油工业的发展告诉我们，几乎所有的产油大国走过的路都不是一帆风顺的，对于一个盆地的勘探必须循序渐进，以求在最短的时间内最快发现一个油气田。前陆盆地和古隆起是全球范围内最为重要的领域，只有新思路和新技术能够加快石油工业的发展。我国待发现的油气资源比较丰富，成熟探区和复杂地质情况下的中小盆地还有较多的新地区、新领域有待勘探和认识，具备在较长一段时间内持续、较快发展的资源基础和潜力。翟光明的一席话，提振了勘探工作者的士气，增强了找油信心。随着科技进步，勘探开发成本不断降低，采收率和钻井成功率不断提高，可供勘探的领域将更加广阔，资源量有可能进一步增长。

面对"低、深、难"的勘探现状，翟光明提出："必须把综合运用新技术放在首位。应用综合勘探法，建立和实施综合的勘探项目，使地球物理、地球化学、钻井、测井、录井、完井、酸化压裂等综合成一整套的系统工程，逐步形成以松辽、西部、渤海湾及南方油区为核心的四个 4000 万至 5000 万吨的原油生产基地。"

同时，在节约、国际化合作、战略储备等方面加强联动，保障国内油气供应，应对 21 世纪我国油气消费快速增长的趋势。对国家油气发展，翟光明提出五点建议：一是进一步加大对国内油气资源勘探开发政策的扶持力度；二是进一步加大对海外油田资源的政策扶持；三是尽快制定《石油法》及相关法律法规；四是抓紧修订完善《节能法》及其配套的节能政策；五是加强对影响油气资源可持续发展若干重大问题的研究。

向温家宝汇报能源可持续发展战略

石油是关系到国家安全的重要战略资源。自 20 世纪 60 年代开始，石油在世界一次能源消费结构中的比重达到 40% 以上，成为现代工业和经济增长的主要动力。70 年代的两次石油危机，导致西方国家的经济衰退，诱发了多种形式的社会危机。90 年代围绕中东石油资源的争夺愈演愈烈，石油供应与石油安全越来越成为世界普遍关注的热点。新中国成立以来，我国石油工业取得了巨大成就，为国民经济和社会发展做出了巨大贡献。但随着国民经济的持续快速发展，石油供需矛盾越来越凸现出来，成为制约经济和社会发展的主要瓶颈。从国家的角度研究石油战略势在必行。

石油大势牵动着共和国的神经。温家宝总理在上任之前，就提议着手研究我国油气资源可持续发展战略问题，并安排中国工程院牵头组织研究中国油气可持续发展问题。2003 年元月，中国工程院成立了"中国石油天然气资源可持续发展战略研究"课题组，翟光明担任课题组长，初步设定石油发展战略、天然气发展战略、炼油和化工发展战略、海外发展战略、石油储备及安全战略五个专题组，另设海洋组、综合组和专家组。研究人员以中国石油天然气集团公司、中国石油化工集团公司、中国海洋石油总公司为主，吸收中国科学院、国土资源部、石油大学等有关部门和科研院所研究人员。

　　年近 80 岁的翟光明，一马当先，主动请缨，领衔中国工程院国家重大咨询课题研究。这次他要唱主角，凭着多年的积累和经验，他信心十足，老当益壮，干劲冲天，一股为国分忧的豪迈激情推着他前行。翟光明经过深思熟虑，组建强大的研究团队，确定了课题研究的总目标：根据我国国民经济发展的需求和石油的战略地位，认清石油发展前景，加快制定国内外石油和天然气发展的措施和对策，以逐步改善我国能源结构，建立石油安全战略体系。2003 年 2 月份，翟光明执笔完成了课题研究大纲，从立项意义、研究目标、研究思路和关键问题、研究内容、预期成果和进度安排、研究人员和组织等六个方面进行了认真地梳理和安排，准备正式向国务院汇报。

图 11-2　2003 年参加《中国可持续发展油气资源战略研究》课题研讨会（翟光明提供）

　　2003 年 5 月 26 日，北京中南海国务院第四会议室，温家宝总理主持会议，专题研究油气资源可持续发展战略问题。黄菊、曾培炎副总理出席会议，参加会议的还有中国工程院徐匡迪院长，王淀佐、翟光明、侯祥麟、邱中建、胡见义、袁晴棠、汪燮卿、刘光鼎、李京文等院士，以及中国四大石油公司的负责人，就中国石油天然气战略进行探讨。会上，翟光明作题为"中国石油天然气资源可持续发展战略研究"的汇报，详细汇报课题的整体安排和目标，汇报原定30分钟，实际汇报时间接近50分钟，汪燮卿汇报油气下游部分内容，徐匡迪汇报宏观政策方面的内容，侯祥麟等作补充发言。各路专家也纷纷发言，建议集中在如下几个方面：加大石油勘探力度，增加储量；大力开展天然气开发；提出六大油气勘探领域；以国内油气勘探为主，同时积极开拓海外油气市场；加强国家石油战略储备；增大节能措施，积极寻求替代能源；建议国家为石油立法。温家宝总理指出中国可持续发展油气战略的七个重点：资源和供需状况、国内油气资源开发、油气资源进口和参与国际油气资源开发、石油安全和储备、石化工业发展、油气资源节约和替代、油气资源发展的有关政策措施。温家宝意味深长地说："石油天然气是重要的战略资源，关系国民经济和社会发展，关系国家安全。党和政府高度重视油气资源发展战略，国务院把石油天然气资源战略研究和规划列入重要议事日程。国务院有关部门正在着手草拟规划，同时由中国工程院组织有关院士、专家开展专题研究，为规划的制定提供依据。"面对各路精英，温家宝强调，做好中国可持续发展油气战略研究，既考虑当前实际，又着眼长远；打破部门、地方界限，一切从国家整体利益出发；坚持理论联系实际，贯彻"双百"方针，发扬科学民主；从政治、经济、技术等方面综合分析研究；制定总体战略、规划和政策措施。会议要求，2003年8月之前提出详细的研究报告纲要，一年内完成课题，为国务院有关部门制订规划提供参考依据，这次会议标志着研究课题正式启动。这次会议，是新中国成立以来又一次事关石油的重大决策会议，也是时隔55年翟光明再次走进中南海向国家领导汇报，他深感责任重大，下决心将全力以赴去完成这一重任。

2003年5月28日，中国工程院组织31位院士和相关单位的120名专家学者组成课题组开展研究。侯祥麟院士任组长，这一年，侯祥麟已经是91岁高龄，侯老出山还是温总理亲自请出的。邱中建、翟光明、袁晴棠任副组长，聘请徐匡迪、王淀佐和杜祥琬院士为课题顾问，聘请中国工程院院士、中国科学院院士和各大石油公司的专家23人组成课题咨询委员会，

图 11-3 《中国可持续发展油气资源战略研究》课题综合组副组长聘书（翟光明提供）

为课题研究提供咨询意见。整个课题分设 7 个专题，清一色由中国工程院院士任组长，其中资源与供需战略研究小组由翟光明院士任组长，王慎言任副组长，国内油气资源开发战略研究小组由邱中建院士任组长，油气资源进口和参与国际油气资源开发战略研究小组由胡见义院士任组长，石油安全和储备战略研究小组由徐承恩院士任组长，石化工业发展战略研究小组由袁晴棠院士任组长，油气资源节约和替代研究小组由汪燮卿院士任组长，油气资源发展的有关政策措施研究小组由李京文院士任组长。课题组还囊括了国家发改委、国土资源部、四大石油集团等相关部门和企业的研究人员。各课题组分头准备，紧锣密鼓地开展工作。

抱着对国家负责的态度，各研究小组广泛调查，潜心研究。三个月后，中国石油可持续发展战略研究小组主持的中国能源新战略报告纲要形成，递交温家宝总理亲审。2003 年 10 月 30 日，温家宝主持会议，听取课题组的阶段报告（纲要）的汇报，指出阶段报告科学地分析了我国和世界油气资源的现状和供需发展趋势，提出了我国油气资源可持续发展的总体战略和指导原则、措施和政策建议。在这么短的时间内，课题组形成内容丰富的科研成果，参与研究的科学家付出了大量的心血。这次研究集中反映了科学家、政府部门和企业的意见。这种集成研究的方式是一个创举，是科学民主决策方法的一种新的尝试，也是我国科研体制改革的一次重要实践。会议要求课题组要认真研究国务院各部委和企业的意见和建议，着手进行总体报告的研究和撰写，按计划如期完成课题研究。

遵照温总理的指示精神，课题组以科学和严谨的态度，抓住重点和关键问题进行深入调查研究和跨学科、跨部门、跨行业的论证工作，努力保证研究成果的准确性、科学性和可操作性。翟光明一方面协调各课题组的研究进展和工作安排，一方面潜心研究我国油气资源与供需战略。这期间，翟光明带领专题组，重点研究了我国石油地质特征及勘探特点，对我国中、新生代含油气盆地进行了分类。根据石油天然气资源分布情况，石油尚有较大的潜力，未来 20 年内石油储量将稳步增长，天然气储量快速增长势头明显；分析研究了未来油气勘探领域，现实领域包括前陆盆地、克拉通古隆起、大型地层岩性带、东部断陷盆地富油凹陷、近海海域盆地、柴达木盆地生物成因气，接替和探索领域主要有东海深层、准噶尔盆地深层、中小盆地群、南沙海域、琼东南盆地北部松东—松西凹陷带、青藏地区（松潘和西藏盆地群）、南方海相沉积地区、近海前古近系、南海北部大陆架深水区。非常规石油和天然气包括油砂、油页岩、煤层气、页岩气和水溶气；系统分析了油气资源面临的问题，主要是未来石油天然气勘探开发难度越来越大，科技创新力度不够，老油田进入开采后期，采出程度高、含水高、递减快，近海重质油比重大，开采难度高，风险勘探力度不够，可采储量接替不足，储采比下降，天然气工业加快发展缺乏基础设施和市场支持，国内低品位资源利用率低。课题组制定了未来石油天然气发展战略，要立足国内，积极开拓海外，充分利用两种资源，加快西部，深化东部，发展海域，探索新区，加快天然气工业发展，改善能源结构，积极寻找大油气田，鼓励勘探开发低品位资源，加强油气勘探开发科技投入，推动油气可持续发展，在我国复杂油气地质条件下，走综合协作勘探工作之路。课题组建议大力加强国内油气勘探前期工作，积极开拓南海、东海领域油气资源勘探工作，制定扶持石油企业发展的税制，尽快制定我国天然气行业长远战略发展规划，鼓励石油科技发展，加大创新力度，实施油气储量商品化，提高储量利用率，综合治理石油勘探开采秩序，保护资源合理开采。

石油问题，不仅是经济问题，而且是政治问题。不仅涉及地缘经济，而且涉及地缘政治，涉及国家安全和经济可持续发展。国家十分重视石油问题，2004 年 6 月 25 日，温家宝主持会议，听取"中国可持续发展油气资源战略研究"课题组的汇报，国务院副总理黄菊、曾培炎，国务委员华建敏、陈至立出席会议。这次汇报，翟光明特意让青年专家代表课题组进行汇报，汇报很成功，温总理给予了很高的评价，翟光明也很欣慰。听完汇报，温总理指出：这一研究成果，提出了我国油气供需态势的五项判断、一个总体战略、六项指导原则和五项政策建议，非常精炼，有深度，有高度。从战略的高度、全球的视野，以科学求实的精神，深入研究了我国油气资源可持续发展问题，对于制定国家中长期经济社会发展规划和能源战略具有重要意义。当前我国油气消费进入快速增长时期，油气资源短缺已成为经济和社会发展的重要制约因素，必须抓紧制定和实施油气资源可持续发展战略。一要加强国内石油天然气勘探开发，保持国内原油持续稳产，加快天然气发展。二要充分利用国际国内两个市场、两种资源，积极发展多种形式的国际合作，建立经济、安全、稳定的油气供应渠道。三要加快科技进步，大力提高油气资源开发、加工和利用效率。四要坚持开发与节约并重、节约优先的方针，采取经济、法律和必要的行政手段，全面推进油气节约使用。五要积极发展新能源和可再生能源，大力开发石油替代产品，优化能源生产结构和消费结构。六是立足当前、放眼长远，建立石油储备制度，完善多方面、系统性的石油保障和风险规避体系，维护国家石油安全。实现我国油气资源的可持续发展，从根本上说，必须牢固树立和认真贯彻科学发展观，加快经济体制改革，加快经济增长方式由粗放型向集约型转变。要坚持走新型工业化道路，大力调整和优化经济结构，发展循环经济，建立节约型社会。

2004 年 8 月 24 日，国务院第四次学习讲座，课题组再次向国务院领导、有关部门和单位负责人汇报了这一研究成果，全面分析了我国油气资源供需态势，提出了我国油气资源可持续发展的总体战略、指导原则和政策建议。翟光明出席了这次汇报会。这次汇报，标志着由中国工程院牵头组织的"中国可持续发展油气资源战略研究"国家重大咨询课题圆满结束，举世瞩目的中国油气资源研究交出了一份满意的答卷。

提出油气勘探十个突破口

中国油气能源安全任重而道远。随着世界经济的不断发展，北美、欧洲、亚太地区将面临严峻的油气资源供给形势，资源的争夺将日益激烈，未来相当长的一段时期内，亚太地区的经济发展将受到油气能源的制约，甚至可能出现比较严重的油气供给短缺的局面。因此，加强我国本土油气资源的勘探与开发是确保我国油气能源安全的一项长期的重要任务。

进入 21 世纪，在中国工程院和中国石油、中国石化、中国海油等单位和部门的支持下，翟光明牵头组织实施中国油气勘探新区新领域的研究和规划，从全球板块构造演化与油气分布关系的角度，创新思路、创新理论，重新认识我国油气地质条件的复杂性和油气聚集成藏及分布的有序性，以挖掘我国油气资源的勘探潜力，寻找更多勘探新地区、新类型、新层系和新领域，支持实现我国油气资源可持续发展。

图 11-4 翟光明学术报告会（翟光明提供）

翟光明从分析世界油气勘探新动向入手，寻求可借鉴的经验。新世纪以来的十年，全球范围内油气消费需求、特别是天然气的消费呈现较大幅度地增长，价格日益抬升。尽管出现各种复杂因素的影响，在勘探难度不断增加、勘探开发成本逐渐上升的情况下，全球油气资源的勘探和开发仍然实现了新的发展，尤其是新区新领域有较大的拓展。主要表现为：世界油气资源在不断勘探中平稳增加，海域深水地区成为油气勘探的重要领域，非洲大陆众多勘探发现预示中南非新区潜力较大，东南亚地区加强了新区风险勘探，发现明显增多，老油区深化新领域勘探仍不断发现大型油气田，使得世界石油和天然气产量稳定增长，而且剩余探明可采储量不断攀升，并展现出资源潜力还将不断扩大的良好态势。翟光明密切关注这些新动向，清醒地意识到，新区新领域勘探在世界油气发现中的地位十分重要，是油气勘探发展永恒的主题。基于这一认识，翟光明开始研究中国未来勘探的出路在哪里？向何处走，翟光明很好地回答了这个问题。

新地区蕴藏大机会：中国的油气勘探应坚持向新区推进勘探，广大海域特别是深水地区、西藏高原等勘探程度很低、陆上很多目前认识不足的地区等均有勘探潜力。老油区新领域潜力仍较大：东部成熟探区、西部老油田只要开展精细的勘探工作，还能挖掘新层系、新类型和新领域潜力，并且取得新突破和新发现。新区新领域探索要有新思路：技术在创新，认识在深化，思路应不断开阔。

翟光明时刻关注着国内的勘探形势，对中国勘探方向进行了系统分析。21世纪过去的十年，中国大陆的石油和天然气资源勘探开发取得了举世瞩目的成就。国内的油气勘探发展形势良好，无论是陆上还是海域都取得了丰硕成果，全国油气探明储量进入新的高峰平台期。在面临复杂的地质条件和勘探对象，勘探难度不断加大的情况下，近年来每年能新增探明石油地质储量10亿吨以上、天然气地质储量四五千亿方，生产近2亿吨原油、900多亿方天然气，为我国国民经济建设做出了巨大贡献。但是，要实现石油产量稳定在2亿吨左右较长一段时期，难度很大。因此，应当坚持不懈地开展新区新领域研究，不断推进我国油气资源战略接替领域和储备领域勘探[①]。

从国内总的形势看，石油和天然气资源勘探发现进入储量双高增长新

---

① 中国石油煤层气有限责任公司徐凤银访谈，2013年12月25日，北京。资料存于采集工程数据库。

阶段，十年里，全国新发现塔河、西峰等15个探明地质储量超过1亿吨的油田和苏里格、普光等13个探明地质储量超过1000亿方的天然气田。

翟光明认为，在今后相当长的一段时期内，我国国内油气新区新领域勘探仍应坚持四大探索方向：海相碳酸盐岩中剩余油气资源丰富、勘探领域广阔，古隆起仍是我国探寻大型油气田的重要方向[1]；中西部前陆盆地还有相当多的领域或区带仍有油气勘探再获大突破的可能；未来我国东部成熟探区增储稳产的重要接替领域在于浅层新近系和深部的石炭—二叠系、寒武—奥陶系；海域深水地区将是我国油气资源长远持续发展的重要战略领地之一。

海相碳酸盐岩、中西部前陆盆地、东部成熟探区的浅层和深部层系、海域及深水区四大领域中有很多不同的勘探领域。中国海相碳酸盐岩勘探领域：塔里木盆地古隆起、下古生界奥陶系礁滩、潜山和台盆区寒武系；四川盆地长兴组—飞仙关组礁滩，嘉陵江—雷口坡组台内颗粒滩，下古生界—震旦系岩性—构造，石炭系新区带与岩性地层等领域；鄂尔多斯盆地北部奥陶系风化壳、中东部盐下台内下古生界白云岩、台缘带礁滩和古隆起围斜、西南部古生界、火成岩构造带等领域。中国中西部地区的前陆盆地勘探领域：准噶尔南缘深层、准噶尔西北缘、库车（侏罗系）、喀什（西昆仑山北缘）、塔西南、塔东南、吐哈（博格达山南麓）、酒西（祁连山北缘）、柴西南（东昆仑山北缘）、柴北缘（祁连山南缘）、柴西北、川西（龙门山前）、川东北（大巴山前）、鄂尔多斯西缘（贺兰山东缘）、楚雄等15个前陆盆地。东部地区勘探新领域：松辽盆地大庆长垣深层的扶余油层、营城组、深层新断陷火山岩、大庆长垣外围（西斜坡等）等领域；渤海湾的新近系（馆陶组、明化镇组）、石炭—二叠系、潜山及下古生界（寒武—奥陶系）。海域及深水区勘探新盆地新地区较多：近海海域北部湾盆地的乌石凹陷、海中凹陷、迈陈凹陷；琼东南盆地中华光凹陷、长昌凹陷、陵水—松涛；东海盆地、西湖—钓北凹陷、丽水—新竹；北黄海太阳盆地木星坳陷；南黄海（北部坳陷北凹）。深水海域有曾母盆地、中建南

---

[1]　翟光明访谈，2014年4月17日，北京。资料存于采集工程数据库。

盆地、文莱—沙巴、万安盆地、北康盆地、南薇西盆地、礼乐盆地、西北巴拉望和南沙海槽等盆地。

通过系统的研究，2010 年，翟光明主持完成《中国油气新区新领域勘探的十大突破口》的研究报告。提出十个突破区带目标：塔中隆起下古生界、川中乐山—龙女寺古隆起（龙女寺构造）、川南深层下古生界（纳溪构造）、塔西南前陆（固满构造带）、塔北库车前陆侏罗系原生油气藏、柴达木北缘（侏罗系—新近系）、准噶尔南缘深层、南海深水区（中建南盆地北部坳陷）、华北石炭系—二叠系、渤海湾浅层次生油气藏等[①]。

塔里木盆地塔中古隆起、四川盆地川中龙女寺古隆起是解剖古生界海相碳酸盐岩油气成藏的重要窗口，是寻找大型油气田的重要领域之一。它们是碳酸盐岩台内大型、继承性、长期稳定发育的古隆起构造，烃源岩比较充足、多层系发育多类型储集体，而且保存条件良好，以往勘探见到不同的油气显示。

川南古生界（寒武系—奥陶系）是四川盆地值得探索的一大领域，是下古生界烃源岩主力凹陷的分布区，越来越多的勘探成果证实该区烃源岩的生烃潜力比以往的认识提高较多，但目前还没有部署揭示深层下古生界的探井。处于古生界生油凹陷中的局部构造（纳溪构造）是有利的勘探目标，若能突破，可打破川南长期以来"涓涓细流"的天然气生产现状，实现飞跃发展。

华北石炭系—二叠系是东部深层有勘探潜力的层系，发育有比鄂尔多斯更为优越的烃源岩，既不缺乏储层，也不缺乏圈闭和盖层，由于没有足够重视和缺乏针对性的勘探研究，制约了勘探进程和认识，选择济阳坳陷惠民凹陷临 3 潜山构造圈闭加以探索，进一步认识华北石炭系—二叠系。

渤海湾盆地浅层新近系还有一定的勘探潜力，在成熟油田滚动勘探、精细挖潜、增储稳产中应发挥更大的作用。在富油凹陷中的大面积、低幅度凸起构造区，采取针对浅层的地震勘探和钻井技术，整体解剖，"多井低产"，水平井网开发，可提高勘探开发效益。

---

① 翟光明访谈，2014 年 2 月 28 日，北京。资料存于采集工程数据库。

塔里木西南前陆盆地面积大、烃源岩层系多、资源比较丰富、构造比较发育、勘探潜力很大。应将昆仑山前—麦盖提—巴楚作为一个整体来解剖，认识油气成藏的规律性，"红层"中同样具备成藏条件，具有形成大油气田的可能性，加强钻井、录井技术、油气显示测试等配套技术的攻关，在固满构造带进一步钻探研究。

塔里木库车前陆盆地面积比较大，目前天然气发现较多，其侏罗系原生油气藏的勘探具有一定的潜力，优选东段侏罗系埋深较浅的依奇克里克构造进一步钻探研究。

准噶尔南缘深层是西部前陆盆地中重要的勘探领域之一，烃源岩层系多、资源比较丰富、构造比较发育，相邻构造勘探油气显示比较丰富，优选独山子背斜构造带进行深层探索，有可能敲开深部广阔的油气勘探领域。

柴达木盆地北缘是盆地侏罗系优质烃源岩主要分布的区带，地表从祁连山往盆地一侧发育 3—4 排构造带，局部构造及圈闭较多，从侏罗系至新近系均有成藏的可能。紧邻山前的构造油气显示较多，冷湖构造带在西北端已发现冷湖油田，因此在其余广大地区有较大潜力可挖，优选第三排构造带鄂博梁构造西高点进行更深层的探索。

南海海域沉积盆地非常发育，主要分布在大陆架和大陆坡上，烃源岩、储集岩和盖层等基本石油地质条件具备，油气资源丰富。南海深水区勘探程度较低，是我国油气资源勘探开发的重要接替领域之一，创造条件开展工作，不断向南扩展，择机加快实施战略钻探评价。

这十个突破口有的是目前认识还不足的勘探新区，有的是久攻不破的勘探老区，有的是成熟探区的新层系[①]。在突破口勘探过程中，翟光明提出要正确对待油气勘探新区新领域的得与失，要开阔思路，创新认识。以碳酸盐岩地层勘探为例，油气成藏条件客观上非常复杂，不能局限在某一个观点加以评价和论断，不同盆地不同地段有不同情况出现，但只要烃源条件具备，就有发现油气的可能。碳酸盐岩储集类型具有客观多样性，白云

---

① 翟光明访谈，2014 年 4 月 17 日，北京。资料存于采集工程数据库。

岩、生物灰岩、古隆起构造背景下的碳酸盐岩岩溶风化壳洞缝型、斜坡礁滩等多种圈闭类型均有可能发育。要开展多层系立体勘探，对于一个地区勘探部署，在认识不足的情况下，应自上而下多层系综合考虑，如果局限在一个层系或层段，会增大"落空"风险。

翟光明对深层油气勘探非常重视，提出不同的对象要采取不同的策略。对付复杂的碳酸盐岩油气藏采取"五位一体"的勘探技术体系和策略，系统地抓好各个环节，地震技术攻关针对不同碳酸盐岩层系、层段的高分辨率采集处理，提高深埋储集体识别、解释预测精度；以地质和地震资料综合研究为主线，创新地质认识；以大斜度井和水平井作为主要钻探手段，研究应用合适的泥浆比重、最大限度防止损害、污染地层；提高测、录井解释精度，及时发现油气显示；做好压裂、酸化处理工作，防止污、损油气层。对于前陆盆地，总结推广库车等复杂地区地震勘探、钻井技术的经验，解决地面高陡复杂、冲断带下盘构造偏移等难题；攻关深层高温高压条件下的钻井、测井、录井技术，特别是泥浆比、压力监控、完井等措施；重视油气显示检测、测试等配套分析研究，尤其是深层遇到微弱显示不能放过。对于东部新层系，在勘探思路和部署上，要重视古生界原生油气藏的勘探，如石炭系—二叠系埋深不是很大，客观认识燕山期以来构造运动对它的"破坏"，其本身具备形成原生油气藏的条件，下伏寒武—奥陶系除了潜山新生古储外，也有形成原生油气藏的可能，因此，需要整体考虑；浅层新近系埋藏浅，发展陆上浅层地震勘探技术和测井、录井、测试技术，以及地震、测井和录井等综合分析技术，整体认识和解剖富油凹陷中发育的低幅度凸起构造。

翟光明提出："深层是未来勘探的重要领域和方向。"在任何层位和深度，只要具备成藏五要素，都有可能找到石油。这里的深层，按翟光明的解释，有三个含义，不仅层位要深、埋藏要深，思想也要深，这就意味着，我们石油人要在地层、井深和思想上大做文章。当然，往深层去要冒很大的风险[①]。但是，有科学依据冒一些风险也是有必要的，可以有计划、

---

① 翟光明参加"共传地质魂，同圆地质梦"胜利地质科技论坛发言，2014年7月22日，山东东营。资料存于采集工程数据库。

图 11-5 《中国油气勘探新区新领域战略突破方向研究》获中国工程咨询协会 2013 年度优秀工程咨询一等奖（翟光明提供）

有依据地打一些风险探井，探索深层，让深层发挥出最大的潜力。

"十个突破口"的提出，有力地指导了我国油气勘探向纵深发展，为增储上产起到了重要作用。"中国油气勘探新区新领域战略突破方向研究"获得中国工程咨询协会 2012 年度石油天然气行业优秀工程咨询成果一等奖。

主持国家油气供给与管道发展战略研究

2012 年 12 月，中国工程院咨询研究项目"中国油气供给与管道发展战略研究"正式立项，翟光明任课题项目长。课题设立的目的就是研究国内常规油气、非常规油气、海外油气，以及其他资源如 LNG、煤制油气等多元资源的可持续供给战略措施和途径，研究国内油气管道与跨国油气管道的发展战略，提出我国长距离、多种油气并输的油气管网的布局、能源通道建设及安全保障措施等战略建议，为国家能源战略决策提供参考。

图 11-6 翟光明研讨会发言（翟光明提供）

"中国油气供给与管道发展战略研究"是中国工程院能源与矿业工程学部、工程管理学部、机械与运载学部联合研究的重点咨询项目。翟光明亲自主持，全程组织并参与课题研究。课题下设三个子课题，第一个子课题

图 11-7　主持召开《中国油气供给与管道发展战略研究》研讨会（禹航摄）

是我国油气资源供给可持续性战略研究，主要内容包括国内常规油气可持续供给潜力与勘探开发战略研究、国内非常规油气的战略接替与可持续开发供给研究、境外油气进口与资源勘探发展空间及制约因素研究、其他油气资源发展前景及供给潜力研究。第二个子课题是我国油气管道发展战略研究，主要研究内容包括国内油气管道发展现状研究、国内区域油气消费与主干管道发展布局研究、进口油气通道战略规划研究、国家油气管网运行工程管理战略研究、油气管道建设关键技术和材料、装备国产化战略研究。第三个子课题是油气资源安全供给保障战略研究，主要研究内容包括油气合理消费与资源供给的协调发展战略研究、多元化管道建设与输送的综合协调机制研究、管道工程建设和运行管理研究、油气长输管网安全运营保障措施研究。

　　2014 年 3 月 24 至 25 日，在北京组织召开了"中国油气供给与管道发展战略研究"阶段成果研讨会，翟光明主持会议，听取了各课题组的成果汇报。

　　我国油气资源供给可持续性战略研究取得五项基本认识：地球构造演

化历经两次大开大合，形成特提斯、劳亚两大油气富集区域，控制全球十大巨型油气区的分布；全球油气资源约 6 万亿吨，常规与非常规资源比例为 2：8，世界石油工业可再发展 150 年以上；美国实施"能源独立"战略，为我国实施"稳定国内、加大海外"的国家油气能源战略提供了重要机遇期；国内油气发展实施常规—非常规并进、深层—浅层并进、海域—陆上并进三大战略，保持石油稳定发展和天然气快速发展；海外油气发展实施自主勘探、公司并购、贸易运营三条途径，构建多元化的全球油气供应链。为此，提出了四项建议：建议国家实施全球海洋深水、陆地深层和非常规科技创新驱动战略，保障国家油气长久安全供给；建议国家设立海外风险勘探基金，给予国内非常规油气开发财税补贴，保障上游油气勘探开发的持续发展；建议国家推动油气生产方式变革，建立常规—非常规工厂化协同发展技术体系，实现"高效、绿色、可持续"的油气发展目标；建议国家构建全球化技术服务集团，加大全球油气生产能力，为我国获取海外资源提供充足的市场保障。

我国油气管道发展战略研究确定的总体发展思路，以国家能源战略为统领，统筹国内外两种资源，合理把握市场需求，强化西北、东北、西南、海上油气四大通道建设，完善国内油气管网和配套设施建设，构建资源多元、调运灵活、保障有力、供应稳定的油气管道运输体系[①]。以技术为引领，以重大工程为载体，以政府为主导，以企业为主体，实施"追赶"与"跨越"并重的能源科技装备战略，提高管道建设及运营管理水平，保障油气能源供应的安全、高效、平稳[②]。

油气资源安全供给保障战略研究得到三个基本趋势：推进能源消费革命，我国必将走出一条"降煤、稳油、增气、大规模发展非化石能源"的新路；推进能源生产革命，我国油气产量 2030 年可能达到 5.4 亿吨油当量；推进全球油气资源和谐进程，努力扩大全球油气资源供给规模，逐步掌控

---

① 中国石油天然气股份有限公司黄维和访谈，2014 年 2 月 19 日，北京。资料存于采集工程数据库。

② 翟光明主持"中国油气供给与管道发展战略研究"成果研讨会发言，2014 年 3 月 24 日，北京。资料存于采集工程数据库。

定价权。未来，中国将实施国内全方位开发、国际多元化供给、通道海陆并进、亚洲贸易中心市场四大战略，建议扩大国内油气储备，完善跨国通道综合协调机制，完善国内油气管网管理体制，坚持市场导向，完善油气定价机制，加快油气相关立法进程。

开启块体油气勘探地质学研究

2014年4月8日，《中国科学报》记者贺春禄专访翟光明，记者的核心问题就是如何开发中国非常规油气。在回答这个问题时，翟光明表示，中国油气藏拥有全球最复杂的地质构造，为更好地探索中国非常规油气勘探，他已经转向"块体地质学"研究，并将这项研究作为他当下工作的重中之重。

初步研究表明，在漫长地质历史时期，中国大陆处于古亚洲洋、特提斯洋、太平洋和印度洋前后相继的地球动力学体系作用之中，即太平洋板块（东部）、印度板块（西南）和西伯利亚板块（北部）等三大板块交汇的"三角"区域。自显生宙以来，中国大陆并不是一个完整均一的、统一的克拉通块体，经历了新元古代晚期—早古生代洋—陆对立阶段；晚古生代陆—陆联合阶段；中新生代陆块拼合与陆内变形阶段等几次大规模的块体"离散—聚集"演化后，造成块体构成十分复杂。前寒武纪中国地区主要有塔里木、华北和扬子三个较大古板块，随着地质构造演化，还有53个小块体嵌于其间。

中国陆地由许许多多小块体移动组成，大块体有三四个，中等块体有23个，其余都是小块体，众多的地质块体沉积构造演化控制并形成数量众多、分布广泛、复杂而有序的含油地质体，而含油地质体则决定了油气的有序分布。目前，块体仍在不停地运动，而油气资源就是在这种异常复杂的地质条件下形成的。地质块体数量多、规模小，沉积盆地数量众多、发育的沉积地质体规模较小；地质块体小，活动性就强、稳定性较差，构造事件叠加非常普遍，块体盖层沉积因受到频繁构造运动影响而沉积环境复杂多变；不同块体沉积的连续性也各不相同。因此，复杂的板块构造演化，导致沉积演化复杂，由此造成十分复杂的油气成藏条件，纵向上复杂的多生烃—储集层系、多含油气层系（元古界—新生界海相、陆相），多期运移聚集，多期次成藏；多次构造活动叠加影响，保存条件复杂多变。中国东部、中部、西部各主要块体的油气地质特征均不相同。复杂地质条件孕育着复杂多类型的新区新领域。

每个块体不同的生、储、盖组合是研究重点，而每个方面又要具体研究，包括块体在不同时期的构造和发展、不同时期沉积条件的变化与沉积物以及生油层的演化过程，研究块体的构造发展史、沉积序列史与烃内演化史，综合考虑每个块体的具体情况。翟光明认为，在许多情况下，生储盖理论并不能完全解决问题，随着时间的推移，在不同时期地下发生的情况也不尽相同。因此，还应考虑时间因素，生储盖圈保这些因素一个也不能少，单一考虑某一点无法解决问题，这是一项非常复杂的综合性研究。

翟光明预见，要在中国开发非常规油气资源，必须开拓研究各种新的理论与生产技术，未来的相关研究工作和试验工作量将非常大。块体地质学研究的路还很长，翟光明是第一个敢吃螃蟹的人，他会不停地吃下去，而且会让更多的人和他一起吃，把这项研究不断推向深入。

第十二章
大师风范　硕果累累

当选中国工程院院士

翟光明是一位石油勘探专家，有着丰富的勘探实践和经验，有着深厚的理论功底，见证了新中国成立以来我国石油工业的油气勘探发展历程。20世纪90年代，先后被中国石油天然气总公司、中国科学技术协会确定为中国科学院地学部学部委员的候选人，起起落落，最终没能入选。但这并没有影响翟光明的找油情结，他依然安心他的勘探找油事业。

1995年，翟光明当选为中国工程院院士，提名单位意见中写道：翟光明同志在石油勘探中，运用地质、构造生油、储集、运移和聚集等因素，进行综合研究，从一个沉积盆地的整体出发，对盆地的构造史、沉积史、烃演化史和运移聚集史进行综合研究，总结出一个沉积盆地内油气分布的基本规律，提出勘探规划。另一方面，运用地质、地球物理勘探、地球化学勘探、分析化验技术、录井和测试技术多种学科手段的综合贯彻实施，发现和找到油田，因此在石油勘探中是颇有成效的……翟光明同志在长期

图 12-1　当选中国工程院院士证书
（翟光明提供）

勘探实践中，有效地发展了多工种综合勘探法和多学科石油地质研究方法，对油气勘探有指导作用。

当选院士，这犹如为一辆战车加满了油，为翟光明勘探找油增添了新活力，有了更强劲的话语权和感召力，助推了油气勘探事业。当时，翟光明已是年近70岁的老人，可他依然开足马力，老当益壮，扬帆起航。此时的翟光明，没有躺在丰硕的成果簿上，也没有过度的喜悦，依然像一名普通战士一样，又踏上新的找油征程。

图 12-2　1999 年 9 月 10 日在四川龙门山野外考察（翟光明提供）

丰硕成果和荣誉

翟光明对石油地质的贡献，不仅仅是具体的研究报告和撰写的论文，关键在于他的观点和方法论。既有微观的成果，也有宏观的成果。要把这些研究过程、研究成果叙述出来，怕是最枯燥、最不能吸引读者了。

翟光明的学术成就主要表现在对中国石油地质学独到的见解，提出了油气成藏条件的时空配置组合理论、复式油气聚集带理论和含油气盆地"三史"综合分析理论，有效地开展多工种、多手段综合勘探方法和多学科石油地质综合研究方法，指导中国油气勘探实践，取得多项突破性进展。1978 年获全国科学大会奖，1985 年获国家科学技术进步特等奖，为我国油气发现和油田建设作出重要贡献。

多年来，翟光明在石油行业取得了丰硕

图 12-3　1978 年翟光明获全国科学技术大会奖（翟光明提供）

图 12-4　中华人民共和国人事部颁发教授级高级工程师证书（翟光明提供）

图 12-5　石油工业有突出贡献科技专家奖章（翟光明提供）

图 12-6 中华全国总工会授予全国
优秀科技工作者称号和五一劳动奖
章（翟光明提供）

图 12-7 中华人民共和国国务院颁
发政府特殊津贴证书（翟光明提供）

的成果，荣获了多项荣誉。1984 年获国家人事部颁发的中青年有突出贡献
专家称号，并被评为教授级高级工程师。1991 年，获得中国石油天然气集
团公司"石油工业有突出贡献科技专家"奖章，中华全国总工会授予全国
优秀科技工作者称号和"五一"劳动奖章，10 月 1 日，获国务院颁发对工
程技术事业做出突出贡献荣誉证书，并获批享受政府特殊津贴。

由翟光明主持完成的"中油股份公司油气勘探战略研究"、"能源发展
战略及'十一五'重点咨询研究报告"、"中国油气资源可持续发展的研

图 12-8 1998 年参加第一次中国石油发展问题研讨会（翟光明提供）

图 12-9　2006 年 3 月参加中国石油咨询工作座谈会（前排右三为翟光明，翟光明提供）

究"，为中国今后石油工业长远规划和发展提供了科学依据。

太多太多了，翟光明的研究成果是一座知识宝库，凝结了他多少心血、多少汗水和多少不眠的夜晚！为国家和石油事业留下了宝贵的财富。

关心石油教育和学会组织

翟光明非常关心石油教育，希望将自己的知识和经验传给更多的年轻人。翟光明经常参加研究生学位论文答辩会，并提出石油勘探开发和科技新发展对技术干部的素质要求。在 1991 年 10 月召开的中国石油天然气总公司第二次干部工作会议上，翟光明提出提高科技干部整体素质的几点认识和建议：提高干部队伍的政治素质是加强科技队伍建设的首要任务，赶超世界先进水平必须培养一批第一流的石油专家和一些技术上的带头人，

图 12-10　参加勘探开发研究院 90 级研究生开学典礼
（中国石油勘探开发研究院提供）

提高科级干部的综合能力，适应现代石油科技发展的需要，培养科技开发型人才以适应今后科技工作的发展需要。建议制定人才发展规划，加强对科级干部的继续工程教育，加速青年干部的培养和成长。

图 12-11　1998 年 6 月 10 日参加北京大学博士学位论文答辩（右三为翟光明，王建君提供）

图 12-12　中国地质大学客座教授
聘书（翟光明提供）

他曾被多所大学聘为客座教授。1989 年 10 月被聘为中国地质大学（北京）客座教授。1992 年 10 月被聘为南京大学地球科学系兼职教授。2009 年 4 月，被聘为江苏工业学院兼职教授和石油工程研究院学术委员会主任。

图 12-13　南京大学地球科学系兼职
教授聘书（翟光明提供）

图 12-14　江苏工业学院石油工程
研究院学术委员会主任聘书（翟光
明提供）

　　翟光明注重学术研究，积极参与与油气地质相关的协会及社会活动。他先后当选为中国科学技术协会副理事长、中国石油学会常务理事、中国石油学会石油地质专业委员会主任，环太平洋能源和矿产理事会常务理事，美国石油地质学家协会国际联络委员会委员。

图 12-15　中国地质学会副理事长
副理事长证书（翟光明提供）

图 12-16　中国石油学会第三届
理事会常务理事（翟光明提供）

　　1984 年 10 月，翟光明从事石油事业工作超过 25 年，为广西油气资源开发和石油工业发展做出贡献，因而受到广西石油学会表彰。1986 年 3 月27 日，北京地质学会颁发荣誉证书，祝贺翟光明光荣加入地质学会 30 年。1988年 11 月 30 日，翟光明被聘为中国地质学会第 34 届理事会科学技术顾问。1989年 6 月，在中国石油学会第三次代表大会上他被选为中国石油学会第三届理事会常务理事。1999 年 6 月，在参加中国

图 12-17　中国石油学会物探专业委员会 SPG 优秀讲师证书（翟光明提供）

石油学会第四届理事会期间，他全力支持学会的各项工作，被评选为热心支持学会工作的领导干部。2008 年 5 月，他被评为 2004—2007 年度热心支持中国石油学会工作的领导干部。2012 年 8 月 1 日，他又被中国石油学会物探专业委员会授予 2010—2011 年度 SPG 优秀讲师。

图 12-18 《石油学报》第五届编辑委员会主任聘书（翟光明提供）

1991 年 9 月 30 日，被聘为《石油地质地震》学术顾问。1999 年 12 月，被聘为《石油学报》第五届编辑委员会主任。2007 年 5 月，被聘为《岩性油气藏》第一届编委会委员。曾任《勘探家》编委会主任。英国地质学会主办的《海洋和油气地质》编委。

1990 年 12 月，被能源部聘为高级咨询委员，聘期两年。1997 年 3 月 25 日，被聘为塔里木石油勘探开发指挥部高级顾问，聘期一年。2002 年 4 月 18 日，被聘为国土资源部油气资源

图 12-19 中华人民共和国能源部高级顾问聘书（翟光明提供）

图 12-20 塔里木勘探开发指挥部高级顾问聘书（翟光明提供）

图 12-21 国土资源部油气资源战略研究中心客座研究员聘书（翟光明提供）

图 12-22 中国科学院石油地质及地球物理研究中心科学顾问聘书（翟光明提供）

战略研究中心客座研究员。2006 年 12 月 15 日，被聘为中国地质科学院地质力学研究所石油地质及地球物理研究中心科学顾问。

2006 年 10 月，在翟光明 80 周岁华诞时，中国工程院院长徐匡迪特意写信祝贺他，信中充满赞扬之词，说到"翟光明是著名的油气勘探与开发工程专家，长期从事油气勘探与开发的科研与工程实践工作，为我国石油工业的发展做出了杰出的贡献。""科学求实、孜孜不倦的探索精神和无私奉献的高尚品德是我国工程科技界的楷模和学习的榜样。"[①]

"我国所有石油盆地都留下了翟老的勘探足迹，大油气田的勘探都与'翟光明'三个字分不开。"中国工程院院士胡文瑞曾经说，"翟老是中国现代石油勘探的奠基人之一，是中国油气勘探杰出的实践者。"[②]

查全衡著《茫茫大地找油漫记》中写道：翟光明参加华北石油会战开始时还不到 40 岁，由于有扎实的学术功底，有基层和部机关的工作经验，经受了大庆石油会战的洗礼，加上英文水平比较好，能够及时了解国外石油工业的动向和进展……因此他是一位得到上级信任、同级支持、下级拥戴的技术带头人[③]。

2007 年 11 月 15 日，国家科学技术部、国家发展和改革委员会、财政

图 12-23　国家重大专项实施方案论证委员会委员聘书（翟光明提供）

图 12-24　国土资源部油气战略研究中心颁发《全球油气地质综合研究与区域优选项目》专家聘书（翟光明提供）

---

① http://www. xuancheng. gov. cn/portal/zjxc/wfsb/gjrw/webinfo/2009/11/1319339697312545. htm。

② 搜狐资讯：勇敢的心：著名石油地质勘探专家、院士翟光明。

③ 查全衡：《茫茫大地找油漫记》，北京：石油工业出版社，2008 年，第 58 页。

部聘请翟光明为《国家中长期科学和技术发展规划纲要（2006—2020年）》"大型油气田及煤层气开发"重大专项实施方案论证委员会成员。

2008年3月，国土资源部油气资源战略研究中心聘请翟光明为"全球油气地质综合研究与区域优选项目"专家组成员。

2009年11月20日，被聘为中国海洋石油总公司高级顾问。2012年7月30日，被聘为江西省页岩气调查开发研究院院士工作站院士。2012年10月29日，任安徽省院士专家联谊会第一届理事会副会长。2014年5月18日，被聘为上海市浦东新区新能源协会第一届高级专家委员会荣誉顾问。

第十三章
油气勘探中的哲学思想

油气勘探实践回顾

从实践中获得的地质认识最具体、最真切，最易形成接近实际的概念，这是翟光明多年来一直坚持的思维方式和工作方法。多年来，翟光明不仅在基层工作注重实践，即使 1957 年调到北京石油工业部工作后，在一次次石油勘探会战中，也常年在基层工作。特别是石油勘探会战初期，常常是打头阵赴油田现场，首先参与制定区域勘探规划、探井布置和实施方案，然后就奔赴基层，深入生产一线，获取第一手资料，并及时分析研究，及时调整部署方案或勘探方向，取得很大成效。

1952 年，在陕北四郎庙做钻井地质工作时，翟光明尝试制作了能比较准确地反映井底地层的岩屑百分比录井图，设计能够精确检查井下地层有无油气显示的荧光录井图。

1953—1957 年，翟光明在玉门油田负责酒泉盆地的地面和油田地质工作，提交了老君庙油田第一个正规的石油储量报告，参加编制了全国第一份油田注水开发方案，并组织实施。

1958—1959 年，参加大庆油田初期开发试验方案制定。运用地质、地球物理综合勘探方法，参与制定松辽盆地油气勘探规划和确定松辽盆地基准井井位。

1963—1964 年，研究济阳坳陷的油气生成运移和聚集规律时，翟光明指出油源控制油气分布，最有利地区是东营坳陷北侧；制定东营坳陷的勘探规划和井位布置，从而发现胜坨油田和东营—辛镇油田。

1964 年，研究黄骅坳陷油气分布规律时，翟光明指出位于两个生油凹陷间的北大港断裂构造带是最有利于油气聚集的地带，按此认识勘探，发现了港西油田和港东油田。

1967—1969 年，在研究了辽河坳陷地质特征后，翟光明指出最有利的勘探地区不在东部，而在西部凹陷地带，并组织部署了西部凹陷兴隆台 1 号井位，经钻探发现了西部凹陷最大的兴隆台油田。这一突破，明确了辽河坳陷主体含油气区。

1964—1985 年，翟光明组织和参与了渤海湾盆地第三系含油气层对比研究工作，第一次统一了渤海湾盆地六个探区的地层分层和构造带的划分，并组织绘制了第一张渤海湾盆地全图。在对渤海湾盆地的油气分布规律进行全面研究后，参与完成了"渤海湾盆地复式油气聚集和分布规律"的研究报告，提出了复式油气聚集带理论，指出了油气富集带的有利地区。在这套理论指导下，渤海湾盆地相继发现了几十个大中型油气田，使渤海湾盆地石油储量和产量很快达到松辽盆地大庆油田的水平，为中国石油年产上亿吨提供了资源基础。

20 世纪 60—70 年代，翟光明提出烃源岩、储集层、盖层、圈闭和时间 5 个独立变量时空配置和组合成藏的理论，有效地指导了全国各油气区的勘探规划和部署工作，推动了在大港、胜利、辽河、华北以及西北地区发现大中型油田的工作。

20 世纪 80—90 年代，翟光明调任石油勘探开发科学研究院院长，充分发挥研究院的优势，综合各个石油专业的特点，在解决石油勘探难题中起到了很大作用。随着全国各盆地石油勘探工作的不断深入，提出

图 13-1　1981 年，陪同外宾参观华北油田高产井（左一为翟光明，翟光明提供）

图 13-2　1983 年，在云南野外开展地质考察（翟光明提供）

各地区应开展科学探索井的规划，探索过去不为人们注意的、甚至被认为是"禁地"的一些领域和层系，拓展了勘探范围，共实施14口井获得了很好的勘探成果。

进入21世纪，他高度关注我国油气能源安全，领衔我国油气能源战略研究，为国家制定油气能源中长期规划提供了坚实的基础。

长期的勘探实践，翟光明形成了自己独特的思维模式和工作方法，注重实践和缜密研究。在油气勘探实践中，翟光明认为应该尽可能获得更多的第一手资料，经过精细分析、推理判断，形成理性认识和观点，以指导下一步勘探。在新的勘探实践中他更加注重严密观察和发现新情况、新问题，不断修正已形成的观点和认识，使之逐步接近实际情况。

油气勘探阶段划分及其辩证关系

油气勘探工作的基本任务是找到有工业价值的油气藏，查明含油气面积，确定油气储量，取得开发油气田所必需的全部资料数据，为合理地开发利用油气资源做好充分的准备。

烃源岩深埋地下，不同地质时代发生的构造运动都会影响油气的生成、运移、聚集、破坏和再运移、再聚集过程。这些都是不能直接看见的，这就增加了勘探工作的难度。世界上没有任何一处油气藏是完全一样的，因而，油气勘探活动就是一个不断深化的研究过程和实践认识过程。

新中国成立以来，开展了大规模的油气勘探工作，百万石油职工解放思想，努力探索，在我国陆地和海域找到了一大批油气田，使我国成为世界主要产油国之一。与此同时，我们对陆相地层、复杂地质构造区域的油气聚集和富集规律有了比较深入的认识，充实和发展了石油地质理论。通过大量实践，我们已经取得了很大的成就，也积累了丰富的油气勘探工作经验。但是，与经济快速发展对石油、天然气能源的需求相比，我国目前探明的油气储量，特别是富集高产的优质储量仍然比较少。因此，以最经济的方法、先进的技术手段、尽可能高的速度，大幅度地增加油气储量，适应国民经济发展的需要就成为我们进行油气勘探工作必须遵循的基本原则。

众所周知，油气广泛分布在地球的每个角落。从陆地到海洋，从陆相地层到海相地层，从最年轻

图 13-3　1971 年，在克拉玛依油田现场观察岩心（翟光明提供）

的第四纪地层到最古老的前寒武纪地层，从面积数百万平方千米的巨型盆地到面积只有数百乃至数十平方千米的小型盆地都找到了油气田。近期的资源评价结果表明，我国的石油资源主要集中在东部地区，其次是西部、海域和中部，南方地质条件最复杂，被认为是缺油少气的地区。油气空间分布的普遍性和不均匀性，使油气勘探工作既有必要也有可能"择优先探"，以获取最佳的勘探效益。"择优先探"需要勘探工作由普查到详探、由广泛到集中的各个阶段。

油气深埋地下，是漫长地质历史的产物，人类既不可能直接观察，又不可能完全在试验中模拟。因此，在勘探实践中人们只能在已经认识到的油气分布一般规律指导下，结合本地区的地面、地下实际情况，利用地质、地球物理、地球化学、钻井、测井和测试等技术手段详细地从各种角度收集有关信息，经过持久、反复、全面、系统的综合研究工作，才能有效地找到并探明油气田。

油气勘探过程是一个调查研究过程，是人们主观认识不断接近客观实际的过程，是一个由粗到细、由浅到深、循序渐进完整的认识过程。由于研究对象不能直接观察和完全模拟，而且往往是成千上万甚至是几百万立方千米的规模，内部结构又极为复杂。因此，这个认识过程是一个长期的过程，短则几年、十几年，长则几十年才能取得预期的成果。企图用一个单一的模式去找油找气，完全套用某个区域的经验去指导另一个区域的勘

探通常是不能达到预想结果的。多年来，我国先后找到大庆、胜利等大油田，一次又一次地提出"再找一个大庆"、"再找一个胜利"的奋斗目标，然而我们找到的却是辽河西斜坡、孤岛、孤东等其他类型的大油气田，原因就在于此。

我国各地区、大中小盆地的勘探历程有许多相似之处，从开始勘探，发现油田到扩大勘探成果一般都延续了很长的时间，都是在锲而不舍的综合地质研究和不惜几上几下的勘探实践，在突破老的地质认识和采用新技术手段后才获得突破的。例如冀中坳陷，从 1956 年钻第一口探井，到 1975 年 7 月发现任丘潜山油田整整花费了 19 年时间。原因是从 1956 年到 1973 年期间的钻探工作主要集中在坳陷北部京津凹陷里，而对最有利的坝县、饶阳凹陷了解甚少。1968 年 7 月至 1970 年 2 月期间曾一度加强坝县、饶阳凹陷的勘探，先后打了 10 口探井，有 5 口见到了油气显示。由于地震勘探做得不够，资料质量也比较差，加上钻井、测试工艺落后，这批井大多没有打在构造最佳位置上，或者虽然见到良好的油气显示却未能得到工业油流。在这以后，加强了地震和综合研究工作，从 1972 年到 1975 年期间，累计完成二维地震测线 27000 千米，推广了多次覆盖技术。后期采用了国产 150 型百万次计算机进行资料处理，同时组织地质和物探人员认真地进行分析解释。最大规模的一次是在北京东郊，集中了 200 多名技术干部"解释会战"三个多月。在这样的工作基础上陆续地作出了 4—5 层大区域的连片构造图，随着对地下情况认识的深化，勘探重点也逐渐集中到高阳、高家堡、任丘和留路构造带上，并且进而认识到任丘构造带居于生油凹陷之中，是凹中隆，是区域性油气运移的指向，是一个由 6 种类型的油气藏组成的复式油气聚集带，坚持对这套古老的地层进行测试和酸化，终于通过任 4 井发现了潜山大油田。

国内外的勘探实践证明，在认识客观实际的过程中，人们常常是先找到可能有油气生成、运移和聚集条件的区域（盆地、坳陷、凹陷等），进而找到有利的油气聚集带和圈闭，再找到具体的油气田和油气藏。唯有这样从全局到局部，从大到小不断地精心选择，才能事半功倍地找到富集高产油田；相反，则往往"欲速不达"，难以获得理想的效果。

翟光明认为，无论从人们对客观事物认识次序，还是从每个阶段实际能投入的勘探工作量考虑，尽管油气勘探工作是一项连续性很强的工作，但是它又必须分阶段实施，每个阶段有各自的主要任务并采用相应的工作规模和方法。

现代油气勘探程序是由若干阶段组成的系统工程。它由逐步达到最终目的的若干阶段和为了达到目的所必须使用的若干种手段组成，每个阶段有各自的任务、工作方法和成果。勘探程序包括区域勘探、圈闭预探和评价勘探三个阶段。

区域勘探阶段主要任务是了解全区基本石油地质条件确定生油凹陷，评选有利的油气聚集带，进行盆地（坳陷、凹陷）和区带的油气资源评价，指出有利的勘探方向和目的层段。要着重回答七个方面的问题：①盆地周边地质和盆地内基底岩石性质、时代、埋藏深度及超覆情况；②沉积岩的时代、厚度、岩性岩相及分布情况；③区域构造单元划分，区域构造发展中主要构造带和重点圈闭的基本形态，上下构造间的关系及主要断裂情况；④生油凹陷的分布，生油岩的层位、岩性、厚度、有机质丰度、类型和成熟度；⑤储集层和盖层的岩性、物性、厚度、沉积条件及分布情况；⑥地面、地下油气显示，油、气、水的物理化学性质，区域水文地质条件；⑦全区含油、气远景评价，估算全区主要聚集带和重点圈闭的油气资源量，确定地质、地震详查的区域，为圈闭预探提供依据。

圈闭预探主要任务是在进行过评价选定的有利圈闭上，通过打预探井发现油气藏，提交预测储量和控制储量，为评价勘探提供地质和储量依据。要着重回答六个方面的问题：①油气藏的层位，油气层的岩性和物性；②油气层真实的生产能力；③流体的物理化学性质；④初步确定含油气边界，预测油气藏类型；⑤提交预测储量和控制储量；⑥确定下一步进行地震精查和钻评价井的区域和任务。

评价勘探主要任务是确定含油气面积，详细研究油气藏和油气层的特性，提交探明储量，为编制油气田开发方案提供资料。要着重回答八个方面的问题：①含油气边界，油气水界面深度及油气水分布状态；②油气藏形态细节及类型；③油气层岩性特性及储集类型，孔隙度、渗透率、含油气饱和度和润湿性变化规律；④岩性、物性、电性与含油性的关系，油气层有效厚度及其变化规律；⑤油气藏的温度、压力、压力系统和驱动类型；⑥油气水地面和地下物理化学性质及变化规律，油气性质评价；⑦油气井的生产能力，分层和各层油气产量和压力衰减情况；⑧探明储量。

在一些油气层多，油气层总厚度大，但是地质构造条件极端复杂的地区（例如渤海湾盆地一些复杂的小断块油田），预探井见油气流后，短时间内，没有大量工作难以全部探明的情况下，为了缩短勘探开发建设周期，加速资金周转，提高经济效益，可以采用"滚动勘探开发"的方法。

"滚动勘探开发"（Progressive Exploration and Development）又称为"渐进式勘探开发"，这一概念是 1983 年翟光明在一次中美石油地质家们讨论如何勘探开发复杂小断块油气藏时提出的。它立足于精细的地震勘探和深入及时的地质综合研究工作，并与勘探开发紧密结合。首先拿下并开发油田的高产富集部位，然后逐步探明和开发整个油田，即使在油田全面投入开发之后，勘探工作在相当长的时间内仍将继续下去。滚动勘探开发也有合理的工作程序，大体上分八个步骤进行：①预探井单井评价。要充分运用静态和动态资料正确地划分油气水层，努力取得储量计算的各种参数。②精细（或三维）地震。主要查明控制油气富集高产的二、三级断层的位置、产状和边界封堵条件，正确划分断块。使用油气检测、探边测试等多种技术手段进行横向预测，预测高产富集区块和高产部位。③储量概算。目的是为了对整个断裂或断块群总的含油规模做一次估计，为编制滚动勘探开发方案、规划油田地面建设时提供依据。本阶段提供的储量级别，除预探井的周围外，主要是控制储量和预测储量。④编制全区的滚动勘探开发设想和主力区块的勘探开发方案。要充分意识到复杂的地质条件可能给建设工作带来的影响。要比一般油田留有更大的应变余地。要坚持"整体部署，分批实施，及时调整，逐步完善"的方针。⑤钻评价井（出油后即为生产井）和开发基础井网。在钻井过程中，若情况与原设想出入很大时，应暂停钻探，待经过细致的分析研究后，再打下一轮井。⑥储量复算。⑦主力区块完善开发井网及注采系统。⑧主力区块投产并继续勘探，其他区块以勘探为主并进行试采。

勘探各阶段采用多种技术手段，在区域勘探阶段使用 24 种，圈闭预探阶段使用 23 种，评价勘探阶段使用 19 种。这些技术可以概略地分成两类：一类主要是解决单井评价问题，如综合录井、测井、测试和实验室的各项分析化验工作等；另一类主要是解决横向预测问题，即预测油气层向油井四周的延展情况，主要技术手段如各种物探和化探、VSP、Seislog、倾角测井、探边测试等。

表 13-1　油气勘探各阶段采用主要的技术手段

技术名称	区域勘探	圈闭预探	评价勘探
（1）卫星遥感	★		
（2）航空遥感遥测	★		
（3）地面地质	★	★	★
（4）重力、磁力、电法	★	★	
（5）地球化学	★	★	
（6）地震（2D）	★ 3×6，4×4，区域地震地层学	★ 1×1，1×2，高分辨率地震，局部地震地层学	★ 0.5×0.5，高分辨率地震，局部地震地层学
（7）地震（3D）	★		★
（8）地震模型	★	★	★
（9）VSP.	★		
（10）测井	★	★	★
（11）倾角测井	★		
（12）RFT	★	★	★
（13）DST	★	★	★
（14）综合录井	★	★	★
（15）罐装气分析			★
（16）试油	★		
（17）试井、探边测试		★	★
（18）流体性质及 PVT.	★		★
（19）地层年龄测定	★		
（20）古生物鉴定	★	★	
（21）岩矿鉴定	★	★	★

技术名称	区域勘探	圈闭预探	评价勘探
（22）生油层鉴定与油源对比	★	★	
（23）储层物性与结构	★	★	★
（24）流体产状及饱和度	★	★	★
（25）黏土矿物鉴定及酸敏和水敏试验	★	★	★
（26）单井相分析	★	★	
（27）Seislog，合成声波测井等		★	★
合计	24	23	19

　　翟光明十分重视现场资料的采集和分析，在实践中绝不放过每一项资料。经过系统总结和梳理，勘探各阶段应取得多项资料和研究成果。区域勘探阶段探井应收集 5 类 50 项资料，地震应提交 24 类图件、6 种表格和 1 份报告，综合研究工作应提交 37 种图件、10 种表格和 3 种报告；圈闭预探阶段探井应收集 5 类 46 项资料，地震提交 34 类图件和 2 种报告，综合研究工作应提交 24 类图件、9 类表格和 4 种报告；评价勘探阶段探井应收集 5 类 40 项资料，地震提交 30 类图件和 2 种报告，综合研究工作应提交 16 类图件、9 种表格和 3 种报告。随着技术进步，从探井、物探和综合研究工作中应得到更多的信息和认识。

　　翟光明认为一个地区的油气勘探初期必须坚持从全局着眼、整体研究、整体评价。在采用多种技术手段取全取准第一性资料的基础上，经过认真地综合分析研究，查明其地质结构和"三史"，即构造发展史、沉积史和烃类热演化史，才能选准勘探方向[①]。

　　油气勘探程序分为区域勘探、圈闭勘探和评价勘探三个阶段，前一阶段是后一阶段的准备，后一阶段是前一阶段的继续和发展，阶段之间既有区别又有联系。只看到它们之间的区别，忽视它们之间的联系，把各阶段决然的割裂开来，必然影响勘探速度；相反，只看到联系而忽略其区别，把各阶段混淆起来，工作就会分不清主次，也会使勘探工作遭受损失。多

---

① 翟光明访谈，2014 年 5 月 29 日，北京。资料存于采集工程数据库。

年来，勘探界已经形成共识：阶段不可超越，节奏可以加快。

在一项勘探工作达到一定程度的盆地或地区，特别是大型盆地，勘探的三个阶段可能并存，即一部分在进行区域勘探，另一部分在进行圈闭勘探，第三部分在进行评价勘探。

勘探的三个阶段是在一定技术水平上划分的，具有相对性。在一个进行过评价勘探的区域，由于技术进步，探测深度加深，或者转向新的勘探领域，例如由探背斜、构造圈闭转向非背斜圈闭等，于是又可以开始新的一轮区域勘探和圈闭预探。辽河油田大民屯凹陷的勘探历程是一个极好的例子，这个凹陷只有800平方千米，但油气资源极为丰富，是一个小而肥的凹陷，而20世纪70年代以前进行了地震普查和详查，也钻探相当数量的预探井和评价井，但是未获得很大的成果，并且认为生油条件比较差。20世纪80年代采用了数字地震重新进行地震普查和详查，发现了东胜堡、静安堡等潜山圈闭和一系列第三系圈闭。

油气综合勘探工作法

21世纪我国油气勘探发展究竟要依靠什么？翟光明系统总结国内外油气勘探的成功和失败的经验教训，结合自己的亲身经历，撷取中外最新科技信息精华，不失时机地构建新思路，把油气勘探钻井前后所应做的工作总结为6大类25项内容，特别重视多学科的综合（Comprehensive）研究、多技术手段的协同（Synergistic）勘探以及多方面的有效组织（Interactive），并将这些学术思想总结上升为油气综合勘探工作法（CSI）[①]。

石油天然气勘探工作既是一门科学，又是含有极大风险的开创性工作。面对中国复杂的石油地质条件，翟光明强调，油气勘探除了要求勘

---

① 翟光明，王玉普，何文渊：《中国油气勘探综合工作法》。北京：石油工业出版社，2007年。

探人员具有坚定的信念外，由地质多学科综合的深化研究而导致的勘探新认识、新理论的创新和广泛采用先进而适用的勘探技术攻关是油气勘探工作获得发展的巨大推动力，由此带来的诸多勘探成果令人瞩目。因此，为将风险降到尽量低的程度，努力提高勘探成功率以获得最大效益。油气勘探过程就是一个采用多学科综合研究、多技术手段协同作战及其交互渗透分析研究的探索进程，是不断认识、实践、再认识、再实践，坚持不懈追踪科学真理的过程。任何一个新油气田的发现都是经过无数次的探索而得到的。

油气勘探综合工作法（CSI）是翟光明和他的团队多年研究的结晶。油气勘探综合工作法的实施，一方面需要重视对勘探对象从基础开始反复深入持久地开展地质方面的多学科综合研究；另一方面又强调建立和实施综合的勘探项目，使地球物理、地球化学、钻井、测井、录井、油井完井、酸化压裂成为一整套的系统工程，采用多种不断改进的高新技术手段

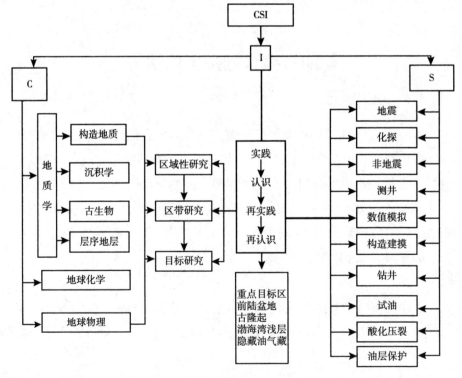

图 13-4　油气勘探综合工作法模式图（翟光明绘制）

来强化勘探实践①。在工程实施过程中，根据钻探进展，不断深入地质多学科的研究，并反过来指导工程的实施，实现研究与工程的互动，不断将勘探进展和地质认识引向深入。

油气勘探综合工作法的精髓是：加强信息与成果的综合，把地质、地球物理、钻井、录井、测井、测试等方面所获得的各种信息进行综合分析研究，才能有一个正确判断；同时强调各种勘探手段的综合运用，知道哪一个地区有希望就要调动一切手段协同作战。将地质、地球物理、钻井、录井、测井、测试等一系列工作密切配合，与科研人员及时沟通工程现场取得的进展，交互渗透，通过现场发现的蛛丝马迹，将勘探逐渐引向深入。

多学科的综合研究（Comprehensive study based multi-disciplinary），是油气勘探的基础。油气勘探是一项不断探索和创新的系统工程。石油天然气深埋地下，特别是在不同地质时代发生构造运动后都会影响油气的生成、运移、聚集、产生破坏和再运移、再聚集的过程，这些都不能直接看见，而且没有一处油气藏是完全相似的。因此，油气勘探活动就是一个不断深化的研究过程和实践认识的过程。

翟光明在多个场合讲过，应重视对勘探对象反复、深入、持久地开展多学科的综合地质研究，从地质学、地球物理、地球化学出发，在构造地质、板块、沉积学、生烃、古生物、层序地层等几个方面综合对盆地整体进行三个层次的研究。一是区域性研究，综合整体大剖面和多技术手段，提出一个盆地地质认识上的新思路、新概念和新领域；二是区带研究，对一个区带进行研究，提出新的地区、新的层系，如前陆盆地、古隆起、渤海湾浅层、隐蔽性油气藏等；三是目标研究，产生重点目标区，如对库车、准噶尔、塔中、柴达木等具体目标提出勘探设想和重点勘探项目。

多科学的综合研究不仅仅是在现有油气层系上，更重要的是提出地质认识上的新思路，即创新思想。勘探家要不断解放思想、要充满找油的激情。一件事情干的时间长了就会受到先验论的束缚，就会故步自封，裹足

---

① 翟光明访谈，2014 年 5 月 29 日，北京。资料存于采集工程数据库。

不前；去想别人没想过的，干别人没干过的事将会成为人类社会不断发展的推动力。油气勘探工作本身就是一项充满风险的事业，在探索地下未知领域的过程中，需要敢想敢干、勇于进取的精神和热情，更需要有打破思维定式、创新勘探思路的胆识，敢于进入油气勘探的无人区。

翻开中国石油的勘探史，无数事例表明，在一个已勘探的油气盆地中，一个新思路、新领域、新概念、新层系的提出，往往会打开一大片勘探局面。地质家们认为某个有勘探远景的盆地（或地区），坚持锲而不舍的综合地质研究和不惜几上几下的勘探实践，在突破老的地质认识和采用新的技术手段后，终获突破的事例屡见不鲜。如 20 世纪 30—40 年代，随着沉积学、地层学和背斜理论被引入石油地质，使世界石油勘探发现出现高峰。在 20 世纪 50 年代，曾受到中国贫油论的束缚，而陆相沉积也会生油的理论推动了大庆油田的发现，打破了这个思想禁锢，从此松辽盆地大会战轰轰烈烈地展开。20 世纪 70 年代渤海湾复式油气藏理论的提出，大大加速了渤海湾几个油气区的勘探步伐，当时连续几年的储量都有很大增长。由翟光明指导的陕西靖边地区陕参 1 井，打开了古生界奥陶系这一新层系，由此打开了鄂尔多斯中部大气田的勘探局面；吐哈油田台参 1 井，打开了侏罗系，为我国西部地区广泛分布的侏罗系含油气区远景提供了有力的证据；库车坳陷克拉 2 井的发现，拉开了前陆盆地勘探的序幕，现在勘探前景越来越好。实践表明，经过多学科的综合研究提出的新理论、新思想、新地区、新层系，对推动勘探工作向前发展是有决定性作用的。翟光明曾经说，一个盆地的勘探工作，从认识上有小的创新，就会有小的进展，有大的创新，就会有大的进展。

多种技术手段协同作战（Synergistic action of multi-technique）是油气勘探成功的关键。多种技术手段要协同起来，建立和实施综合的勘探项目，使地球物理、地球化学、钻井、测井、录井、油井完井、酸化压裂成为一整套的系统工程。简而言之，采用多种先进技术强化勘探实践。

目前，油气勘探技术发展非常迅速，勘探手段也是推陈出新。最新技术有高精度高分辨率地震技术，包括二维、三维、四维地震技术、VSP 地震技术、山地地震技术；非地震勘探技术（EMAP、重力、磁法、电法）；

精细地震处理技术、储层预测技术、油藏描述技术；化探技术；测井技术、横向预测技术、核磁测井技术；数值模拟技术、模糊模式识别技术；油层保护技术、欠平衡钻井技术、水平钻井技术、多底井技术、酸化压裂技术等等。新技术、新工艺、新装备对石油工业发展的影响是巨大的。在库车坳陷克拉 2 井的发现中，山地地震和复杂三维地震攻关是立了头功的。整个石油工业的发展史，都包含了勘探技术进步对油气勘探所作出的巨大贡献。正如美国《商业周刊》1997 年 11 月刊文中指出"当前世界石油工业出现了一种完全不同于我们原来所预想的情景：石油资源没有枯竭，石油危机也没有重现，这一切都应归功于科技进步。"

多学科的交互渗透（Interaction）是油气勘探的必由之路。当前油气勘探的很多地区都存在地形条件恶劣、地质条件复杂、油气藏深度增大、储层物性变差、原油性质变差、勘探成本增加等问题。面对"低、深、难"的勘探现状，必须把科研和综合运用新技术以及两者的紧密结合放在重要地位。

多学科的综合研究与各种先进技术手段强化勘探实践，相互参照，相互印证，目的只有一个，就是发现油气的蛛丝马迹，进而发现油气田[1]。在勘探部署中应整体考察，应以一种油气藏为主，兼探其他各种类型的油气藏，更确切地说要从多种油气藏出现的可能性出发，根据不同地区的地质条件和构造背景，以一种主要的油气藏进行综合勘探。通过反复持久的实践、认识、再实践、再认识的方法进行交互渗透，产生一次又一次认识上的飞跃，找到更多的油气藏，最终推动我国石油工业向前发展。

油气勘探综合工作法首先要对盆地进行整体上的地质分析和了解，不能一开始就从局部入手开展工作，而要从基础工作入手，加强综合分析。在具体工作中，可以先做区域性的大剖面，整体解剖，看一看该盆地的圈闭、构造到底如何，然后再抓住一些有利的构造和圈闭开展区域性工作，细心解剖局部构造，这是横向上的工作。其次，在勘探工作中我们需要注意坚决按程序办事，一切工作都要有步骤、分层次地进行，从预探到详探，从二维地震到三维地震，勘探过程中地震、钻井、测井、试油等环

---

① 中国石油煤层气有限责任公司徐凤银访谈，2013 年 12 月 25 日，北京。资料存于采集工程数据库。

节要作为一个整体，不能单纯为了追求发现速度，同步进行不能同时开展的工作，也不能单纯为了保障绝对安全而不顾地质目的和取全取好各种资料，发现油气是我们一切工作的最终目的，这是纵向上的工作。三是纵横结合，在整体研究的基础上，通过参数井、预探井等工作搞清目的层后，加深研究，再上三维地震，在三维地震资料取准取全作出分析后，再布评价井，根据钻井的进展，不断修正地质模型。四是搞勘探工作不能"以一口井论成败"。成功了，要总结成功的经验，失败了，要找出失败的原因，只有不断总结才能提高。五是搞勘探必须持之以恒，否则就会功亏一篑。要坚持下去，就必须不断促进勘探技术进步，提高勘探工艺水平。

油气勘探综合工作法（CSI）重点强调的就是对含油气盆地进行多学科综合的整体研究，采用多技术手段及时发现各种圈闭，及时发现油气层。在整个勘探过程中，自始至终做好以地质为中心的多学科综合分析与各种勘探手段取得的资料对比结合，实践、认识、再实践、再认识。对一个盆地的勘探工作，要持之以恒，运用新思路、新概念不断探索新地区、新领域、新层系。重视各种油气新发现，准确掌握地下情况，提高勘探效果[①]。中国拥有极其丰富的油气资源，翟光明坚信随着勘探工作的深入、科技的进步，油气可采储量必定会大幅度地增长。

实施勘探综合工作法是加深认识油藏、加快钻探速度、缩短建井周期、节约建井投资、提高钻探效益的有效手段。科研人员通过随钻跟踪分析，作出地质预报，避免钻井事故发生，及时提出优化钻井取芯及何时完钻的建议。节约无效钻井进尺和无效取芯进尺，还能够协调解决钻井技术问题，为上级决策及时提供各种有效信息，保证决策的及时性和有效性。在探井派驻地质人员，对于取全取准录井资料、发现与保护油气层，保证各项钻探任务的完成都有十分重要的作用。不注重综合研究、不注重将科研与工程技术紧密结合，很有可能会延误勘探进展。很多地区油气资源丰富，但是由于遇到复杂的地质情况、恶劣的地形条件或当时技术上的问题，而推迟大油气田的发现。

---

① 翟光明，何文渊：从区域构造背景看我国油气勘探方向。《中国石油勘探》，2005，2：1-8。

今天，翟光明依然关注着我国油气勘探活动。他说：有些地区由于种种原因，或因当时技术手段不足，或因技术落后，对地下各种情况和信息认识不够，可能漏掉圈闭或油气层。因此，翟光明提出对一些地区应进行"三查"：一是查地震资料，或是对地震资料重新进行处理，把一些隐蔽的圈闭、构造查出来；二是查录井、测井资料，把有可能漏掉的油气层查出来，近几年勘探与生产公司做了大量工作，并见到了很好的成效；三是查工艺技术是否用得得当，比如有的地区保护油气层的措施，如果过去采用一些伤害油气层的措施，现在应该改变。我国的地质条件比较复杂，各种特殊性也比较多，因此，就需要我们做更精细、更精确的工作，才能搞清地下的地质情况，及时发现油气田。只要有油气显示，哪怕是微弱的显示，都不能轻易放过。只有跟踪追击，才能发现大油田，在陆相地层更需要这样做。这样的例子在我国的石油工业发展历程中不胜枚举。

思 维 之 光

在几十年的石油勘探生涯中，翟光明形成这样一种总体思想观点：石油地质是一门新兴的科学，但它是多学科的科学。如果只从地质一个角度看地质，就会产生一些偏激。因而要多角度、多思维、多方面去综合分析论证。为此，只有收集齐全各种资料和相关信息，才能较准确地对这一地区作出准确的判断。一个地质家，不仅要学地质知识和理论，还要掌握地球物理、地球化学以及哲学等方面的知识，地质家头脑中要有一股流动而变化的"无形"的油流；油是埋藏在地下，但却要反映在地质家的心中。这一认识，始终指导了他的实践和研究，使他的研究不断获得成功。

爱因斯坦曾深有感触地说："哲学是全部科学研究之母"、"科学要是没有认识论，就是原始的、混乱的东西"。翟光明长期从事油气勘探实践，始终坚持"两论起家"、实事求是、艰苦创业的原则，认真总结国内外油气勘探开发的成败经验，坚持整体思维、辩证思维方式和由科学实践而产生正确认识的唯物主义观点，锻炼和培养了在实践中逐步形成的迅速认识地下实际情况的思维方式和研究思路。翟光明的每一种学术思想的产生和新理论提出，都经过了反复实践、反复认识的长期探索过程，当然也离不开他扎实的基础知识和多年勤奋好学以及对工作一丝不苟的态度。

从整体出发，从事物所处的周围背景出发，从宏观到微观、从区域到局部来逐步研究、分析和认识问题，才能较快地掌握被研究对象的实质，不为一些零乱现象所迷惑，可以少走弯路。这是翟光明长期从事石油地质勘探工作中总结的一套思维方式。

油气的存在离不开沉积盆地，而沉积盆地则是地球上一个基本地质单元。翟光明经常说，要真正认识一个盆地内的油气分布规律，必须从盆地整体出发，研究盆地所处的地质背景，然后再去研究盆地内部各个方面，从而获得比较可信的规律性认识。否则，将是"盲人摸象，不得要领"。世界范围和我国的油气勘探实践，证明了一个普遍的规律，就是油气分布受盆地类型、构造格局和不同的沉积环境控制。从这一点出发，以中东油气区为例，翟光明曾经分析了我国久攻不克的南方地区找油气的战略和措施。他指出：中东油气区是世界上油气资源最丰富的地区，扎格罗斯山的前陆盆地向西经科威特、伊拉克、沙特阿拉伯等阿拉伯地台区，再向西至阿拉伯地盾，沉积岩总面积约有 360 万平方千米，这是一个统一的、完整的、有序的大含油气区。由东向西，从地质构造上来看，它是由前陆盆地到地台边缘过渡区，再到稳定地台区，最后直至地盾区；从油气储存的地层来看，是新生界—中生界—晚古生界—早古生界依序展布；从储层岩性来看，呈现砂岩—碳酸盐岩—砂岩的递变。该区勘探首先是从前陆盆地开始，由于地面露头好，背斜成带分布，并有油气苗出现，从 19 世纪 80 年代即开始勘探油气，但并未获得重要发现。这是因为该区组成背斜的上下地层的构造不吻合，地面露头为背斜构造高点，而在地下却常变为低点，成为向斜部位。直到 20 世纪初期，有了地震勘探，加上重力勘探和钻探，才逐渐搞清它的构造特点。随后，每探一个构造就是一个高产油田，从而掀起了中东地区大规模的油气勘探，先是在伊朗前陆盆地第三系找到高产大油田；进而在伊拉克、科威特发现白垩系大油田，在科威特找到了名列世界第二的布尔干—玛格瓦大油田，其石油可采储量达 100 亿吨；而后沙特阿拉伯在侏罗系中发现了世界第一大油田格瓦尔，该油田可采储量竟达到 200 多亿吨。几十年来，沙特阿拉伯的油气勘探向西延伸，在三叠系、志留系、奥陶系以及寒武系中相继发现了有工业价值的油气流。这一发现开阔了地质学家的眼界，说明中东油田的分布是与全盆地的地质构造、沉积条件、烃热演化史紧密联系的。

中国南方地域广阔，地质条件也相当复杂，但只要选择比较有利的地区，面向海相和陆相两大套沉积体系，油气勘探是可以获得突破的。翟光明认为，我国南方多年来的勘探一直不得要领，原因是对其区域地质框架的研究不够深入和系统。从区域地质背景来分析，其含油气性是肯定的。从江南古陆雪峰隆起向北西至鄂西复式背斜带和向斜带，再经过川东高陡构造带，到川中地台，一直到龙门山前陆盆地，是一个整体。这个范围约 50 万平方千米，有早古生代、晚古生代、中生代至新生代地层沉积，具有完整的沉积序列；油气显示层位自东南向西北、自老而新规律分布，该区震旦系到三叠系是一套海相沉积，侏罗系到第三系是陆相沉积，都有着各自独特的含油气特点。南方的油气勘探首先应紧紧抓住这个目标总体部署，分期实施，开展整体综合研究。相信这样就会比较快地找到南方海相沉积含油气的突破口。这是一个崭新的构思，是对中国南方地区油气勘探的一个全新认识。它的根据就是全区构造和沉积的特征。这一分析得到许多专家的赞同，原来认为该区太复杂、无从下手的技术人员，了解翟光明的这种思路和解决问题的途径后，也增强了信心。

努力培养辩证思维，坚持两点论，不要绝对化。长期从事油气地质勘探的组织和研究工作，将翟光明磨炼为

图 13-5　中国工程院院士翟光明
（中国石油勘探开发研究院提供）

善用辩证唯物主义、重视客观规律的科学家和战略家。他认为，油气勘探是一种在科学基础上的风险活动，因为地下地质条件极其复杂，尽管人们可以利用各种勘探手段、先进技术和科学理论，最大限度地了解地下油气分布情况，但是由于受到现今科学技术水平和勘探技术手段的限制，对地下复杂多变的地质条件不可能很快就完全搞清楚，分析和认识问题不能绝对化。

勘探就是探索。探索，需要绞尽脑汁去思索，探索可能成功也可能失败，要有承受"大喜大悲"的能力。翟光明经常说，既要经得起成功的喜悦，也要承受住失败的煎熬。要从最好处想，从最难处着手，要立足多种设想、多种考虑和准备。油气地质勘探中成功的、失败的事是经常发生的。成功了皆大欢喜，往往也能认真总结经验。失败了，切忌心灰意冷，而是要更冷静，更认真地研究失败的原因，以提高认识，使以后的地质勘探部署能更准确一些，成功率提高一些。探索延续时间远远不止七八个小时，有的可以长达几个月、几年、十几年甚至几十年，只要你坚持不懈、扎扎实实，总能认识清楚地下的油气地质问题，总会找到一定的规律，总会有所发现。

做任何事情，要从最好处设想，也准备走曲折的路。找高产油田或大油田，这是每一名石油勘探工作者的强烈愿望。一个地区油气勘探部署实施的结果，往往与预期目标有出入，有时开始只抓到中小油田甚至只是一些油气显示，在这个时候要及时分析研究。有时追踪这些油气显示就可能发现大油气田。这种情况在我国勘探史上不乏其例。

油气勘探工作应立足于多种设想、多种考虑和准备。对于地下储油层的情况，即使在地面上应用各种勘探手段分析研究后，认为已经搞清楚了，但实施后常常不是设想的主要勘探目的层，没有得手；而在另外一个地层中却获得重要发现。如原来设想的目的层是浅层，却在深层获得油气；反之，原设想是深层，而实践中在浅层却获得了工业性油流；有时设想是构造圈闭，而实际上是地层圈闭或岩性圈闭。这些情况经常遇到。因此，在勘探过程中，不能单打一，要有多种设想、多种准备，不漏掉任何有工业价值的油气层。

翟光明正是应用这些思维方式，对我国的油气勘探工作做出了突出贡献。新疆塔里木盆地，面积 56 万平方千米，第二次油气资源评价结果表明，这一地区具有极为丰富的油气资源，只是由于受多次地质构造变动的影响，油气分布较为复杂，难以尽快搞清，寻找大型油气田有一定的难度。曾经有好长一段时间，有的地质学家和勘探专家对其中的一些层系和地区产生过悲观情绪。翟光明则从全盆地整体出发，全面分析塔里木盆地地质演化历史，明确指出在塔里木盆地中部地台地区也就是塔中隆起的地质发展史上，曾经发生两大地质事件：一是在晚加里东运动末期，造成志留纪以前的地层抬升和褶皱，奥陶纪地层形成大面积隆起，与塔北地区轮南隆起遥遥相对；二是海西期，在塔中地区形成了一个很大构造，它并不是一个无上古生界沉积的凸起，石炭纪地层广泛覆盖其上，实质上是一个大的披覆背斜。其中发育着很丰富的地质构造现象，如多期的地层不整合、超覆、上倾尖灭等，所有这些都可能成为后期形成油气藏的有利场所。塔中地区与轮南塔北隆起之间的早、晚古生代地质构造升降发育历史互相转换，恰似一个跷跷板，这对油气的运移和聚集十分有利。塔中地区这两大地质事件，同鄂尔多斯盆地古生代地质构造沉积历史很相似[①]。鄂尔多斯盆地也是在加里东运动末期有微弱隆起，它和其东部的晋冀地区广大斜坡带在早、晚古生代的升降也是一个跷跷板。而现今的构造实际上是一个大鼻状构造，东部有盐层遮挡，形成一个区域性的封闭遮挡。翟光明认为，塔里木盆地塔中地区海西期以后一直抬升，是一个继承性大隆起构造，其上面形成了多种类型圈闭，在塔中隆起周围形成除背斜构造油气藏之外，还有地层不整合、地层超覆、断层、生物灰岩岩性、侵蚀面等多种类型油气藏，组成了一个复式油气藏聚集区。在石炭系大盖层下面，地质情况丰富多彩，是寻找大油气田的有利地区。根据这种思想，翟光明率先建议在塔里木盆地中部隆起上布置一口深达 7500 米的参数井，其目的就是揭开奥陶系内幕及其下伏寒武系、震旦系油气藏。这一建议得到中国石油天然气总公司的支持，在奥陶系内见到了良好的油气显示，为打开塔里

---

① 翟光明：开拓新思路加快西部地区的油气勘探工作。载：《中国石油天然气总公司院士文集：翟光明集》，1995 年。

木油田的大场面树立了坚定的信心，为后来获得大突破奠定了基础。没有翟光明的坚持，塔里木油田的开发不知还要晚多少年。

重视借鉴他人经验，促进自身发展是翟光明的高明之处。在学术研究活动中，他十分注意吸收他人和国外的先进经验和理论。早在 20 世纪 60 年代，鄂尔多斯盆地的油气勘探，尽管已经历过几十年的摸索，但对真正的地下地质情况还了解甚少。在这种情况下，翟光明反复查找和研究国内外资料，特别是学习康世恩同志的勘探战略经验，对技术上一时解决不了的黄土塬地区地下情况，根据重、磁力勘探法和比较少的地震资料，大胆地进行分析和判断，布置了五条钻探大剖面，了解全区域地下地层和油气分布情况。这一部署陆续实施后，先后发现了马岭油田、城壕油田、华池油田等和一些重要的油气显示，从而使鄂尔多斯盆地成为我国重要的油气生产基地。

20 世纪 80 年代中期，翟光明在担任石油勘探开发科学研究院院长期间，十分注重学习国外的勘探新理论和新技术，一方面，组织有关人员多次到美国、英国、苏联、中东、委内瑞拉等大油气区进行考察，以便启迪新的勘探思路；另一方面，多次组织国际学术研讨会，把国际著名的学术权威请来做报告，与国内专家互相讨论，引入他们的学术思想，取得了良好的效果。他特别注重研究有着悠久石油勘探历史的美国和中东地区，了解外国人在勘探石油的过程中走过什么弯路，取得什么经验和教训，又总结了什么规律性的认识，使之成为我们自己找油的借鉴。当年，他得知我国开始实行聘请外国专家担当中国科学院和中国工程院院士时，就竭力推荐国际著名石油地质学家、美籍科学家哈尔布特成为中国工程院首批外籍院士，也激起哈尔布特对中国油气勘探的热情。

坚持在实践中检验研究成果。1985 年，翟光明调任石油勘探开发科学研究院院长后，带着多年石油勘探实践的丰富经验和对中国油气地质理论的深入认识来指导研究课题。他不但要求全院在设置科研项目上要扎根于生产实践，而且自己也深入重点项目组，直接参与研究。例如，他狠抓以科学探索井为中心，对新地区、新层系、新领域的探索研究，他亲自参与地质条件分析，安排有关学科从多方面进行研究。对一个盆地的含油气评

图 13-6　1981 年在北京国际石油地质讨论会上与哈尔布特夫妇合影（翟光明提供）

价，首先从盆地构造发育史、沉积发展史、有机质演化史入手进行综合研究，在翟光明的带领下，经过近三年的潜心研究，先后在西北区钻探了两口科学探索井。经与玉门、长庆石油管理局领导、专家商定实施后，科学探索井打出了两个新局面，开拓了两个新领域。

了解翟光明的人都知道他最大的特点是实事求是和锲而不舍。他对待每一件事都认真负责，一抓到底；在学术上更是讲究精雕细刻、精益求精，注重消化国内外新的研究成果和技术，不断完善自己的思维方式。因而，这使他取得一次又一次的成功。

翟光明不仅是一位地质学家，在钻井工程、开发工程以及地球物理、地球化学、数学地质等专业上也是内行。他对专业技术干部的要求是"一专综合"，"一专"就是要精通本人所学专业和从事的工作领域；"综合"就是要掌握与本人专业相关学科的主要内容和研究动态，他经常强调一个科学家或工程技术人员必须具有宽广扎实的专业知识，这样才能适应当前的高科技发展。他常说，只要你对每个问题抱着严肃认真的态度，再难的问题也会逐步得到解决的。对地下油气地质问题的认识，也有一个逐渐发展的过程，不可能一开始就能搞清楚，但只要你坚持不懈、扎扎实实，总会

图 13-7　2014 年 7 月，翟光明在胜利油田地质院作学术报告（胜利油田地质院提供）

认识清楚，并能有所发展，最终找到一定的规律①。

翟光明院士根据多年的勘探实践经验总结出创新工作七步法：第一步，要有开阔的战略思想；第二步，要进行扎实的工程设计；第三步，每个想法都要落实具体的实施方案；第四步，要用坚定的思想、信念和措施，坚持不懈地进行下去；第五步，分阶段进行总结；第六步，根据新情况调整原有方案；第七步，达到预期的最佳效果②。基于创新工作七步法，翟光明对于创新型人才也有自己的看法，他认为：创新型人才要在继承优良传统的基础上有敢于创新的勇气和善于创新的能力，要敢于面对困难，走别人没有走过的路，同时又要符合科学思维规律。同时，他认为创新型人才还要具有正确的政治方向、高度的爱国主义热情和强烈的民族责任感。

院 士 心 语

已步入鲐背之年的翟光明回忆起与石油勘探结缘的日子时说，并不是一开始就有一个成熟的想法要投入石油地质勘探，而是有很多原因的促使。"当年很年轻，一开始并没有成熟的想法，不像人们通常认为的那样，有什么决心、抱负，就是一步步走过来了，后来就自然而然走上了这条路。""我国地大物博，寻找到各种丰富的矿产，改变我国落后的生产条

---

① 翟光明访谈，2014 年 1 月 22 日，北京。资料存于采集工程数据库。
② 翟光明访谈，2014 年 5 月 9 日，北京。存地同上。

件，这是很有意义的事。另一个，勘探一下祖国的大地，在此过程中，看看祖国的大地、大山、大水，也是很有意义的事。"大学期间，在野外实习的时候，看到地层中不同年代的动植物遗迹与丰富的矿藏，兴趣渐增。后来到大西北工作以后，这种兴趣就越来越浓厚了。再看我们国家一年生产那么丁点油，就想到确实需要在这方面出一把力。"这就是翟光明最纯朴、最真实的想法。

回顾几十年的找油之路，翟光明说：虽然现在不在一线工作了，但对找油气这项事业我还是非常执着地关注着，每当听到发现新油田的新闻报道，每增加一些油气的产量，都会给我很大的鼓励。

面对失败，贵在有持之以恒的信心。找油，需要一颗勇敢的心，不惧挫折，坚持不懈，矢志笃誓。翟光明说：我们搞石油的人经常遇到失败，而且在每个地方都会遇到失败，我认为这并不可怕。我们老一代搞石油的人，从不责备你打空井了、打失败了。别人责备的是，你打失败了，你的情绪低落了，就不再进行工作了。做一件事情，如果你悲观了，就很可能彻底失败，如果你坚持了，就会取得进一步的成果，从而走向成功。

翟光明始终坚持一个思想，就是勘探没有失败。油气勘探之路，从来不是一帆风顺，而是充满坎坷和曲折。正是一次次的反复和失败，让我们增加了认识，进一步掌握地质规律，更接近地下的真实情况。在油气勘探过程中，首先，勘探上要有一个战略，要有一个宏观的设想，这个设想应该乐观一些，不要让一些悲观的想法挡住去路。如果你悲观，认为地下没有东西的话，你还去找它吗？你肯定不会去找它的。第二，搞勘探，不要为一城一池的得失停滞了前进的脚步。打个比方，你上手钻探一个构造，如果这口井打得不好，没有实现预期的目标，那就得去分析，这个资源为什么找不到，然后再上。假如一看没有东西，撒腿就跑，那就永远找不到油。为什么我们对一个地区的勘探常常是一进宫、二进宫、三进宫，就是没有去很仔细地分析、研究，找出问题，找到思路，找准办法。第三，要有战略眼光，要坚持不懈地打好勘探进攻仗，要坚定不移地分析研究，然后把规律应用到生产中去[①]。以鄂尔多斯盆地为例，从1907年开始勘探到现在，从当初的"井井有油，井井不流"到现在的"井井有油，井井都能流"，就是在不断反复的实践中，实现地质认识和勘探的突破。

在探索中追求创新。他说：石油勘探事业需要创新，正如你身处老油田地区，但是你要用一种新的思想方法来考虑问题、解决问题。我们搞石油勘探，就是要不断地在探索中追求创新。

---

① 翟光明访谈，2014年1月22日，北京。资料存于采集工程数据库。

结 语
没有结尾的尾声

梦寻石油，转战南北，问寻大地，一个个重大石油发现令人振奋，每一个油田都留下了翟光明的找油足迹，每一个石油探区都洒下他的汗水，他高瞻远瞩，每一个脑细胞里都有石油、岩芯、井位、测录井、试油的分子在移动，他在破解石油天然气发现的密电码。

找石油，有点像赌博，在中国的版图上判断能在哪个地方找到石油，就像大海捞针。在那些整天"琢磨"在哪里能发现石油的人当中，翟光明是个另类，他总是在争议声中前行，别人认为找不到油的地方，在他看来却是大有希望。他常说：发现了石油，不要乐得太早，要总结它的规律，争取新的发现。勘探失败了，不要悲观失望，要找出它的原因，再有新的发现，这是找油人的辩证思维。

锲而不舍，这是翟光明的人生写照。昨天，他一路走来，披荆斩棘，无畏探索，转战大江南北，历经石油会战；今天，他正沿着为国家找油、为民族争气的大道，一路高歌猛进，迈向新的征程。世界能源理事会曾预测，石油的开采期最多到 2039 年前后，甚至一度成为主流判断。翟光明并不以为然，他乐观地说："光是悲观，有什么用？这是一个既成事实，油气是有限资源，谁不知道它越采越少？难道我就不知道吗？问题是在这种情况下，怎么样进一步做工作，进一步解决这个问题，进一步去挖掘潜力。"

图结 -1　翟光明畅谈美好未来（禹航摄）

他认为"中国石油足可开采一个世纪"。

坚持，让中国石油工业充满希望，是每一个石油人的责任和使命。翟光明常说《沙家浜》中的一句台词：最后的胜利，往往存在于再坚持一下的努力之中。他一直在坚持，他也一直在努力，一刻也没有停歇努力向前的脚步。

"光明"，中国地质界的一颗明星；"光明"，中国石油界的一颗明珠，他一直那样璀璨。

当"光明"遇到油气，他心花怒放，穷追不舍。让"光明"遇到更多的油气，遇到更多的石油、天然气、致密油、页岩气……

当油气遇到光明，油气像一条巨龙，凶猛地冲破地壳的束缚，喷涌而出，造福社会，服务人类。

如今，90 岁高龄的翟光明，依然坚持一句老话：探索是追求科学真理的有效途径。今天他依然活跃，壮心不已，为追逐石油梦，实现中国梦不知疲倦地工作着，他和油气事业已经牢牢的黏合在了一起，他与油气结下了一辈子的情缘。

附录一　翟光明年表

1926 年

农历八月二十一日，出生于湖北省宜昌市，祖籍安徽省泾县。在宜昌生活七年，与母亲、哥哥一起寄住于舅父家，在此度过童年时代。

1932 年

随母亲和哥哥北上天津投靠祖母，从此与伯母、姑母、堂姐共同生活。

1933 年

入天津汇文小学，学习六年后小学毕业。

1937 年

父亲长年在上海附近的金山卫工作。日本军从海上登陆金山卫后，父亲失踪。

1939 年

入天津木斋中学，学习三年后初中毕业。

1942 年

考入北京市立第一中学，学习三年后高中毕业。高中阶段，第一年寄住于堂姐翟庆宏家，后两年住校。

1945 年

考入国立北京大学地质系。暑假初曾参加夏令营，不久就患上严重的黑热病，退出夏令营。

1946 年

病情危重，调整休学一年。秋季重回北京大学开始学习。

1949 年

迎接北平和平解放以及全国解放。

参加了吉林夹皮沟金矿野外地质实习考察活动。

1950 年

2 月 5 日，加入中国新民主主义青年团。

7 月 1 日，燃料工业部石油管理总局成立，负责领导组织全国石油勘探、开发和生产工作。

8 月 6 日，西北石油管理局和玉门矿务局成立。

8 月 19 日，从北京大学地质系毕业，分配到中央燃料工业部石油管理总局，随即调任西北石油管理局工作。

初冬，参加甘肃河西走廊野外地质调查工作。

1951 年

3 月，赴陕北四郎庙勘探队工作，任技术员。

1952 年

10 月，在北京参加石油管理总局石油地质干部研习班，被评为乙等优秀工作者，甲等空缺。

2 月 23，提交入党申请书，在北京学习期间经党小组讨论通过预备党员。

4 月，到老君庙油田工作，担任玉门矿务局地质室主任。

是年，参加北京石油管理总局召开的一次石油地质工作总结交流研讨会，被评为先进生产工作者。会议结束后，受到时任石油管理总局局长康世恩接见，康世恩明确今后翟光明的工作任务，决定调他到玉门石油管理局工作。

1954 年

3 月，参加由石油管理总局总地质师陈贲领导的全国第一份正式油气储量报告《老君庙油田油气储量报告》研究工作。在此基础上，与苏联专家联合编制老君庙油田第一个注水开发方案，这是中国油田开发的第一个注水方案，是中国开发史上的一个重要里程碑。

4 月 21 日，玉门矿务局召开采油工作会议，通过改进采油工作、开展油井修理、进行油田注水、改善采油工艺试验等决议。

12 月，被任命为玉门油矿采油厂总地质师。

1955 年

4 月，与祁冰结婚。

4 月 17 日，全国第一届采油会议在玉门油矿举行。

5 月，正式成为中国共产党党员。

1956 年

1 月 24 日—2 月 4 日，石油工业部在北京召开第一届石油勘探会议。

2 月 10 日，大女儿翟虹在玉门油田出生。

6 月，前往苏联开展为期 8 个月的考察访问，期间对苏联第一巴库、第二巴库以及中亚地区油田进行勘探开发情况调研。

7月19日，全国第一个地质采油科学研究所在玉门油矿成立。

11月25—27日，叶剑英视察玉门油矿。

是年，荣获部级先进个人称号。

1957 年

2月，调往石油工业部，在地质勘探司地质室负责地质勘探工作。

10月8日，新华社报道，中国第一个天然石油基地——玉门油矿建成。

1958 年

2月27—28日，参加向邓小平同志的汇报。石油工业部原部长李聚奎、石油工业部部长余秋里、国务院办公厅副主任贾步彬、国家经委副主任孙志远以及石油工业部勘探司司长唐克、地球物理工程师王纲道参加汇报。邓小平对石油勘探的指导思想、工作原则和选区等问题作重要指示，特别提出天然油和人造油的关系，要求加强石油勘探工作，大力寻找石油储量，加强东部地区的勘探工作。

3月，蓬1井、充3井、女2井相继喷出工业油流，石油工业部决定在川中地区开展石油勘探会战。

11月，石油工业部石油科学研究院在北京成立，张俊任院长，侯祥麟、翁文波任副院长。

1959 年

2月8—10日，参加由石油工业部党组在北京召开的决策会议，并汇报松辽盆地勘探成果和1959年勘探工作部署。

2月11日，地质部、石油部协作会议在北京召开。地质部副部长何长工、石油部部长余秋里共同主持会议。会议批准两部联合编制的松辽盆地1959年勘探总体设计，明确提出"突破扶余、钓鱼台，大战大同镇"的战役目标，并商定两部的协作分工。

4月11日，松基3井开钻。

8月1日，二女儿翟霓在北京出生。

9月26日，松基3井喷油，这是松辽地区获得工业价值油流的第一口探井。

是年，参加康世恩向刘少奇同志汇报材料准备工作。

是年，参加制定松辽盆地油气勘探规划和确定松辽盆地基准井井位。

是年，陪同余秋里赴新疆克拉玛依油田调研，提出克拉玛依油田七区开发方案，实施后见到较好效果。

1960 年

4月9日，大庆油田第一次技术座谈会在黑龙江安达召开。

是年，参加松辽石油勘探会战。开始在黑龙江安达和萨尔图开展工作。参加石油工业部党组在安达召开的会议，会议上确定石油会战的部署，参加确定勘探开发方案部署。参加石油工业部党组在萨尔图召开的历次开发方案讨论会和方案制定工作。

是年，赴阿尔巴尼亚考察访问。

1961 年

2月，任石油工业部地质勘探司勘探处处长。

4月16日，华8井获工业油流，日产8.1吨，成为华北地区第一口见油井，发现东辛油田。

1962 年

5月11日，大庆油田召开技术座谈会，审查萨尔图油田中部开发区146平方千米的开发方案。

6月13日，参与大庆油田开发方案制定和审查，总结松辽盆地各区生、储、盖组合及发育特点。

8月，石油工业部在黑龙江泰康召开松辽盆地技术座谈会，总结石油地质特征和勘探经验。

9月23日，营2井获工业油流，日产555吨，成为当时国内日产量最高的一口油井。

10 月，赴四川调研。

1963 年

4 月 21 日，参加石油工业部党组会议。

12 月 3 日，周恩来总理在第二届全国人民代表大会第四次会议上宣布：我国需要的石油，过去绝大部分依靠进口，现在已经可以基本自给了。

1964 年

1 月 25 日，中共中央批转石油工业部党组"关于组织华北石油勘探会战的报告"。

4 月 4—5 日，参加当年政治思想工作的呈报工作。

4 月 6 日，华北会战地质指挥所成立临时党委。

5 月 18 日，组织参加关于东营坳陷含油远景的汇报讨论会。

6 月，根据石油工业部党组决定，开始华北石油会战，作为先遣组成员到东营开始筹备工作。任华北石油勘探会战总指挥部副指挥。

是年，任石油工业部勘探司总地质师。

1965 年

6 月 1 日，石油工业部决定成立四川石油会战领导小组，负责组织领导四川地区"开气找油"会战，后因"文化大革命"被迫中断。

2 月 1 日，坨 11 井获高产油流，日产 1134 吨，成为国内第一口日产超千吨的油井。

是年，应印度尼西亚政府邀请，随同国家科委主任一行 6 人访问。在苏门答腊进行油田调研。

1966 年

1 月 12 日，朱德委员长视察胜利油田。翟光明受到接见。

5 月至 7 月，应阿尔巴尼亚政府邀请，帮助该国开展石油工业建设和石油勘探开发工作，并与阿方地质专家建立了友好关系。

是年，和石油工业部计划司司长杨达与来京呈报的辽宁省副省长商讨石油勘探队伍到下辽河地区进行石油勘探事宜，取得辽宁省同意后使得勘探工作迅速展开。

1967 年

是年，任石油工业部军管会油开组总地质师。

是年，提出由大庆派出三个钻井队、二个地震队和二个试油队到下辽河地区开展勘探工作。这支队伍临时命名为 673 勘探指挥部。

1968 年

是年，召开全国石油勘探开发座谈会，并向康世恩部长做工作汇报，同时向部党组呈报辽河石油勘探的会战部署，部党组同意执行。提出由辽东拗陷转移至辽西，确定兴 1 井井位。

是年，母亲在唐山去世。

是年，"文化大革命"学习期间与有关领导和同志编写江汉油田会战方案，并随石油工业部军管会主任王星到会战前线商讨会战有关问题。

1969 年

8 月—9 月，赴下辽河调查研究，确定由东向西转移基本思路，检查兴 1 井钻进情况。

10 月，兴 1 井试油获工业油流，发现兴隆台油田，之后提出辽河凹陷西部凹陷的勘探部署方案。

是年，陪同军管会主任王星到新疆、玉门、陕甘宁地区调查油气地质和勘探情况。建议调玉门勘探队伍参加陕甘宁地区石油勘探会战，提出由北向南在黄土塬地区部署五条钻井大剖面设想，以配合地球物理勘探，深入了解地下地质情况。

1970 年

3 月 24 日，国务院批准石油工业部"关于加速下辽河盆地石油勘探的报告"。

9月，参加陕甘宁石油大会战。

10月26日，参加塔里木会战初期勘探部署工作。组织和确定塔里木盆地第一口探井英吉莎1号井。

是年，参加下辽河石油勘探会战初期工作。

1971 年

是年，赴新疆现场指导地质勘探工作。

1972 年

5月16日，石油勘探开发规划研究院成立，焦力人任院长，张俊人党的核心小组组长。

8月，赴伊朗考察石油地质和勘探开发情况，回国后编写考察报告，获得碳酸盐岩油藏开发的几条规律：①碳酸盐岩油藏酸化可大幅提高产量；②山前构造上下存在不一致性；③某一口井的成败不能说明整个碳酸盐岩油藏的好坏。

10月15日—11月20日，燃料化学工业部在东营召开全国石油勘探开发技术座谈会。

11月4日，随石油工业部军管会主任王星去西部地区考察油田情况。

11月29日，赴加拿大参加石油地质考察。

是年，参加全国勘探会议，完成《渤海湾盆地油气聚集和分布规律》的研究，组织编制全国第一张渤海湾地质构造全图并进行初步统层，对该区油气分布规律有了系统的、新的认识，使渤海湾盆地的油气储量和产量逐年上升，渤海湾成为继松辽盆地大庆油田发现以后我国的第二大油气区。

1973 年

5月16日，到辽河油田指导勘探工作。现场蹲点一年时间，期间提出马20井日产千吨的意见，当时是我国砂岩油藏产量最高的采油井。马

20 井当年产油由过去年产 30 万吨提至 100 万吨以上，振奋了干部员工的士气。

6 月 5 日，指导"四五"后两年全国石油勘探部署工作。

7 月，陪同余秋里参加国务院会议。

1974 年

2 月 4 日，前往江苏地区视察石油勘探工作。

5 月，总结辽河油田勘探开发工作。

是年，出访墨西哥、委内瑞拉，考察国外海上勘探技术和装备。

1975 年

7 月，组织召开"文化大革命"结束后第一次全国勘探会议，部署各油田勘探工作。

9 月 29—10 月 8 日，陪同康世恩部长检查部署辽河油田工作，决策西斜坡会战，提出整体勘探实现 10 亿吨储量的规划设想。在辽河前线的板房里，与大庆油田主要领导宋振明讨论大庆油田年产原油 5000 万吨的方案。

是年，赴法国、墨西哥、委内瑞拉、特立尼达和多巴哥等国家考察石油勘探。

1976 年

1 月 25 日，指导胜利油田勘探开发部署工作。

2 月 17 日，制定全国石油产量、产能建设安排。

7 月 28 日，唐山大地震，哥哥翟光昌一家 4 人全部遇难。

12 月 31 日，大庆油田原油产量首次突破 5600 万吨大关。

1977 年

3 月，记录国内油气田勘探开发数据指标，分析确定下步工作安排。

9 月，赴科威特考察，重点了解马格瓦－布尔干油田勘探开发情况。

1978 年

3 月，获得 1978 年全国科学大会奖状。

9 月，带队赴法国和美国考察。这是改革开放后，石油勘探开发科学研究院首次高层次和较大规模的"走出去"进行的综合石油科技考察活动，为研究院全面开放、积极学习、引进和借鉴国外先进理论与技术，打开新的局面。

10 月 24 日—11 月 5 日，应石油工业部邀请，美国能源部部长施莱辛格访华。

是年，担任中国石油学会常务理事，中国石油地质学会理事长，中国地质学会副理事长。

是年，出任石油工业部地质勘探司副司长兼总地质师。

是年，参加全国石油工作会议。

1979 年

2 月—3 月，根据国务院的对外开放政策，组团赴英国、巴西、美国等国家考察海上对外合作的经验，并与美国、日本、英国、法国等国家的石油公司谈判，签订我国南海、南黄海、渤海区域 9 个地球物理勘探合作合同，与法国、日本签订 3 个在渤海湾勘探开发石臼坨和坨北油田的合同，这是我国海上对外合作的开始。

是年，与埃克桑石油公司勘探总裁帕特森商讨在中国南海大陆架进行地震勘探部署，随后组织在 10 万平方千米范围内开展地震大剖面和重磁力工作，全面了解石油地质构造和沉积分布。这次动员全球著名的地球物理公司参加的工作是世界上第一次大规模的勘探活动。随后各大石油公司独立解释地震资料，单独汇报，使我国石油地质勘探向前迈出一大步。

1980 年

3 月 18 日，参加 AAPG 石油地质会议，宣读论文 Exploration Practice and Prospect of The Buried-Hill Oil Fields in North China。会后参加野外地质考察，调查比较标准的包马沉积序列。

7月31日—8月17日，全国石油勘探工作会议在胜利油田召开。

1981 年

3月23日，出席渤海湾油气勘探论证会，提出渤海湾盆地综合研究报告。

6月4日，被国家人事部评为教授级高级工程师。

是年，组织筹办北京国际油气勘探会议并在大会上发言，会议期间陪同康世恩会见美国著名石油地质家哈尔布特及夫人。陪同世界各国代表到华北油田参观。

1982 年

1月，我国政府宣布由中国海洋石油总公司与外国石油公司合作勘探开发南海石油。

4月，石油工业部党组会讨论通过发现大庆油田有功科技人员候选人名单，共31人，翟光明是其中之一。

8月，当选为环太平洋能源理事会理事。

12月18日，被国务院正式任命为石油工业部石油勘探司司长。

是年，参加在美国休斯敦举办的美国石油地质学家协会年会，宣读题为《华北盆地古潜山油藏》的论文。

1983 年

3月9日，担任中国地质学会副理事长。

4月，主持全国石油勘探会议，确定全国石油和天然气勘探部署，提出编写全国石油地质志计划。

6月，参加在夏威夷檀香山举行的环太平洋能源和矿物资源地图工程会议。

8月28—9月2日，参加在英国伦敦召开的第十一届世界石油大会，宣读《中国南海石油地质特征及油气远景》论文。

12月，《中国隐蔽油气藏勘探论文集》出版并作序。

是年，开始组织全国各油田编写《中国石油地质志》，系统总结中国陆相石油地质理论。

1984 年

7 月，担任北京市科委理事。

9 月 20—24 日，参加在北京举办的国际石油地质大会，宣读论文 Characteristics and Oil and Gas Potential of Sedimentary Basins of China。

10 月 24 日，担任中国地质学会第 33 届理事会常务理事。

10 月，获得从事石油事业工作 25 年以上、为广西油气资源开发和石油工业发展做出贡献嘉奖。

是年，被国家科学技术委员会、人事部等授予"有突出贡献的科学技术专家"称号。

是年，出访意大利、哥伦比亚；出席在美国夏威夷召开的环太平洋能源和矿物资源地图工程会议。

1985 年

2 月 16 日，被任命为石油勘探开发科学研究院院长（兼）。

5 月 29 日，被任命为石油勘探开发科学研究院科学技术委员会主任（兼）。

5 月 30 日，组织召开有关专家会议，研究落实康世恩国务委员关于在石油行业举办滚动勘探开发学习班的指示，落实教材编写及教学内容、人员、进度等相关问题。

6 月 24 日，被任命为中共石油勘探开发科学研究院临时委员会委员。

7 月 8 日，石油勘探开发科学研究院领导分工，负责院全面工作及有关外事和科学技术委员会的工作。

10 月 10 日，向国务委员康世恩、石油工业部王涛部长等汇报石油勘探开发科学研究院"七五"规划和科研改革情况。康世恩作了重要指示：从全国石油工业来说，从整个石油工业部来说，如何把研究院办成一个比较高级的石油工业的智力中心，这个决心非下不可。

10 月 18 日，主持召开石油勘探开发科学研究院科学技术委员会首次会议，议定院科学技术委员会的性质、主要职责、任务和工作制度。

12 月 14 日，任石油勘探开发科学研究院科学技术委员会主任。

是年，参加的《渤海湾盆地复式油、气聚集（区）带勘探理论及实践——以济阳等坳陷复杂断块油田的勘探开发为例》获国家科学技术进步特等奖。

是年，参加在泰国曼谷举办的国际地质会议，宣读论文《Geological Characteristics and Oil Prospects in the South China Sea》。

1986 年

1 月 6 日，参加石油工业部党组报告会。

1 月 31 日，在石油工业部局厂矿领导干部会议上作题为"面向油田生产、搞好科研改革、为发展我国石油工业多做贡献"的发言。

2 月 7 日，石油勘探开发科学研究院召开总结表彰大会，作 1985 年工作总结和 1986 年工作安排的报告。

3 月 27 日，获北京地质学会颁发的荣誉证书。

4 月 25 日，参加全国勘探技术座谈会，作大会发言，建议各油田布置勘探工作时，在各自研究新的认识基础上，每年打一口科学探索井，目的就是寻找新的含油地区、新的含油层系、新的油藏类型。部领导认为此建议很好，提出由勘探开发科学研究院负责研究，并提出第一步先打 10 口科学探索井。会议结束后，勘探开发科学研究院成立科学探索井领导小组，翟光明任组长，胡见义任副组长，开始从全国各盆地综合分析研究遴选最有前景和最有利地区。

4 月 28 日，任石油勘探开发科学研究院职称改革工作领导小组组长。

8 月 11 日，院务会落实石油工业部领导交给研究院打 10 口科学探索井的指示，立足于为油田服务，搞好地质、施工、技术、经济四个方面的设计，与根本任务找油结合起来，解决石油工业的战略问题。

8 月 14 日，参加在新加坡举办的第四届环太平洋能源矿产资源会议。

10 月 4 日，在石油勘探开发科学研究院科学技术进步大会上作《贯彻落实石油工业部科技进步大会精神，开创院科研工作新局面》的报告。

是年，主持和参加吐哈盆地的系统研究，运用"三史"综合分析理论及地质地层学、油藏早期评价等技术在鄯善构造上确定全国第一口科学探索井台参 1 井。

是年，在墨西哥湾参观宾斯石油公司尤金 330 钻井平台。

1987 年

1 月，国务院决定成立塔里木盆地石油天然气勘探开发领导小组。

2 月 17 日，在石油勘探开发科学研究院 1986 年度总结表彰大会上做工作报告。

4 月，赴美国休斯敦参加第十二届世界石油大会。

5 月 28 日，中美塔里木盆地技术座谈会在石油勘探开发科学研究院举行，任中方主席。

6 月 3 日，被免去石油工业部勘探司司长职务。

7 月，审定吐鲁番－哈密盆地台北构造台参 1 井地质、钻井等六个设计方案。

7 月，石油工业部"中国石油天然气资源评价总结报告"通过部级鉴定。

9 月 16 日，石油勘探开发科学研究院与玉门石油管理局签订吐鲁番盆地科学探索井台参 1 井钻探协议书。

9 月 22 日，吐鲁番盆地科学探索井台参 1 井开钻，这是第一口科学探索井，设计井深 4800 米。

10 月 6 日，参加石油工业部勘探工作会议

10 月 31 日，陪同石油工业部领导到乌鲁木齐作报告。

12 月 3 日，石油工业部研究决定延长翟光明在石油勘探开发科学研究院任职时间四年。

12 月 15 日，参加《中国石油地质志》编委会会议，并提出总编写提纲。

12 月 31 日，参加石油工业部部务会议。

12 月，审定陕甘宁盆地林家沟构造陕参 1 井地质、钻井等六个设计

方案。

是年，担任美国石油地质协会国际联络委员会委员。

是年，参加在美国菲尼克市举办的美国石油地质学家协会年会，宣读论文 Geology and Petroleum Potential of Northwestern China。

1988 年

1 月 24 日，陕参 1 井开钻，1989 年 2 月 7 日完钻，完钻井深 4068.45 米，3 月 5 日下油层套管，3 月 23 日完成声幅测井，4 月 4 日完成地震 VSP 测井，6 月 23 日原钻机试气完成，历时 516 天。

2 月 11 日，石油工业部有关领导到石油勘探开发科学研究院听取翟光明关于组织科研生产联合体以及高尚堡油田承包方案的汇报，并参观院科技成果展。

2 月 23—25 日，出席石油勘探开发科学研究院 1987 年度总结表彰大会并作工作报告。

2 月 27 日，在石油勘探开发科学研究院召开 1987 年度科技开发工作会议上作大会发言。

3 月 10 日，在高尚堡油田召开座谈会，并宣布由石油勘探开发科学研究院代表石油工业部作为甲方全面承包高尚堡油田。

3 月 19 日，在石油勘探开发科学研究院召开承包高尚堡油田动员大会作大会发言。

3 月 28 日，石油工业部发出通知，决定将大港"北部石油勘探开发公司"划出，单独成立"冀东石油勘探开发公司"，由石油勘探开发科学研究院实行总承包，形成科研生产的联合体。

4 月 5 日，兼任冀东石油勘探开发公司经理。

4 月 7 日，向石油工业部汇报石油勘探开发科学研究院科研工作的进展情况。

4 月 15 日，出席由石油工业部在冀东油田前线指挥部召开冀东石油勘探开发公司成立大会。

5 月 3 日，陪同国务委员康世恩视察川中油气田。

6月7—11日，与朝鲜石油地质考察团代表们进行科技交流。

8月15—19日，出席冀东油田勘探开发技术座谈会，致开幕词，并作题为"办好科研生产联合体、夺取科研生产双丰收"的讲话。

8月31日，中国石油天然气总公司决定成立吐鲁番－哈密石油勘探开发项目组，玉门石油管理局为该项目组的依托单位。

9月17日，中国石油天然气总公司在北京成立。

10月24日，任石油勘探开发科学研究院财务大检查领导小组组长。

11月30日，担任中国地质学会第34届理事会科学技术顾问。

12月24日，任中共冀东石油勘探开发公司临时党委委员。

是年，出访美国，参加第二十八届世界地质大会；出访英国，参加英国科促会第150届年会；出访日本，参加环太平洋能源常务委员会会议。

1989 年

1月5日，台参1井获工业油流，折合日产量51.44方，是吐哈油田的发现井。

2月28日，在石油勘探开发科学研究院召开1988年度总结表彰大会上作《1988年工作总结和1989年工作安排》的报告。

3月14日，石油勘探开发科学研究院成立科学探索井领导小组和日常管理小组，任领导小组组长。

3月30日，参加吐哈盆地勘探开发研讨会。

4月10日，塔里木石油勘探开发指挥部正式成立，提出"两新两高"会战方针。

4月25—27日，主持石油勘探开发科学研究院第一次党代会。

5月10日，任石油勘探开发科学研究院党委成员。

5月，出席在北京召开的世界石油大会执行局会议，接待会议代表。

5月，吐哈石油勘探开发指挥部成立。

6月14日，陕参1井获日产14万方的工业气流，陕甘宁地区天然气获得重大发现。

6月，被选为中国石油学会第三届理事会常务理事。

9月4日，参加石油工业部部务会议。

10月15日，担任中国地质大学（北京）客座教授。

是年，组织编制丘陵构造的详探方案。

是年，担任石油地质事业委员会主任。

是年，参加在俄罗斯哈巴罗夫斯克市召开的国际地质会议，在会上宣读《中国沉积盆地的分类和构造演化》论文。

1990 年

1月15日，主持石油勘探开发科学研究院院务会，要求全年要重点抓好12项"拳头"成果，强化六项应用基础研究，确保24项新水平的全面实现。

2月24日，在石油勘探开发科学研究院召开1989年度总结表彰大会上作《1989年工作总结和1990年工作安排》的报告。

5月10日，参加中国石油天然气总公司党组关于吐鲁番勘探会战讨论会，与玉门石油管理局赵熙寿谈话，会议决定石油勘探开发科学研究院派技术人员参加会战。

6月21日，新华社播发了《陕甘宁盆地天然气勘探获重大成果》的消息，中央人民广播电台用中、英、法、俄、西班牙、阿拉伯六种语言向全世界播发了这个新闻，引起强烈反响。

6月25日，参加中国石油天然气总公司"八五"规划筹备会。

7月19日，学习李鹏总理"当前经济形势和工作"重要讲话。

9月11日，参加塔里木会战大会，并作大会发言。

9月21日，汇报中国石油天然气总公司"八五"规划。

10月，《吐鲁番－哈密盆地科学探索井台参一井综合评价研究》获中国石油天然气总公司科学技术进步奖一等奖。

12月，担任能源部高级咨询委员，任期两年。

12月21日，石油勘探开发科学研究院举办"首届模拟国际学术研讨会"，致开幕词。

是年，出访美国，参加环太平洋能源理事会会议。

1991 年

1 月 31 日，在石油勘探开发科学研究院召开的 1990 年度总结表彰大会上作《1990 年工作总结和 1991 年工作要点》报告。

2 月 11 日，被免去兼职冀东石油勘探开发公司经理职务。

3 月 9 日，被推荐为中国科学院地学部学部委员候选人。

4 月 28 日，由于确定的科学探索井实施后发现吐鲁番—哈密盆地含油气区及陕甘宁盆地大型天然气区，中华全国总工会授予"全国优秀科技工作者"称号和"五一"劳动奖章。

6 月 1 日—15 日，中国石油天然气总公司在浙江召开东部新区勘探会议，进一步贯彻"稳定东部、发展西部"的战略方针，落实"八五"计划，加快东部新区勘探。

7 月，参加长庆油田技术座谈会，作题为《对鄂尔多斯地区（盆地）大气区的形成条件的认识和几点粗浅意见》报告。期间赴陕参 1 井参观调研。

7 月，接待世界石油大会主席团成员并在北京考察。

9 月 30 日，担任石油地质地震期刊学术顾问。

10 月 1 日，获国务院颁发的对工程技术事业作出突出贡献证书，从 7 月份开始享受政府特殊津贴。

10 月 29—11 月 2 日，参加中国石油天然气总公司第二次干部工作会议并作题为"世界石油勘探和石油科技的新发展及对科技干部的素质要求"的发言。

11 月 4 日，出访阿根廷，参加第十三届世界石油大会，作关于石油资源和勘探情况的简要介绍。会上提出中国申办第十四届世界石油大会的申请，未获成功。

11 月 25 日，在北京参加酒东盆地营尔凹陷科学探索井井位讨论会并发言。

11 月 28 日，担任俄英汉石油科技词典编委会副主任。

是年，获得中国石油天然气总公司授予的"石油工业有突出贡献科技专家"奖章。

是年，担任第十三届世界石油大会常务理事会代表及选举委员会成员。

是年，担任英国海洋和石油地质编辑委员会编委。

是年，出访泰国，参加环太平洋能源理事会会议。

1992 年

1 月 25 日，在石油勘探开发科学研究院召开的 1991 年度工作表彰大会上作《巩固成绩、发扬优势，把科研工作提高到一个新水平》的工作报告。

3 月 5 日，主持召开石油勘探开发科学研究院深化科研体制改革动员会。

6 月 16 日，组织审阅《渤海中国石油地质志》编写工作。

7 月 10 日，参加在法国巴黎举办的国际古地理古气候和烃源岩会议，宣读 The Eocene Environment of China's Non-Marine Source 论文。

8 月 18 日，参加中国石油天然气总公司科技委员座谈会。

10 月，担任南京大学地球科学系兼职教授，任期五年。

10 月 31 日—11 月 16 日，出访委内瑞拉，出席世界石油大会执行局会议。

11 月 6—10 日，《中国石油地质志》编委会在南京召开第四次编辑委员会会议，主持会议。

11 月 12 日，担任石油勘探开发科学研究院体制改革领导小组组长。

11 月 24 日，参加中国石油天然气总公司勘探规划讨论会。

11 月 27 日，参加"北京市科兴石油技术开发公司"开业典礼剪彩并致辞。

11 月 30 日—12 月 6 日，出访马来西亚。

1993 年

1 月 15 日，为石油勘探开发科学研究院《青春的脚步》一书题词。

1 月 20 日，在石油勘探开发科学研究院召开的 1992 年度工作总结表彰大会上作题为《解放思想、实事求是、振奋精神、真抓实干、为石油科技水平再上新台阶而奋斗》的报告。

2月26日，参加石油勘探开发科学研究院党委召开的1993年党的工作和思想政治工作会议，并作大会发言。

3月17日，主持召开石油勘探开发科学研究院体制改革领导小组会议，讨论通过《关于院深化科技体制改革的若干试行意见》。

8月23日，收到康世恩同志就我国一些老油田开发中提高采收率的问题给出若干条指导性建议的信。

9月22日，在石油勘探开发科学研究院第二届国际石油技术会议上致开幕词。

10月，赴奥地利维也纳参加世界石油大会执行局会议。代表团团长侯祥麟代表中国报告了举办第十五届世界石油大会的准备情况，并散发了第十五届世界石油大会的宣传手册。

11月，到深圳向康世恩汇报多功能地质综合软件、三次采油、盆地模拟、模式识别等勘探开发新技术，受到很高的评价。

12月2日，被免去石油勘探开发科学研究院院长职务。

12月30日，调任中国石油天然气总公司咨询中心勘探部主任。

1994 年

6月28日，参加华油天然气股份有限公司创立大会。

10月15日，赴意大利参加国际会议。

10月18—19日，参加美国 SGI 电子计算机公司 SGI 应用系统展示会。

是年，主持全国第二轮油气资源评价工作。

是年，担任世界石油大会中国组委会执行局成员。

是年，主持开展"板块构造演化与含油气盆地形成"研究项目。

是年，赴美国开展地质考察，在斯坦福大学作学术报告。

1995 年

1月8日，担任杭州石油地质研究所高级科学顾问。

4月1日，康世恩在北京逝世，享年80岁。

5月8日，赴伊朗参加世界石油大会筹备会议。

6月26日，当选中国工程院院士。

9月，"台参1井、陕参1井－科学探索井综合研究及新发现"获中国石油天然气总公司重大成果一等奖。

11月，在西部油气勘探技术座谈会上，提出新疆塔中地区应向深部钻探并建议钻探塔参1井，后被采纳并发现四层油气层。

是年，被评为全国先进科技工作者。

是年，翟光明夫妇陪世界石油大会主席凡德米尔夫妇在北京考察。

1996 年

2月5日，在北京听取塔里木石油勘探指挥部关于塔参1井井位论证设计报告的汇报，通过井位设计，并提出"油气勘探既要有目的层，而又不唯目的层"的勘探原则。

4月26日，塔参1井开钻，设计井深7500米，这是一口以奥陶系、寒武系及震旦系为目的层的参数井，设计井位位于塔中低凸起塔中下古生界大型复合式台背斜塔中4次级内幕断背斜构造高点上，该次级构造位于大型复合式台背斜的西北翼。

5月10日，青海石油管理局冷科1井开钻，设计井位位于柴北缘赛昆断陷亚区冷湖背斜带五号构造二高点。

9月29日至10月2日，赴印度尼西亚参加世界石油大会执行局会议。

12月31日，大庆油田全年生产原油5600.86万吨，达到年产历史最高水平。

是年，主编的《中国石油地质志》（卷一）总论由石油工业出版社正式出版。

1997 年

1月15日，参加中国石油天然气总公司1997年工作会议。

1月17日，江泽民、李鹏亲切接见中国石油天然气总公司工作会议全体代表和石油系统两院院士，江泽民与翟光明亲切握手。

1 月 25 日至 2 月 1 日，出席中国石油天然气总公司工作会议渤海湾六油田勘探技术座谈会，在听取冀东油田勘探情况汇报后作大会发言。

3 月 25 日，担任塔里木石油勘探开发指挥部高级顾问，任期一年。

4 月，《石油摇篮》编委会和编写组成立。在北京参加编委会首次座谈会，深情回忆曾在玉门油田工作生活的经历。

6 月，主编的《中国石油地质志》（全 16 卷）荣获第八届全国优秀科技图书一等奖。

10 月 12—16 日，担任第十五届世界石油大会中国组织委员会秘书长并出席大会和新闻发布会等。主持第十五届世界石油大会开幕式，国家主席江泽民出席开幕式并致欢迎词。

1998 年

2 月 6 日，塔参 1 井完钻，完钻井深 7200 米。

4 月 14 日，冷科一井完钻，完钻井深 5200 米。

4 月 27 日，提出调整 1998 年公司勘探计划安排的几点建议。

5 月 13 日，人民日报头版报道《我国石油勘探一项重大突破——柴达木发现巨厚生油层》，记者徐鸿伟报道：在柴达木盆地西北部的冷湖地区完钻的一口科学探索井——冷科一井，成功地探明了这一地区有着 1727 米厚的优质生油烃源岩。通过对冷科一井的综合研究证实，在这一地区，侏罗系生油烃源岩集中连片稳定分布的范围为近 2.3 万平方千米，其中厚度超过 1000 米的分布面积达 6000 平方千米，厚度超过 800 米的分布面积达 1.36 万平方千米。这一重大发现，不但使西北的石油勘探发生质的飞跃，还为我国下个世纪石油工业的发展奠定了坚实的资源基础。

7 月 13 日—25 日，参加由朱丽兰率领的科技代表团赴台湾访问。向台湾石油界同行介绍国内石油勘探开发进展。在两岸科技研讨会上作了题为"中国石油天然气概况与含油气前景"的报告，产生极大反响。

8 月 17 日，在甘肃敦煌青海石油管理局石油宾馆主持科学探索井冷科 1 井试油工作总结会议。

9 月，为中国石油勘探开发研究院成立四十周年题词：发挥多学科综合优势，攀登石油科技新高峰。

10 月，参加北京大学博士学位论文答辩会。

是年，主持中国石油勘探战略研究课题。

1999 年

6 月，在中国石油学会第四届理事会期间，支持学会的各项工作，被评选为热心支持学会工作领导干部。

9 月，在四川龙门山野外考察。

12 月，担任《石油学报》第五届编辑委员会主任。

2000 年

5 月 9—10 日，出席 21 世纪中国石油天然气资源专题战略研讨会，并宣读《中国石油工业将持续发展》论文。

6 月 5 日，参加在卡尔加里举办的第十六届世界石油大会，任大会分会主席。

10 月 1 日，参加在北京举办的 2000 年中国博士后学术会议。

10 月，参加北京国际工程与技术科学大会，任油气组分会主席。

2001 年

6 月 14 日，参加由国土资源部主办的《全国矿产资源规划》贯彻实施院士专家座谈会，在会上做《关于我国油气资源的状况和节约用油》的发言，引起与会者的强烈反响。

2002 年

1 月 11 日，参加中国石油天然气股份公司前陆盆地冲断带勘探技术研讨会。

1 月 16 日，请求石油总公司领导批准组织石油勘探开发科学研究院有关人员参加国际讨论会及 AAPG 年会等事宜。

2 月 6 日，出席中国石油天然气集团公司慰问专家迎春茶话会。

5 月 14 至 17 日，出席 21 世纪中国油气勘探国际研讨会，在大会上宣读论文《21 世纪中国油气资源远景展望》。

4 月 18 日，担任国土资源部油气资源战略研究中心客座研究员。

2003 年

3 月 11 日—3 月 21 日，参加中国石油天然气股份有限公司勘探技术座谈会。

4 月 21 日，给李延栋院士写信，就李院士绘制的欧亚地质图予以点评并致谢。

5 月 26 日，向国务院总理温家宝作汇报，提出对中国油气可持续发展的建议。温总理十分重视并建议将研究扩大，由中国工程院启动"中国可持续发展油气战略研究"，为国务院和国家规划提供依据。后担任总项目组副组长，资源和供需研究组组长。

6 月，被中国工程院聘为"中国可持续发展油气资源战略研究"课题综合组副组长。

6 月 27 日，收到张国宝的信，受邀对国家发展改革委员会编写的《中国石油天然气工业长期发展规划》（草稿），提出修改意见。

7 月 25 日，收到张国宝代表国家发展改革委员会对关于《中国石油天然气工业长期发展规划》（草稿）提出修改意见的感谢信。

7 月 25 日，给王淀佐及宋健同志写信。

8 月 24 日，参加国务院《中国可持续发展油气资源战略研究》成果报告会。

10 月 30 日，中共中央政治局常委、国务院总理温家宝在中南海主持会议，听取中国工程院课题研究组关于《中国可持续发展油气资源战略研究》阶段报告的汇报。全国政协副主席、中国工程院院长徐匡迪和侯祥麟、邱中建、胡见义院士先后汇报课题研究的进展情况、已取得的阶段性成果及课题组下一步安排。王淀佐、杜祥琬、翟光明、袁晴棠、汪燮卿、徐承恩、李京文院士出席汇报会。

11 月 27 日，担任新一轮全国油气资源评价首席专家。

12 月，《中国油气勘探新区新领域战略突破方向研究》获中国工程咨询协会 2013 年度优秀工程咨询一等奖。

是年，参加第五届海峡两岸资源地质与环境地化研讨会。

2004 年

3 月，国土资源部启动第三次中国油气资源评价，任首席科学家。

4 月，被国土资源部聘为中国油气资源十大战略选区专家组成员。

6 月 18 日—20 日，参加第一届中国石油地质年会，并向大会作《从区域构造背景看我国油气勘探方向》报告。

6 月 25 日，参加由国务院总理温家宝主持会议听取中国工程院关于《中国可持续发展油气资源战略研究》的汇报。

7 月 17 日—19 日，出席在伊朗德黑兰召开的博鳌亚洲能源论坛，并在大会上发言，大会主题是：能源合作与发展。

11 月 2—4 日，出席在北京召开的以"中国天然气资源与发展战略"为主题的香山科学会议第 239 次学术讨论会，并作发言。

12 月，《中油股份公司油气勘探战略研究总报告》项目获全国优秀工程咨询成果一等奖。

2005 年

4 月 19 日，在纪念康世恩同志诞辰九十周年座谈会上发言。

5 月 1 日，向国务院总理温家宝汇报油气能源战略研究工作进展情况。

12 月 20—23 日，参加在由中国石油大学（华东）承办的"中国油气勘探六大领域进展、经验及技术研讨会"，并作《世界油气勘探形势及我国油气勘探思路》的报告。

12 月 21 日，收到容万川的信，邀请翟光明及夫人赴香港度假。

2006 年

3 月，出席在深圳召开的中国石油集团咨询中心咨询工作座谈会。

5月25日，参加中国能源战略高层论坛及第九届中国北京国际科技产业博览会，会上作《世界油气勘探形势及我国油气勘探思路》报告。

9月22—23日，出席在北京召开的大庆油田可持续发展研讨会，专题讨论大庆油田可持续发展的规划、目标和措施。

10月15日，收到徐凤银献给恩师八十寿辰贺信。

12月15日，担任中国科学院地质力学研究所石油地质及地球物理研究中心科学顾问。

12月18日，收到容萬川的信，表达对老师的感激和良好祝愿以及愿为祖国石油工业贡献力量的愿望。

2007 年

1月30日，作客腾讯网，畅谈我国石油天然气的现状和发展，与网友互动。

5月10—12日，出席在北京召开的陆相盆地系统与岩性地层油气藏勘探国际研讨会，担任岩性地层油气藏形成与分布专题主持人。

5月，担任《岩性油气藏》第一届编委会委员。

6月9日，出席在北京召开的渤海湾地区精细勘探工作汇报会，大港油田公司、中国石油勘探开发研究院、冀东油田分公司、东方地球物理勘探公司分别汇报。

10月16—18日，出席在北京召开的环太平洋地区油气及其替代能源国际研讨会，任大会主席、指导委员会委员和组织委员会主任。

11月15日，担任《国家中长期科学和技术发展规划纲要（2006—2020年）》"大型油气田及煤层气开发"重大专项实施方案论证委员会成员。

12月29日，出席中国石油重大科技专项"全球油气资源评价研究"项目启动会，评审专家组成员。

2008 年

3月，担任国土资源部油气资源战略研究中心"全球油气地质综合研究与区域优选项目"专家组成员。

5月，被评为2004—2007年度热心支持中国石油学会工作领导干部。

10月，为中国石油勘探开发研究院成立50周年题词：辉煌历史硕果累累，光明前程再谱新篇

是年，赴美国参加AAPG年度会议，并调研非常规油气。

2009年

1月6日，参加两院院士座谈会，把脉地质勘查开发，分析矿业发展形势，为进一步加强地质找矿工作出谋划策。

4月，担任江苏工业学院石油工程研究院学术委员会主任。

4月22日，担任江苏工业学院兼职教授。在学院为师生做题为"中国油气概况和发展远景"的报告。

6月24日，参加第三届中国石油地质年会，并作《块体油气地质体与油气勘探》报告。

8月，《百年石油》由石油工业出版社出版发行，编写21世纪石油工业展望，作为本书结语。

9月21日，参加中国工程院在北京组织举办的"中国工程科技六十年成就座谈会"，并作发言。

9月29日，荣获国土资源部、国家改革和发展委员会、财政部联合颁发的新一轮全国油气资源评价工作优秀专家称号。

12月6日，出席矿产资源战略研究交流研讨会。

12月10日，出席东方地球物理公司2009年物探地质技术成果交流大会。

12月29日，出席中国石油天然气集团公司院士、专家座谈会。

2010年

1月16—17日，参加国土资源部在京组织召开的全国油气资源战略选区调查与评价项目评审验收会。

1月31日，出席北京石油学会2010年新春团拜会暨成立25周年大会。

2月2日，出席新一轮全国油气资源评价系列丛书发布会暨油气中心特聘专家座谈会。

3月29日，出席两院资深院士联谊会、"三农"问题专题研讨会。

4月12日，出席国土资源战略研究中期成果专家评议会。

10月22日，出席中国石油勘探开发研究院与北京大学联合培养博士研究生方案签字仪式。

11月24日，参加中国能源战略高层论坛石油石化行业专场会议，并作"中国油气勘探前景"报告。

是年，完成"中国油气新区新领域勘探的十大突破口"项目研究报告。

2011年

5月6日，出席中国石油新一代测井软件 CIF Log 软件发布会。

6月10日，在第四届中国石油地质年会上作《世界石油勘探趋向及对我国油气勘探的启示》的报告。

11月2日，在杭州主持 AAAPG 国际油气资源专题研讨会。

11月18日，接受中央电视台科教频道专访。

11月23日，在中央电视台录制《大家》节目。

11月27日，赴冀东油田现场拍摄《大家》节目。

2012年

1月29日，"大地寻梦——翟光明"在中央电视台科教频道《大家》栏目播出。

2月2日，题名光华工程科技奖成就奖。

3月21日，参加中国工程院纪念侯祥麟诞辰100周年座谈会。

7月30日，担任江西省页岩气调查开发研究院院士工作站院士。

8月，获得中国石油学会物探专业委员会办法 SPG 优秀讲师荣誉证书。

10月29日，任安徽省院士专家联谊会第一届理事会副理事长。

8 月 13 日，翟光明学术成长资料采集工程项目正式启动。

9 月 17 日，接受采集小组第一次访谈，回忆童年时代的生活，讲述了家庭成员的情况。

12 月，项目《中国油气勘探新区新领域战略突破方向研究》获得 2012 年度石油天然气行业优秀工程咨询成果一等奖。

3 月 24—25 日，主持中国工程院重点咨询项目"中国油气供给与管道发展战略研究"阶段成果研讨会，并做总结发言。

5 月 8 日，参加两院资深院士联谊会项目《关于深化科技体制改革加快国家创新体系建设的意见》讨论会。

5 月 29 日，翟光明采集小组到北京理工大学馆藏基地咨询学习。

5 月 16 日，出席中国石油勘探开发研究院科技发展五年规划和十年愿景研讨会。

5 月 18 日，担任上海市浦东新区新能源协会第一届高级专家委员会特聘荣誉顾问。

6 月 2—3 日，在北京出席国际工程科技大会。

6 月 9—13 日，出席中国工程院第十二次院士大会。

6 月 19 日，翟光明采集小组一行 4 人赴天津河北区实地调研，走访翟光明曾经就读过的天津木斋中学。获得卢木斋生平事迹视频、木斋中学简介、新中国成立前木斋中学老照片、校友介绍等资料。

7 月 3 日，采集小组一行 4 人走访翟光明曾经就读过的北京市第一中学。

7 月 4 日，作为项目成员参加两院资深院士联谊会"建立我国产学研协同创新机制研究"咨询项目启动会。

7 月 16—18 日，在北京组织召开"中国油气供给与管道发展战略研究"项目阶段成果交流会。

7 月 22 日，赴山东东营参加胜利油田地质科学研究院成立 60 周年纪念活动，并为科技人员做《中国油气勘探面临的形势与展望》的报告。

8月28—29日，参加两院资深院士联谊会咨询项目"建立我国产学研协同创新机制研究"交流会。

9月21日—23日，在北京召开"中国油气供给与管道发展战略研究"成果检查交流会。

11月14日，采集小组负责人闫建文组织采集资料移交工作，向老科学家学术成长资料采集工程馆藏基地提交采集原件资料585件，非原件资料8件，口述资料打印件31件，采集资料顺利通过馆藏基地验收。

12月5日，翟光明院士学术成长资料采集工程项目验收结题，闫建文做结题汇报，在北京通过专家验收，会上翟光明女儿翟虹接受了王春法代表中国科协颁发的捐赠证书。

附录二 翟光明主要论著目录

专著

[1] 翟光明（主编）. 北京石油地质会议报告论文集 [G]. 北京：石油工业出版社，1987.

[2] 翟光明译，（美）D.D. 赖斯编. 油气评价方法与应用 [M]. 北京：石油工业出版社，1992.

[3] 翟光明（主编）. 中国石油地质志 [M]. 北京：石油工业出版社，1987-1993.

[4] 翟光明等著. 中国石油地质志（卷一）：总论 [M]. 北京：石油工业出版社，1996.

[5] 翟光明. 中国石油天然气总公司院士文集——中国工程院院士翟光明集 [M]. 北京：中国大百科全书出版社，1997.

[6] 翟光明（主编）. 世界石油大会简介 [Z]. 北京：石油工业出版社，1997.

[7] 翟光明（主编）. PETROLEUM GEOLOGY OF CHINA [M]. 北京：石油工业出版社，1997.

[8] 翟光明，宋建国，靳久强，高维亮. 板块构造演化与含油气盆地形成

和评价［M］. 北京：石油工业出版社，2002.

［9］翟光明（主编）. 中国工程院——21 世纪中国暨国际油气勘探展望［M］. 北京：中国石化出版社，2003.

［10］翟光明，高维亮等. 中国石油地质学［M］. 北京：石油工业出版社，2005.

［11］翟光明等. 中国油气勘探理论与实践［M］. 北京：石油工业出版社，2007.

［12］翟光明，王玉普，何文渊. 中国油气勘探综合工作法［M］. 北京：石油工业出版社，2007.

［13］翟光明（主编）. 第二届中国石油地质年会论文集［G］. 北京：石油工业出版社，2007.

论文

［14］翟光明. 渤海湾盆地油气聚集及勘探规律［C］. 中国石油天然气总公司院士文集：翟光明集，1972.

［15］翟光明. 渤海湾盆地油气聚集和分布规律［R］. 全国勘探会议，1972.

［16］Zhai Guangming. Exploration Practice and Prospect of The Buried- Hill Oil Fields in North China［R］. Petroleum Geology in China, United Nations International Meeting on Petroleum Geology, 1980（3）：92-100.

［17］Zhai Guangming, Zha Quanheng.Buried-Hill oil and Gas Pools in the North China Basin［R］. American Association of Petroleum Geologists, Memoir 32, 1982：317-336.

［18］Zhai Guangming. Oil and gas Accumulation in China's Continental Basins［J］. Oil and Gas Journal, 1982, 12（13）：129-136.

［19］翟光明. 中国南海石油地质特征及油气远景［R］. Proceedings of the Eleventh World Petroleum Congress, Vol.2, Geology Exploration

Reserves, 1983：351−360.

［20］翟光明. 序言.《中国隐蔽油气藏勘探论文集》，1983.

［21］Zhai Guangming. Characteristics and Oil and Gas Potential of Sedimentary Basins of China［C］. Circum−Pacific Council for Energy and Mineral Resources Earth Science Series，1987，10：1−22.

［22］翟光明. 中国南海石油地质特征和油气远景［R］. 泰国曼谷国际地质会议，1985.

［23］Zhai Guangming. Geology and Petroleum of Northwestern China［R］. Future Petroleum Provinces of the World. Published by American Association of Petroleum Geologists，1987：503−513.

［24］翟光明. 中国沉积盆地的分类和构造演化［R］. 俄罗斯哈巴罗夫斯克市国际地质会议，1989.

［25］翟光明. 关于沉积盆地的分类［J］. 地质科技情报，1990（2）：9−11.

［26］翟光明. 对鄂尔多斯地区大气区的形成条件的认识和几点粗浅意见［R］. 长庆油田技术座谈会，1991（7）.

［27］翟光明. 祝贺《石油勘探与开发》发行一百期［J］. 石油勘探与开发，1991（2）：2.

［28］翟光明. 鄂尔多斯地区古生界大气区形成环境的认识［C］. 中国石油天然气总公司院士文集：翟光明集，1992.

［29］Zhai Guangming. The Eocene Environment of China's Non−Marine Source［C］，1992.

［30］Zhai Guangming，Song Jianguo. Laojunmiao Field−People's Republic of China，Jiuquan Basin，Gansu Province［C］. Treatise of Petroleum Geology，Structural Traps I. Published by American Association of Petroleum Geologists，1992.

［31］翟光明. 中国始新世陆相烃源岩古环境［R］. 法国巴黎市国际古地理古气候和烃源岩会议，1992.

［32］翟光明. 开拓新思路加快西部地区的油气勘探工作［C］. 中国石油天然气总公司院士文集：翟光明集，1995.

［33］康竹林，翟光明. 中国的前陆盆地与油气聚集［J］. 石油学报，1995，16（4）：1-8.

［34］翟光明. 中国石油天然气地质特征与含油气前景［C］. 中国石油天然气总公司院士文集：翟光明集，1996.

［35］翟光明. 我国油气资源和油气发展前景［J］. 勘探家，1996（2）：1-5.

［36］康竹林，翟光明. 对发展我国天然气勘探战略的探讨［J］. 天然气工业，1996，16（1）：5-9.

［37］翟光明. 我国油气资源及其发展前景［J］. 大自然探索，1996（2）：1-5.

［38］翟光明. 关于第十五届世界石油大会［J］. 世界石油工业，1996，3（6）.

［39］翟光明. 我国油气资源及石油地质和油气勘探的几个问题［J］. 世界科技研究与发展，1997（1）：42-48.

［40］翟光明. 我国的油气资源及其开发战略［J］. 科学中国人，1997（1）：11-12.

［41］康竹林，翟光明. 多种勘探技术手段密切配合提高天然气勘探成功率［J］. 天然气工业，1997，17（1）：18-20.

［42］翟光明，徐凤银. 重新认识柴达木盆地力争油气勘探获得新突破［J］. 石油学报，1997，18（2）：4-10.

［43］康竹林，翟光明. 渤海湾盆地新层系新领域油气勘探前景［J］. 石油学报，1997，18（3）：1-6.

［44］康竹林，翟光明. 塔里木盆地库车坳陷油气勘探前景［J］. 勘探家，1998，3（3）：50-53.

［45］翟光明. 第十五届世界石油大会关注的一些问题［J］. 世界石油工业，1998，5（2）.

［46］翟光明，高泳生. 2050年之后的中国石油工业依然有希望［J］. 世界科技研究与发展，1998，20（5）：81-83.

［47］翟光明. 中国油气勘探前景［J］. 世界石油工业，1999，6（5）.

［48］翟光明，王建君. 对塔中地区石油地质条件的认识［J］. 石油学报，

1999，20（4）：9-14.

［49］翟光明，王建君. 论油气分布的有序性［J］. 石油学报，2000，21（1）：1-9.

［50］翟光明. 21 世纪中国石油工业将持续发展［J］. 石油科技论坛，2000（4）：1-6.

［51］翟光明. 中国石油工业将持续发展［J］. 世界石油工业，2000，7（1）.

［52］胡征钦，翟光明. 石油资源定义［J］. 世界石油工业，2000，7（1）.

［53］王建君，翟光明. 塔中地区油气富集特征［C］. 2000 年中国博士后学术会议论文集，2000（10）：260-264.

［54］翟光明. 21 世纪中国石油工业将持续发展［N］. 科学时报，2001-07-24（4）.

［55］翟光明. 中国石油工业将持续发展［N］. 中国石油报，2001-02-08（1）.

［56］翟光明. 中国石油工业将在新世纪持续发展［N］. 石油商报，2001-01-01.

［57］翟光明. 21 世纪中国石油工业将持续发展（上）［J］. 石油企业管理，2001（3）：7-9.

［58］翟光明. 21 世纪中国石油工业将持续发展（下）［J］. 石油企业管理，2001（4）：17-18.

［59］翟光明. 国内油气资源大有潜力可挖［N］. 科技日报，2001-04-02（1）.

［60］翟光明. 靠不懈探索解决我国油气问题［N］. 光明日报，2001-06-25（B01）.

［61］翟光明，初福君，陈准，张汉亚，吕薇，杨青，杨敏英，雷加骕，张朝琛. 增税：优化石油消费的杠杆？［J］. 中国石油，2001（11）：16-23.

［62］翟光明，何文渊. 渤海湾盆地资源潜力和进一步勘探方向的探讨［J］. 石油学报，2002（1）：1-5.

［63］翟光明，何文渊. 中国前陆盆地特点及未来油气勘探策略［C］. 中

国石油天然气股份公司前陆盆地冲断带勘探技术研讨会论文集，2002（1）：15-22.

［64］翟光明. 21 世纪中国油气资源远景（展望）［J］. 新疆石油地质，2002，23（4）：271-278.

［65］翟光明. 21 世纪中国油气资源远景展望［J］. 中国矿业，2002，11（1）：10-14.

［66］翟光明. 中国油气资源将枯竭吗？［N］. 科技日报，2002-07-11（4）.

［67］翟光明，何文渊. 渤海湾盆地勘探策略探讨［J］. 石油勘探与开发，2003（6）：1-4.

［68］翟光明. 北京能源结构要升级［N］. 北京日报，2003-10-13.

［69］翟光明. 石油天然气行业［J］. 中国企业家，2003（11）.

［70］翟光明. 中国石油天然气勘探任重道远［J］. 地质通报，2003，22（12）：854-859.

［71］翟光明，何文渊. 塔中隆起是塔里木盆地石油勘探实现突破的重要方向［J］. 石油学报，2004，25（1）：1-7.

［72］郭秋麟，翟光明，石广仁. 改进的区带综合评价模型及其实现方法［J］. 石油学报，2004，25（2）：7-11.

［73］翟光明，何文渊. 煤层气是天然气的现实接替资源［J］. 天然气工业，2004，24（5）：1-3.

［74］翟光明. 中国油气前景值得期待［J］. 瞭望新闻周刊，2004，43：57.

［75］翟光明. 中国油气工业可持续发展的思路［J］. 当代石油石化，2004，12（10）：1-6.

［76］翟光明，何文渊. 从区域构造背景看我国油气勘探方向［J］. 中国石油勘探，2005，2：1-8.

［77］何登发，翟光明，况军，张义杰，石昕. 准噶尔盆地古隆起的分布与基本特征［J］. 地质科学，2005，40（2）：248-261.

［78］翟光明. 世界油气勘探形势及我国油气勘探思路［C］. 中国能源战略高层论坛嘉宾演讲汇编，2006，11：30.

［79］翟光明. 技术进步促进了石油工业的发展［N］. 中国石油报，2006-06-02（3）.

［80］严陆光，陈俊武，周凤起，赵忠贤，翟光明，谢克昌，匡廷云，何祚庥，衣宝廉，吴承康，蔡睿贤，陈勇，白克智，毛宗强，欧阳明高，刘振宇，黄常纲. 我国中远期石油补充与替代能源发展战略研究［J］. 电工电能新技术，2006，25（4）：1-7.

［81］翟光明. 序1［J］. 地质通报，2006，10.

［82］严陆光，陈俊武，周凤起，赵忠贤，翟光明，谢克昌，匡廷云，何祚庥，衣宝廉，吴承康，蔡睿贤，陈勇，白克智，毛宗强，欧阳明高，刘振宇，黄常纲. 我国中远期石油补充与替代能源发展战略研究（续）［J］. 电工电能新技术，2007，1：1-12.

［83］翟光明. 序. 中联煤层气有限责任公司编著，中国煤层气勘探开发技术研究［Z］. 北京：石油工业出版社，2007.

［84］王世洪，翟光明，张友焱，叶勇. 低幅度构造CARTOSAT-1卫星遥感勘探应用探索——以柴达木盆地三湖地区天然气勘探为例［J］. 遥感信息，2008，6：67-70.

［85］翟光明，何文渊. 抓住机遇，加快中国煤层气产业的发展［J］. 天然气业，2008，28（3）：1-4.

［86］翟光明. 关于非常规油气资源勘探开发的几点思考［J］. 天然气工业，2008，28（12）：1-3.

［87］王世洪，翟光明，张友焱. 基于遥感检测的输油管道泥石流灾害危险性评价［J］. 中国地质灾害与防治学报，2009，20（2）：36-40.

［88］翟光明，王世洪，靳久强. 论块体油气地质体与油气勘探［J］. 石油学报，2009，30（4）：475-483.

［89］翟光明. 序. 雷群，李景明，赵庆波主编，煤层气勘探开发理论与实践［Z］. 北京：石油工业出版社，2009.

［90］翟光明. 序. 孙粉锦主编，煤层气勘探开发理论与技术［Z］. 北京：石油工业出版社，2010.

［91］翟光明，王世洪. 中国油气资源可持续发展的潜力与挑战［J］. 中

国工程科学，2010，12（5）：4-10.

［92］胡文瑞，翟光明. 鄂尔多斯盆地油气勘探开发的实践与可持续发展［J］. 中国工程科学，2010，12（5）：64-72.

［93］胡文瑞，翟光明，李景明. 中国非常规油气的潜力和发展［J］. 中国工程科学，2010，12（5）：25-29.

［94］翟光明，何文渊. 中国煤层气赋存特点与勘探方向［J］. 天然气工业，2010，30（11）：1-3.

［95］翟光明. "块体"为油气勘探敞开新视窗［N］. 中国石化报，2011-06-20（5）.

［96］翟光明. 破解全球油气成藏密码［N］. 中国石化报，2011-08-01（5）.

［97］翟光明，王世洪，何文渊. 近十年全球油气勘探热点趋向与启示［J］. 石油学报，2012，33（S1）：14-19.

［98］翟光明，何文渊，王世洪. 中国页岩气实现产业化发展需重视的几个问题［J］. 天然气工业，2012，32（2）：1-4.

附录三
徐凤银献给恩师翟光明八十寿辰的贺信

　　适逢恩师八十寿辰，弟子远在千里，遥寄数语以表庆贺。恩师祖国南北西东，奔波五十余载，参与诸多油气储量发现，丰富油气地质理论，令世人显贵，为名流宿儒。恩师严人严己，做人做事的高尚情操，弟子将刻骨铭心，令学生终身受益。[①]

　　祝贺恩师华诞喜庆！

　　感谢恩师情深意重！

　　祝愿恩师健康长寿！

弟子：徐凤银

2006 年 10 月 15 日

---

　　① 徐凤银，1964 年 4 月，陕西佳县人，中共党员，博士，教授。国内培养的第一位矿井地质学博士，1995 年博士后出站于西南石油学院博士后流动站。1997 年，徐凤银投奔翟光明院士门下，翟院士建议他到最艰苦的青海油田挂职锻炼，10 年间扎根一线，在翟光明的指导下，在提高柴达木盆地油气地质规律认识、勘探技术进步和油气储量增加等方面做出了突出贡献，先后发现马北油气田和昆北油田。现任中国石油煤层气有限责任公司副总经理。

参考文献

［1］陈永康. 江南名门——泾县翟氏［J］. 寻根，2002（2）：46-49.

［2］王卫中，王彦祺. 卢木斋先生其人其事［M］. 2012，内部资料.

［3］王卫中，王彦祺. 我和木斋中学［M］. 2012，内部资料.

［4］胡维兴. 北大地质系（馆）记事［J］. 科学中国人，2003（6）：23.

［5］潘懋，宋振清. 巍巍上庠地质之光，百年奋进再创辉煌——纪念北京大学地质系成立一百周年［J］. 中国地质教育，2009（3）：107-110.

［6］谢宏远，沈远超，焦旭东. 吉林省夹皮沟金矿带几个重要地质问题的讨论［J］. 地质科学，2000，Vol.35，No.1：111-120.

［7］陆卫平. 夹皮沟金矿地质与采金技术简史［J］. 鞍山科技大学学报，2004，Vol.27，No.4：298-304.

［8］《百年石油》编写组. 百年石油［M］. 北京：石油工业出版社，2009.

［9］《中国石油大事记（1949-2009年）》编纂委员会. 中国石油大事记（1949—2009年）. 中国石油天然气集团公司，2011，内部资料。

［10］《胜利油田大事记》编纂委员会. 胜利油田大事记.［M］. 东营：石油大学出版社，2003.

［11］孙守忠主编. 玉门史话［M］. 甘肃：甘肃文化出版社，2006.

［12］《宋振明纪念文集》编委会. 宋振明纪念文集［M］. 北京：石油工业出版社，2009.

［13］中国石油报社编. 回忆康世恩［M］. 北京：石油工业出版社，1995.

［14］赵天池. 大国石油梦［M］. 天津：天津人民出版社，2013.

［15］《孙敬文传》编写组. 孙敬文传［M］. 北京：石油工业出版社，1999.

［16］中国海洋石油报编. 当代中国海洋石油工业［M］. 北京：当代中国出版社，2008.

［17］《玉门油田大事记》编委会. 玉门油田大事记（1938-1998）［M］. 甘肃：甘肃人民出版社，1999.

［18］《玉门油田志》编纂委员会. 玉门油田志（1939-1986）［M］. 西安：西北大学出版社，1993.

［19］《长庆油田志》编纂委员会. 长庆油田志（1970-1985）［M］. 甘肃，1989，内部资料.

［20］《石油师人》大庆油田编写组. 石油师人——在大庆油田纪实［M］. 北京：石油工业出版社，1997.

［21］《石油师人》石油运输油田编写组. 石油师人——在石油运输野战军纪实［M］. 北京：石油工业出版社，1997.

［22］《石油师人》海洋石油编写组. 石油师人——在海洋石油战线纪实［M］. 北京：石油工业出版社，1997.

［23］《石油师人》青海油田编写组. 石油师人——在青海油田纪实［M］. 北京：石油工业出版社，1998.

［24］《石油师人》石油管道运输编写组. 石油师人——在石油管道运输战线纪实［M］. 北京：石油工业出版社，1998.

［25］《石油师人》新疆油田编写组. 石油师人——在新疆油田纪实［M］. 北京：石油工业出版社，1998.

［26］《石油师人》江汉油田编写组. 石油师人——在江汉油田纪实［M］. 北京：石油工业出版社，1998.

［27］《石油师人》中原油田编写组. 石油师人——在中原油田纪实［M］. 北京：石油工业出版社，1998.

［28］《石油师人》华北油田编写组. 石油师人——在华北油田纪实［M］. 北京：石油工业出版社，1998.

［29］《石油师人》四川油气田油田编写组. 石油师人——在四川油气田纪实［M］. 北京：石油工业出版社，1998.

[30]《石油师人》玉门油田编写组. 石油师人——在玉门油田纪实 [M]. 北京：石油工业出版社，1999.

[31]《石油师人》长庆油田编写组. 石油师人——在长庆油田纪实 [M]. 北京：石油工业出版社，2000.

[32]《石油师人》编写组. 石油师人——转折 [M]. 北京：石油工业出版社，2001.

[33] 李国玉. 漫步人生 [M]. 香港：东方文化出版社（香港），2014.

[34] 中国工程院编. 天命——讲述院士的故事给你听 [M]. 北京：人民交通出版社，2013.

[35]《康世恩传》编写组. 康世恩传 [M]. 北京：当代中国出版社，1998.

[36] 杨殿寿，左宝尊，张素霞. 可爱的辽河油田 [M]. 沈阳：沈阳出版社，1991.

[37]《当代中国》丛书编辑部. 当代中国的石油工业 [M]. 北京：中国社会科学出版社，1988.

[38]《当代中国石油工业》编委会. 当代中国石油工业·1986-2005（上卷）[M]. 北京：当代中国出版社，2008.

[39]《当代中国石油工业》编委会. 当代中国石油工业·1986-2005（下卷）[M]. 北京：当代中国出版社，2008.

[40] 石油勘探开发科学研究院建院 40 周年大事记编委会. 石油勘探开发科学研究院大事记：1958-1998. 1998，内部资料.

[41]《科技兴油 再创辉煌》编写组. 科技兴油，再创辉煌——石油勘探开发科学研究院建院四十周年回忆文集（上册）[M]. 石油勘探开发科学研究院，1998，内部资料.

[42]《科技兴油 再创辉煌》编写组. 科技兴油，再创辉煌——石油勘探开发科学研究院建院四十周年回忆文集（下册）[M]. 石油勘探开发科学研究院，1998，内部资料.

[43] 中国石油勘探开发研究院编. 中国石油勘探开发研究院五十年发展史：1958—2008 [M]. 北京：石油工业出版社，2008.

[44] 张文昭. 当代中国油气勘探重大发现 [M]. 北京：石油工业出版社，1999.

[45] 张文昭. 石油工业的历史性突破——纪念大庆油田发现 36 周年 [M]. 中国石油天然气总公司，1996，内部资料.

［46］《石油摇篮》编委会. 石油摇篮［M］. 北京：石油工业出版社，2009.

［47］《老君庙油田开发》编委会. 老君庙油田开发［M］. 北京：石油工业出版社，1999.

［48］邱中建，龚再升. 中国油气勘探（第一卷）：总论［M］. 北京：石油工业出版社，地质出版社，1999.

［49］大庆石油管理局党委宣传部编. 康世恩与大庆油田［M］. 黑龙江：黑龙江人民出版社，1995.

［50］康世恩. 康世恩论中国石油工业［M］. 北京：石油工业出版社，1995.

［51］《辽河油田四十年》编写组. 辽河油田四十年［M］. 北京：石油工业出版社，2010.

［52］《华北油田 30 年》编委会. 华北油田 30 年（1976–2006）［M］. 北京：石油工业出版社，2006.

［53］中国石油长庆油田编. 中国石油口述史·长庆油田卷（上卷）［M］. 北京：石油工业出版社，2012.

［54］中国石油长庆油田编. 中国石油口述史·长庆油田卷（下卷）［M］. 北京：石油工业出版社，2012.

［55］付饶. 南海第一井［M］. 北京：人民文学出版社，2014.

［56］侯祥麟. 侯祥麟自述：我与石油有缘［M］. 北京：石油工业出版社，2012.

［57］胡朝元. 山泉［M］. 北京：石油工业出版社，2008.

［58］大庆石油管理局党委宣传部编. 辉煌的历程——大庆油田开发建设三十五周年回顾［M］. 北京：石油工业出版社，1995.

［59］中国科学技术协会编. 中国科学技术专家传略·工程技术编·能源卷·2［M］. 北京：中国科学技术出版社，2005.

［60］《中国石油天然气的勘探与发现》编辑部. 中国石油天然气的勘探与发现［M］. 北京：地质出版社，1992.

［61］何建明. 部长与国家［M］. 北京：新世界出版社，2005.

［62］《世纪石油之光》编委会. 世纪石油之光［M］. 北京：新华出版社，1998.

［63］《岁月流金》编委会. 岁月流金：记石油科技专家（一）［M］. 北京：石油工业出版社，1998.

［64］《岁月流金》编委会. 岁月流金：记石油科技专家（二）［M］. 北京：石油工业出版社，1998.

［65］《岁月流金》编委会. 岁月流金：记石油科技专家（三）［M］. 北京：石油
工业出版社，1998.

［66］《艰苦创业》编委会. 中国石油工业艰难创业（第一集）［M］. 北京：石油
工业出版社，1990.

［67］《艰难创业》编委会. 中国石油工业艰难创业（第三集）［M］. 北京：石油
工业出版社，1994.

［68］付延顺，李兆庆. 中国矿藏大发现［M］. 济南：山东画报出版社有限公司，
2011.

［69］张叔岩. 20世纪上半叶的中国石油工业［M］. 北京：石油工业出版社，
2001.

［70］《中国油气田开发志》总编纂委员会. 中国油气田开发志·综合卷（上）
［M］. 北京：石油工业出版社，2011.

［71］《中国油气田开发志》总编纂委员会. 中国油气田开发志·综合卷（下）
［M］. 北京：石油工业出版社，2011.

［72］《中国油气田开发志》总编纂委员会. 中国油气田开发志·玉门油气区油气
田卷［M］. 北京：石油工业出版社，2011.

［73］《中国油气田开发志》总编纂委员会. 中国油气田开发志·卷11·玉门油气
区卷［M］. 北京：石油工业出版社，2011.

［74］张江一，施维森，樊廉欣，李崇魁，郭新明. 孙健初传［M］. 北京：石油
工业出版社，1989.

［75］孙越崎科技教育基金管委会组织编. 孙越崎传［M］. 北京：石油工业出版
社，1994.

［76］（美）马文·韦勒著，哈莉特·韦勒编，赵辛而译. 戈壁驼队——中美地质
学家西北找油纪实（1937-1938）［M］. 北京：石油工业出版社，1992.

［77］《翁文波学术论文选集》编委会. 翁文波学术论文选集［M］. 北京：石油工
业出版社，1994.

［78］暮鼓. 老北京人的陈年往事［M］. 北京：文化艺术出版社，2012.

［79］路小路. 石油情缘［M］. 北京：中国文联出版社，2007.

［80］张叔岩. 翁文灏的石油业绩［M］. 北京：石油工业出版社，2006.

［81］张九辰. 地质学与民国社会：1916-1950［M］. 山东济南：山东教育出版社，
2005.

［82］吴凤鸣．吴凤鸣文集（第二集）［M］．北京：石油工业出版社，2011．

［83］中国石油冀东油田，激动石油勘探开发公司．渤海石油新星——贺冀东油田年产原油一百万吨．2005，内部资料

［84］《康世恩与中国石油》编辑委员会．康世恩与中国石油．中国石油画报社，1995，内部资料．

［85］《中国石油钻井》编辑委员会．中国石油钻井·中国石油卷［M］．北京：石油工业出版社，2007．

［86］《中国石油钻井》编辑委员会．中国石油钻井·中国石化·中国海油卷［M］．北京：石油工业出版社，2007．

［87］《中国石油钻井》编辑委员会．中国石油钻井·画册［M］．2007，内部资料．

［88］《大港油田开发若干问题的回顾与思考》编写组．大港油田开发若干问题的回顾与思考［M］．北京：石油工业出版社，2002．

［89］《中国油气田开发若干问题的回顾与思考》编写组．中国油气田开发若干问题的回顾与思考（上卷，下卷）［M］．北京：石油工业出版社，2003．

［90］《中国石油工业经济若干问题的回顾与思考》编辑委员会．中国石油工业经济若干问题的回顾与思考［M］．北京：石油工业出版社，2010．

［91］王建新，计秉玉，宋吉水，许运新．大庆油田开发历程：1960—2000年［M］．北京：石油工业出版社，2003．

［92］申力生主编．中国石油工业发展史（第一卷）——中国古代的石油和天然气［M］．北京：石油工业出版社，1980．

［93］申力生主编．中国石油工业发展史（第二卷）——近代石油工业［M］．北京：石油工业出版社，1988．

［94］王仰之．中国石油编年史［M］．北京：石油工业出版社，1996．

［95］叶良辅，章鸿钊．中国石油学史二种［M］．上海：上海书店出版社，2011．

［96］第十五届世界石油大会组委会秘书局编．第十五届世界石油大会各专业科技综述［M］．第十五届世界石油大会组委会秘书局，1998．

［97］中国石化思想政治工作部（企业文化部）编．中国石油化工发展历程简明读本：实行本［M］．北京：中国石化出版社，2010．

［98］王根海．石油勘探哲学与思维［M］．北京：石油工业出版社，2008．

［99］中国地质学会编．中国地质学学科史［M］．北京：中国科学技术出版社，2010．

[100] 大庆油田有限责任公司《大脚印》编纂委员会. 大脚印——大庆油田勘探开发历程揭秘（上部）[M]. 北京：石油工业出版社，2014.

[101]（美）丹尼尔·耶金著；朱玉犇，阎志敏译. 能源重塑世界 [M]. 北京：石油工业出版社，2012.

[102]《大庆简史》编纂委员会. 大庆简史 [M]. 北京：当代中国出版社，1994.

[103] 张立生. 中国石油的丰碑——纪念谢家荣教授诞辰110周年 [M]. 广州：中山大学出版社，2011.

[104] 犁痕. 石油的光芒 [M]. 北京：石油工业出版社，2009.

[105] 李立诚. 疆之恋：一个石油勘探者的大漠情怀 [M]. 北京：石油工业出版社，2007.

[106] 青海石油管理局党委宣传部编. 人们不会忘记 [M]. 酒泉：青海石油管理局，1995.

[107] 青海石油管理局党委宣传部编. 创业四十年 [M]. 酒泉：青海石油管理局，1995.

[108] 大庆市政协文史和学习委员会编. 创业年代 [M]. 哈尔滨：哈尔滨出版社，1998.

[109] 大庆市政协文史资料研究委员会编. 大庆油田的发现：大庆文史资料第一辑 [M]. 哈尔滨：黑龙江人民出版社，1987.

[110]《海油故事·启示》编委会. 海油故事·启示 [M]. 北京：石油工业出版社，2014.

[111] 王志明. 翁家石油传记 [M]. 北京：石油工业出版社，2014.

[112] 代海. 漠地传记：中国石油人在西部荒原的创业纪实（1949-2000年）[M]. 北京：石油工业出版社，2011.

[113] 新疆克拉玛依市，新疆石油管理局党委宣传部编. 怀念杨拯陆 [M]. 乌鲁木齐：新疆人民出版社，2008.

[114] 李光星. 马帮西行记 [M]. 北京：石油工业出版社，2010.

[115] 张位平. 中国海洋石油发展回顾与思考（1957-2009）[M]. 北京：石油工业出版社，2010.

[116]（美）保罗·罗伯茨著，吴文忠译. 石油的终结 [M]. 北京：中信出版社，2005.

[117] 陈群，段万倜，张祥光，周国钧，黄孝葵. 李四光传 [M]. 北京：人民出

版社，1996.

[118] 赵文津. 李四光与中国石油大发现 [M]. 北京：地震出版社，2006.

[119] 李国昌. 老会战 [M]. 北京：石油工业出版社，2009.

[120] 李憧章. 大庆油田大事记 [M]. 哈尔滨：黑龙江人民出版社，2006.

[121] 王鸿祯. 中外地质科学交流史 [M]. 北京：石油工业出版社，1992.

[122] 张明功，秦云松. 石油纵横 [M]. 北京：石油工业出版社，2006.

[123] 张明功. 普光九章 [M]. 北京：石油工业出版社，2008.

[124] 冀年勇. 讲那创业年代的故事 [M]. 北京：石油工业出版社，2011.

[125] 冀年勇. 铁骨柔肠王进喜 [M]. 北京：石油工业出版社，2011.

[126] 宋连生. 工业学大庆始末 [M]. 北京：九州出版社，2011.

[127] 李惠新，李国昌. 大庆创业之光 [M]. 哈尔滨：北方文艺出版社，1999.

[128] 刘锋. 石油枯竭的后天 [M]. 北京：东方出版社，2009.

[129] 查全衡. 开发本土石油资源的另类思考（第二版）[M]. 北京：石油工业
出版社，2012.

[130] 查全衡. 茫茫大地找油漫记 [M]. 北京：石油工业出版社，2008.

[131] 王才良，周珊. 找油的故事 [M]. 北京：石油工业出版社，2006.

[132] 贾文瑞，徐青，王燕灵，杨雪雁. 1996—2010 年中国石油工业发展战略
[M]. 北京：石油工业出版社，1999.

[133] 《石油老照片》编委会. 石油老照片·长庆专辑 [M]. 北京：石油工业出
版社，2012.

[134] 魏国齐，钱凯，李剑. 中国天然气地质学进展编年研究 [M]. 北京：石油
工业出版社，2008.

[135] 《中国石油天然气的勘查与发现》编辑部. 中国石油天然气的勘查与发现
[M]. 北京：地质出版社，1992.

[136] 余秋里. 余秋里回忆录 [M]. 北京：解放军出版社，1996.

[137] 《中国石油石化科技创新概览》编委会. 中国石油石化科技创新概览 [M].
北京：中国科学技术出版社，2009.

[138] 《中国石油工业》编辑部. 中国石油工业（1949—1989）[M]. 北京：石油
工业出版社，1989.

[139] 旷晨，潘良. 我们的五十年代 [M]. 北京：中国友谊出版公司，2005.

[140] 旷晨，潘良. 我们的六十年代 [M]. 北京：中国友谊出版公司，2005.

［141］肖像新闻之翟光明［N］. 中国石油报，1997-05-11（1482）.

［142］第十五届世界石油大会在京开幕——江泽民主席在开幕式上致辞，热烈欢迎各国来宾［N］. 中国改革报，1997-10-13（509）.

［143］第十五届世界石油大会在京隆重开幕——国家主席江泽民出席开幕式并向大会致辞［N］. 中国石油影友报，1997-10-13（20）.

［144］秦京午. 世界石油大会隆重开幕［N］. 人民日报，1997-10-13.

［145］萧浩. 研讨新世纪石油工业面临的机遇与挑战——第十五届石油大会在京召开［N］. 中国石化报，1997-10-14（1027）.

［146］李鹏会见世界石油大会主要贵宾［N］. 中国石油报，1997-10-15（1573）.

［147］江泽民总书记、李鹏总理亲切接见总公司工作会议全体代表［N］. 中国石油画报，1997（2）.

［148］丰盛而卫生的台湾饮食——石油勘探专家翟光明院士谈饮食［N］. 中国食品，1998（11）.

［149］许晖. 中国石油足可开采一个世纪——访中国工程院院士、中国石油天然气总公司咨询中心勘探部主任翟光明［N］. 中国经济时报，1999-05-27（844）.

［150］李书龙. 柴达木的博士后［N］. 中国石油报，1999-08-22（2130）.

［151］林伦. 世纪之问——21世纪中国石油工业战略点题［J］. 中国石油，1999.

［152］宋杰. 第十六届世界石油大会在卡尔加里开幕［N］. 中国石油报，2000-06-15（1482）.

［153］芦根. 中国油气资源大有潜力——访中国工程院院士、中国石油天然气集团公司咨询中心勘探部主任翟光明［J］. 中国石油，2001（3）：4-7.

［154］王明毅. 决不能走美国石油消费之路［N］. 中国石油报，2001-06-19.

［155］令我们丧失资源的危机感，"地大物博"不要乱提［EB/OL］. 人民网，http：//www.tangwai.com/sitehtml/news/gn/2001/9110.htm.

［156］新世纪：中国矿产资源能支撑多久?［EB/OL］. 海通证券网，http：//www.htsec.com/memberclub/html/information/2/%7BEDC4A8DF-9FD3-11D7-965B-00A0C92674A3%7D/content.

［157］瞿剑. 是什么卡了我们的脖子? ——技术瓶颈纵横谈：石油、石油化工［N］. 科技日报，2001-10-11（5）.

［158］能源多元化是关键［N］. 中华工商时报，2001-10-12.

［159］朱永坤. 西气东输资源富足无需担心［N］. 中国化工报，2002-01-14
（3311）.

［160］安永强. 翟光明：中国石油工业的见证者［N］. 人物周报，2002-01-28
（55）.

［161］苍丹妮. 翟光明院士对21世纪中国油气资源远景展望［N］. 大众科技报
产业科技特刊，2002-09-25（1613）.

［162］孙杰. 可持续发展油气战略研究启动——温家宝听取汇报［EB/OL］. 新华
网，http：//mil.news.sina.com.cn/2003-05-26/128365. html.

［163］尹红玲. 中国石油工业前景美好［N］. 中原石油报石油工程周刊，2003-
06-17（4400）.

［164］翟光明：增储上产不动摇［J］. 中国石油企业，2003（7）：28-29.

［165］孙杰. 听取中国可持续发展油气资源战略研究阶段性报告汇报［EB/OL］.
人民网，http：//news.sina.com.cn/o/2003-10-31/15511032330s. shtml.

［166］温家宝：抓紧制定实施可持续发展油气资源战略［EB/OL］. 新华网，http：
//news.xinhuanet.com/newscenter/2004-06/25/content_1547457.htm.

［167］张开宇. 石油国脉——中国可持续油气发展战略研究周年回望［N］. 石油
商报，2004-07-07.

［168］温家宝主持国务院讲座：节约合理使用油气资源［EB/OL］. 人民网，http：
//www.people.com.cn/BIG5/shizheng/1024/2735847.html.

［169］郑敏. 翟光明：中国油气资源前景光明［J］. 中国石油石化，2004（11）：
30-31.

［170］王健君. 国产油气够国人"烧"的吗——专访中国工程院院士、中石油集
团咨询中心副主任翟光明［J］. 数据，2005（4）：42-43.

［171］赵生才. 中国天然气资源与发展战略——香山科学会议第239次学术讨论
会侧记［J］. 天然气地球科学，2005，Vol.16，No.2.

［172］凌翔. 油气勘探专家为中国油气勘探把脉［N］. 光明日报，2005-12-21.

［173］我国油气光明前景毋庸置疑——中国石油地质勘探专家、中国工程院院士
翟光明访谈录［EB/OL］. 国际石油网，http：//oil. in-en.com/html/oil-
20062006070319753.html.

［174］李雁争. 翟光明：中国油气储量至少还有10年增长期［J］. 科学新闻，
2006（11）：3.

［175］姜媛. 开源与节流都有可观潜力——中国工程院院士、我国著名石油地质勘探专家翟光明［N］. 深圳商报，2006-08-12.

［176］欧洋. 视点 2006 评说国内业界大事［N］. 石油商报，2007-01-01.

［177］30 日工程院院士翟光明作客谈石油天然气［EB/OL］. 腾讯科技，http：//tech.qq.com/a/20070116/000105.htm.

［178］工程院院士翟光明谈石油天然气（实录）［EB/OL］. 腾讯科技，http：//tech.qq.com/a/20070205/000200.htm.

［179］王晓晖. 坚持不懈地打好勘探进攻仗——中国工程院院士、石油地质勘探专家翟光明访谈［N］. 中国石油报，2007-05-18.

［180］子谨. "四代领导人与石油的故事"之二大转移：横空出世的大庆油田［N］. 石油商报，2007-10-12.

［181］建立完整的油气资源评价体系——访中国科学院院士孙枢、中国工程院院士翟光明［N］. 中国国土资源报，2008-08-20.

［182］国土资源部：加强地质找矿工作，把脉地质勘查开发［EB/OL］. 国土资源部网站，http：//www.gov.cn/gzdt/2009-01/08/content_1199392.htm.

［183］两院院士谈中国石油地质勘探形势：潜力很大，挑战更大［N］. 中国海洋石油报，2009-07-03（1284）.

［184］科技成就座谈［EB/OL］. 人民网 http：//tv.people.com.cn/GB/43911/10078422.html.

［185］翟光明院士：到 2008 年原油产量近 1 亿 9 千万吨［EB/OL］. 中国网，http：//www.china.com.cn/news/tech/2009-09/21/content_18566035.htm.

［186］翟光明：我们如何改变了中国"贫油论"［EB/OL］. 人民网 http：//scitech.people.com.cn/GB/10090365.html.

［187］60 年，科技圆我富强梦［EB/OL］. 中国经济导报，http：//www. cae.cn/cae/html/main/col239/2012-02/27/20120227140259398727186_1.html.

［188］孙自法. 我国已逐步形成完整的石油工业体系［N］. 中国高新技术产业导报，2009-10-19.

［189］翟光明［EB/OL］. 中国安徽宣城人民政府网，http：//www.xuan cheng.gov.cn/portal/zjxc/wfsb/gjrw/webinfo/2009/11/1319339697312545.htm.

［190］翟光明等应邀担任江苏省首个石油工程研究院学术委员会顾问［EB/OL］. 常州日报，http：//www.hycfw.com/Figure/hyys/gcgl/dgm/2010/01/19/40331.

html.

[191] 梁明哲. 翟光明出席矿产资源战略研究交流研讨会［EB/OL］. 海洋财富网，http：//www.hycfw.com/Figure/hyys/gcgl/dgm/2010/01/19/40336.html.

[192] 翟光明出席东方地球物理公司2009年物探地质技术成果交流会大会［EB/OL］. 中国石油网，http：//www.hycfw.com/Figure/hyys/gcgl/dgm/2010/01/19/40337.html.

[193] 翟光明出席中国石油集团公司院士、专家座谈会［EB/OL］. 中国石油网，http：//www.hycfw.com/Figure/hyys/gcgl/dgm/2010/02/10/42941.html.

[194] 丁全利. 全国油气资源战略选区调查结果显示南海资源丰富［EB/OL］. 海洋财富网，http：//www.hycfw.com/Figure/hyys/gcgl/dgm/2010/02/10/42942.html.

[195] 丁全利. 翟光明出席新一轮全国油气资源评价系列丛书发布会暨油气中心特聘专家座谈会［EB/OL］. 海洋财富网，http：//www. hycfw.com/Figure/hyys/gcgl/dgm/2010/02/10/42943.html.

[196] 翟光明出席北京石油学会2010年新春团拜会暨25周年大会［EB/OL］. 北京石油学会，http：//www.hycfw.com/Figure/hyys/gcgl/dgm/2010/02/10/42944.html.

[197] 两院资深院士联谊会"三农"问题专题研讨会和两院资深院士联谊会理事会在北京召开［EB/OL］. 中国工程院，http：//www. hycfw.com/Figure/hyys/gcgl/dgm/2010/04/15/50274.html.

[198] 国土资源战略研究中期成果专家评议会召开［EB/OL］. 中国国土资源报http：//www.hycfw.com/Figure/hyys/gcgl/dgm/2010/04/19/50761.html.

[199] 张立岩，吴克伟. 中国石油勘探院与北京大学"联姻"［EB/OL］. 石油商报，2010-10-29.

[200] 中国工程院院士翟光明：油气勘探前景不悲观［EB/OL］. 中国钻井网，http：//www.hycfw.com/Figure/hyys/gcgl/dgm/2010/11/24/75582.html.

[201] 区域地质构造背景研究应加强［EB/OL］. 国土资源网，http：//www.hycfw.com/Figure/hyys/gcgl/dgm/2010/11/24/75575.html.

[202] 郁舒. 徐匡迪领衔14院士力谏开发非常规油气［N］. 石油商报，2011-05-05.

[203] 张舒雅，李研楠. 中国工程院院士翟光明谈石油勘探趋向和非常规资源发展［N］. 中国石油报，2011-07-15.

［204］揭秘中国深部探测计划：资源短缺成最大动因［EB/OL］. 瞭望东方周刊，http：//www.antpedia.com/news/15/n-159715.html.

［205］翟光明院士介绍［EB/OL］. 中国网，http：//fangtan.china.com.cn/2011-08/31/content_23324468.htm.

［206］走进院士系列访谈翟光明：成功需要持之以恒的信心［EB/OL］. 中国网，http：//fangtan.china.com.cn/node_7126251.htm.

［207］冯丽妃. "失败不可怕，坚持就有进步" ——记中国现代石油勘探事业奠基者之一翟光明院士［N］. 科学时报，2011-09-02（5313）.

［208］陈瑜. 翟光明：千万别把我当劳模［N］. 科技日报，2011-09-12（8986）.

［209］张蕾. 翟光明：我为祖国"找"石油［N］. 光明日报，2011-09-14.

［210］余晓洁，朱文婕. 勇敢的心——记我国著名石油地质勘探专家、中国工程院院士翟光明［EB/OL］. 新华网，http：//roll.sohu.com/20110923/n320345119.shtml.

［211］张绍波. "中国每一滴石油都来之不易！" ——访石油地质勘探专家、中国工程院院士翟光明［J］. 中国石油企业，2011（10）：23-25.

［212］翟光明：找了一辈子石油［EB/OL］. 中国网，http：//www.china.com.cn/fangtan/zhuanti/zjys/2011-10/20/content_23677546.htm.

［213］余建斌. 翟光明：找油六十年［N］. 人民日报-经济周刊，2011-12-19（20）.

［214］陈郁. 化苦为乐油中来［N］. 经济日报，2011-12-25（7）.

［215］赵云峰. "三新"促"三新"——翟光明院士畅谈科探井［J］. 石油与装备，2011（3）：21-22.

［216］温泉. 翟光明：冲破石油开采禁区［J］. 瞭望，2011（37）：50-51.

［217］张绍波. 60年的石油情结——再记中国工程院院士、著名石油地质勘探专家翟光明［J］. 中国石油企业，2012（3）：102-105.

［218］直播：中国工程院纪念侯祥麟诞辰100周年座谈会［EB/OL］. 人民网，http：//tv.people.com.cn/GB/144357/150722/17558590.html.

［219］第九届光华工程科技奖大事记［EB/OL］. 中国工程院，http：//www.cae.cn/cae/html/main/col160/2012-08/03/20120803145816308808652_1.html.

［220］中国地质学会第33届理事会理事、常务理事、理事长、副理事长及秘书长、副秘书长名单［J］. 地质评论，2012，Vol.30，No.3.

［221］2012 中国页岩气发展论坛［EB/OL］. 网易微博，http：//blog.163. com/ wangxiner5207@126/blog/static/5332423901210233122913/.

［222］辽河首创潜山深层内幕油气成藏新模式［N］. 石油商报，2012-10-31.

［223］翟光明：开采页岩气归根到底要靠生产技术［EB/OL］. 和讯现货，http： //xianhuo.hexun.com/2012-12-03/148628962.html.

［224］吴铭. 翟光明院士谈页岩气开发：应给予民企有力支持［N］. 瞭望东方周刊，2012-12-04.

［225］贺春禄. 翟光明："块体地质学"助力非常规油气［N］. 中国科学报，http： //scitech.people.com.cn/n/2014/0408/c1057-24844740.html.

后记

承蒙翟光明院士的厚爱和重托以及采集小组成员的信任，我有幸承担撰写学术传记这一工作。作为一名油气田开发工程博士、应用经济学博士后，由我执笔撰写老科学家学术传记还是平生第一次，一开始担心难当此任。之前，我曾经读过四十多本人物传记，根据传主的身份和特点，传记的写法各异，可以说是五花八门。而学术传记很少见，采集工程对学术传记撰写有非常特殊的要求，刚开始的时候，我一点思路也没有，简直无从下手，曾经想过退缩，放弃这项工作。

2013 年 6 月，我参加中国科学技术协会在北京举办的采集人员培训班，对老科学家学术成长采集工程有了一点了解，对学术传记的撰写有了一点认识。之后陆续开展了访谈和资料查阅工作，随着采集工作的逐步深入，一次次面对面的访谈，资料信息越来越丰富。同时，我开始阅读石油方面的史料和书籍，渐渐被石油工业发展的重大事件所吸引，被石油界的一代宗师所折服，慢慢地钻了进去，开始细探其究竟，循着石油工业历史的发展脉络，翟光明的形象一点一点地浮现在我的脑海中，一个个重要节点连成一体，立体的、历史的、真实的翟光明感动了我，也激发了我写作的热情和动力，面对各种各样的困难也不再惧怕。对我来说，这真是一场历练，更是一次精神的洗礼。

撰写学术传记，给了我一个创作和学习的机会，让我重访中国石油工业勘探找油找气之路，系统地回顾我国石油工业的起步、油气田的重大发现和辉煌的发展历程。恢弘大气的找油找气会战、扣人心弦的喷油画卷、气龙腾空而起的场面让我激动，更让我感动。翟光明在一场场石油大会战中穿行，在一个个会战前夜中煎熬，在一口口科学探索井井场精查细访，在一幅幅勘探地质图前深思熟虑。从玉门到北京、从松辽盆地到渤海湾、从四川到新疆、从陆地到海洋，白山黑水，台前幕后，无不留印着他的身影和足迹。

目睹翟光明工作时的激情，领略他独到的见解，倾听他思路清晰的叙述，一般人很难相信他已是一位九十岁的老人。他思维敏捷，身体硬朗，他对找油找气充满激情，他对未来充满希望。在他的信念里，唯有找油最重要。他从没有把今天的生活按退休来对待，他仍在不断地丰富自己的人生。这就是找油人的生活，这就是石油人的追求。

像翟光明一样的一大批老院士，都有着丰富的人生阅历和科研经验，其科学精神是一笔宝贵的财富。把这种科学精神传承下去是一种社会责任，也是院士奉献社会、造福人类的一种表现方式。学术传记是最好的传承方式之一，通过撰写传记把科学家宝贵的经验总结并记录下来，把历史资料很好地梳理和保存起来，其科学价值无法估量。访谈过程中，我注重细节的挖掘，在资料的搜寻过程中注重全面，在文献的甄别中注重相互印证。撰写学术传记，必须对传主有非常深入的了解和认知。我研读了科学技术史研究方法方面的书籍和大量的石油史书以及油气勘探专业书籍，也包括石油富集地区的人文历史书籍，努力探寻学术传记的写作方法和历史真相，力求对历史原生态的记录和保护，真实反映历史事件，坚持辩证唯物主义和历史唯物主义的历史观，这既是对传主本人的尊重，也是对历史负责任的一种科学态度。

在这本书完稿的时候，我终于长长地出了一口气，我庆幸自己坚持下来了，我更庆幸没有被困难吓倒。从翟光明院士身上我学到很多可贵的精神，也增强了对中国地质事业、石油工业发展历史的认识。对待这项任务，我是认真的，也是负责的。为完成这本书，我放弃了大部分休息日，几乎将全部的业余时间用在写作和史料核实上，我尽全力了。

在这本书付印的时候，我真诚地向所有关心、支持、帮助、参与翟光明院士学术成长资料采集工程工作的专家、学者、领导表示我最衷心的感谢！

特别感谢樊洪业教授在学术传记撰写过程中给予的指导！感谢北京科协的支持！感谢大庆油田、胜利油田、辽河油田、长庆油田、大港油田、冀东油田、吐哈油田、玉门油田、塔里木油田、西南油气田、吉林油田、江苏油田、江汉油田、青海油田、华水油田、河南油田、中原油田、延长油田、中海油研究中心、中国石油报社、石油工业出版社、中国石油咨询中心、中国工程院、中国石油勘探开发研究院等单位的支持和帮助，感谢各单位老专家、青年学者对学术传记的审读，他们提出了很好的意见和建议，也对一些史实进行了佐证。

感谢采集小组杨宪一、王世宏、李芬、禹航的鼎力支持。感谢中国石油勘探开发研究院万焰、张琪、刘海龙、王进财、张新顺、白英睿等多位研究生的辛苦劳动。感谢翟光明院士及家人的全力配合。感谢每一位受访者和每一位资料提供者的帮助。感谢每一份参考文献的作者。因为有了你们，这个春天好温暖。

兴奋之余，我也心存担忧和惊恐。由于才识不逮，或许给本书留下些许遗憾，甚至出现一些与历史不符的记述错误，真诚地期待读者批评指正。

闫建文

谨识于北京石油大院

二〇一六年三月二十五日

老科学家学术成长资料采集工程丛书
已出版（76 种）

《卷舒开合任天真：何泽慧传》　　　　《此生情怀寄树草：张宏达传》

《从红壤到黄土：朱显谟传》　　　　　《梦里麦田是金黄：庄巧生传》

《山水人生：陈梦熊传》　　　　　　　《大音希声：应崇福传》

《做一辈子研究生：林为干传》　　　　《寻找地层深处的光：田在艺传》

《剑指苍穹：陈士橹传》　　　　　　　《举重若重：徐光宪传》

《情系山河：张光斗传》　　　　　　　《魂牵心系原子梦：钱三强传》

《金霉素·牛棚·生物固氮：沈善炯传》　《往事皆烟：朱尊权传》

《胸怀大气：陶诗言传》　　　　　　　《智者乐水：林秉南传》

《本然化成：谢毓元传》　　　　　　　《远望情怀：许学彦传》

《一个共产党员的数学人生：谷超豪传》　《没有盲区的天空：王越传》

《含章可贞：秦含章传》　　　　　　　《行有则　知无涯：罗沛霖传》

《精业济群：彭司勋传》　　　　　　　《为了孩子的明天：张金哲传》

《肝胆相照：吴孟超传》　　　　　　　《梦想成真：张树政传》

《新青胜蓝惟所盼：陆婉珍传》　　　　《情系梁菽：卢良恕传》

《核动力道路上的垦荒牛：彭士禄传》　《笺草释木六十年：王文采传》

《探赜索隐　止于至善：蔡启瑞传》　　《妙手生花：张涤生传》

《碧空丹心：李敏华传》　　　　　　　《硅芯筑梦：王守武传》

《仁术宏愿：盛志勇传》　　　　　　　《云卷云舒：黄士松传》

《踏遍青山矿业新：裴荣富传》　　　　《让核技术接地气：陈子元传》

《求索军事医学之路：程天民传》　　　《论文写在大地上：徐锦堂传》

《一心向学：陈清如传》　　　　　　　《钤记：张兴钤传》

《许身为国最难忘：陈能宽》　　　　　《寻找沃土：赵其国传》

《钢锁苍龙　霸贯九州：方秦汉传》　　《虚怀若谷：黄维垣传》

《一丝一世界：郁铭芳传》　　　　　　《乐在图书山水间：常印佛传》

《宏才大略：严东生传》　　　　　　　《碧水丹心：刘建康传》

《我的气象生涯：陈学溶百岁自述》 　《我的教育人生：申泮文百岁自述》

《赤子丹心 中华之光：王大珩传》 　《阡陌舞者：曾德超传》

《根深方叶茂：唐有祺传》 　《妙手握奇珠：张丽珠传》

《大爱化作田间行：余松烈传》 　《追求卓越：郭慕孙传》

《格致桃李半公卿：沈克琦传》 　《走向奥维耶多：谢学锦传》

《躬行出真知：王守觉传》 　《绚丽多彩的光谱人生：黄本立传》

《草原之子：李博传》

《宏才大略 科学人生：严东生传》 　《探究河口 巡研海岸：陈吉余传》

《航空报国 杏坛追梦：范绪箕传》 　《胰岛素探秘者：张友尚传》

《聚变情怀终不改：李正武传》 　《一个人与一个系科：于同隐传》

《真善合美：蒋锡夔传》 　《究脑穷源探细胞：陈宜张传》

《治水殆与禹同功：文伏波传》 　《星剑光芒射斗牛：赵伊君传》

《用生命谱写蓝色梦想：张炳炎传》 　《蓝天事业的垦荒人：屠基达传》

《远古生命的守望者：李星学传》